중국기업
성장조사 연구보고

2016

초판 1쇄 인쇄 2018년 1월 15일
초판 1쇄 발행 2018년 1월 20일
지 은 이 이쯔홍(伊志宏)·류쥔(劉軍)
옮 긴 이 김승일·김기노
발 행 인 김승일
디 자 인 조경미
펴 낸 곳 경지출판사
출판등록 제2015-000026호

판매 및 공급처 도서출판 징검다리
주소 경기도 파주시 산남로 85-8
Tel : 031-957-3890~1 Fax : 031-957-3889 e-mail : zinggumdari@hanmail.net

ISBN 979-11-86819-89-0 93320

중국기업
성장조사 연구 보고

2016

이쯔훙 (伊志宏) · 류쥔 (劉軍) 주편 ㅣ 김승일 · 김기노 옮김

 경지출판사

1장 기업의 기본정보 분석

2장 조직관리 중의 직원 행복감

3장

'고참 직원'이 국가기업에서 제멋대로 행동하는데
어떻게 효율적인 격려를 실현할 것인가?

4장

기업의 내부구조 외세를 물리치기 전에
필히 집안을 먼저 다스려야 한다

5장

다양화한 기업관리, 새로운 형태의 조합원제도

6장

니체의 강력한 의지가 기업에 대한 계시 - Uber사례

7장

지식은 바로 권리다. 권력창조란 무엇인가?
디디콰이에서 발표한 산업기준을 사례로

8장

'리닝'(李宁)의 곤경에서 현지 기업의
변혁의 실패를 보다

9장

해외합병은 돈이 있다고
'제멋대로 할 수'있는 것이 아니다

10장

공급망 금융의 3대 형식

11장

'인터넷+'의 본질

12장

산업혁신과 기업전략선택 : 네트워크 산업망의 집성자

13장

기업혁신의 새로운 길 - 조직 모듈화와 내부창업을 기초로 하는 통합형식 분석

서론

진우로(陳雨露)

　　현재 중국의 각종연구보고는 수준도 천차만별이고 종류도 많으며 내용도 각기 다르고 자기의 분야에서 저마다의 특징을 가지고 있다. 중국인민대학은 세심한 준비와 통합설계를 통하여 인민대학학자들과 함께 협동 편집한 '연구보고시리즈'를 성대하게 출시하였다. 이 시리즈는 주요하게 응용대책형 연구보고로서 집중적으로 발표한 의미는 중대한 사회의 현실적인 문제를 직면하고 동태분석과 평가예측을 전개하여 정부자문과 학술에 건의와 방안을 제시하는데 있다.

　　'학술선두, 독창적인 내용, 시사관심, 정부자문기업협조'는 중국인민대학 '연구보고시리즈'의 기본 컨셉과 기능이다. 연구보고는 일종의 과학 연구 성과 저장체로서 인민대학의 학자들이 혁신에 입각하여 학술고지와 자문지혜고의 학술책임을 건설하는 데 힘쓴 것과 사회관심을 담았고, 연구보고는 일종의 연구형식으로서 관련된 영역지표와 통계수치를 기초로 현상을 평가하고 미래를 예측하며 인문사회과학 연구 성과의 전환응용을 추진하였으며, 연구보고는 또 일종의 학술브랜드로서 경제사회발전중의 화제, 초점과 중대한 전략문제를 지속적으로 집중하였으며 견고하고 중요한 연구 성과로 당과 정부 및 기업의 계획, 책략과 전문영역의 연구를 하여 그의 전문성, 주기성과 진실성으로 독자들의 인식과 관심을 얻었다.중국인민대학이 '연구보고시리즈'를 발표하는 데는 자기의 학술축적과 학술사고가 있었다. 우리 학교는 인문사회과학으로 성장하고 학술연구, 정부자문과 인재양성, 사회에 봉사하는 것을 중시하며 약간의 영향력 있는 연구보고를 잇달아 발표했었다. 예를 들어 2002년부터 시작하여 우리는 여러 개 학과과제소조를 조직하여 연구 편집한 〈중국경제발전연구보고〉, 〈중국사회발전연구보고〉, 〈중국인문사회과학발전연구보고〉는 우리나라 경제, 사회와 인문사회발전영역의 중대한 현실적인 문제를 긴밀히 연결하고 진실하게 반영하였으며 10년 동안 그치지 않고 최근에 또 〈중국법률발전보고〉 등을 발표하여 앞에 3개와 함께 '4대보고'로 불리고 있다. 이 외에 산발적인 서로 다른 학과의 전문연구보고도 있으며 또 다년간 학계와 사회에서 일정한 영향을 형성하였다. 이런 연구보고는 모두 관찰 분석, 정치경제, 사회문화 등 영역의 중대한 문제를 평가 예측한 전문연구이며 그 중에 객관적인 수치와 사례도 있을 뿐만 아니라 또한 심도 높은 분석과 전략예측도 있으며 진실성과 전향적, 학술성을 겸비했다. 우리는 이런 연구보고를 통합하고 중국인민대학출판자원과 서로 결합하여 또다시 새로운 기획, 모집, 선발을 하고 이 '연구보고시리즈'을 형성하여 규모를 확대하고 사회봉사기능을 확장하였다.

이 계열은 개방적이다. 미래의 정세에 따라 증감이 있을 것이며 동태에 따라 성장할 것이다. 중국인민대학이 '연구보고시리즈'를 발표함은 또 학과 건설 중요시, 교육기능강화, 협동혁신추진 등 다양한 의미가 있다. 연구보고는 연속성출판물로서 본 학과의 학자들이 학술성과를 전시하고 교류하는 플랫폼이 될 수 있다. 훌륭한 연구보고를 한 부 편집하는 데는 통상 힘을 합하고 성실한 협력이 필요하며 파트너들은 보고의 연속에 따라 안정적인 팀으로 형성되고 학과실력이 늘 수 있다. 연구보고는 풍부한 소재에 입각하여 항상 학생들을 동원하여 참여하게 하였다. 그리하여 그들이 체계적인 연구를 통하여 학술훈련을 받아 재능이 성장하게 하였다.

이 외에 사회실천을 향한 연구보고는 당연히 정부, 기업과 긴밀히 연결하고 사회의 상황과 수요에 관심을 기울였으며 따라서 고등학교와 산업기업, 정부. 학계 및 외국과학연구기구간의 심도 높은 합작을 이끌어 '합동혁신'의 효과를 얻었다. 정보화, 디지털화, 인터넷의 발전추세에 적응하기 위하여 중국인민대학의 '연구보고시리즈'는 종이인쇄물을 출판하는 동시에 상응하는 데이터베이스를 개발하고 풍부한 디지털자원을 형성하며 지식관리공구의 힘을 빌려 정보 관련과 지식개발을 실현하고 인터넷조회와 테마별 검색을 편리하게 하였으며 광범위한 독자들에게 적용하기 편리한 가치증대 서비스를 제공하였다.중국인민대학의 '연구보고시리즈'는 우리가 과학연구역량을 통합하고 성과전환을 촉진하는 방면에서의 새로운 탐색이다. 우리는 시대의 맥박을 고리로 긴밀히 연결하고 경제사회발전의 중점, 핫이슈, 초점문제를 예민하게 포착하여 모든 연구보고와 전체 시리즈가 모두 우수한 작품이 되고 독자들의 수요에 적응하도록 노력하였으며 따라서 고 품질의 학술브랜드를 만들고 핵심학술가치를 형성하여 학술이 사회에 봉사하는 책임을 더욱 잘 감당하게 할 것이다.

머리말

  오늘의 기업은 위험과 기회가 동시에 존재하는 사회에 처하고 있으며 인터넷, 데이터베이스가 성행하는 시대에서 기업은 더욱 보잘것없게 느끼고 수시로 전멸, 삼켜지는 위험이 있지만 또 전에 없는 거대한 발전 잠재력이 나타나 새로운 기술, 상업형식으로 업계의 새로운 권력자로 오를 수 있다. 기업의 전술, 전략조정과 전환은 마치 피할 수 없는 추세가 되어 생존의 우려와 더욱 관련되었다. 국내의 주식시장이 불안하고 사회경제조정과 전환의 새로운 배경에서 기업은 반드시 미래발전의 길을 분명히 해야 한다. 마찬가지로 관리실천의 발전도 학계에서 매우 중시하고 사고하는 명제이며 이론 계는 자신의 주관에만 의지해서 일을 처리하면 안 되고 기업관리실천에 깊게 파고들어 우리나라 기업이 현재 어떤 경영관리상태에 처했는지, 어떤 새로운 문제와 새로운 도전에 직면했는지, 경영관리의 전략과 전술을 어떻게 조정해야 하는지를 발견해야 한다. 위 문제들을 둘러싸고 중국인민대학상업학원은 기업혁신과 경제력연구센터를 설립하고 2012년에 중국기업추적조사프로젝트를 시작하여 연구와 분석을 할 수 있는 기업변화의 데이터베이스를 구축하는데 노력하였다.

2014년은 기업혁신과 경제력연구센터가 중국기업조사프로젝트를 추진하는 세 번째 해였다. 2012년에는 총 126개 기업이 조사에 참여했고 2013년에 조사에 참여한 기업의 수는 184개까지 증가했으며 2014년에는 193개 기업이 참여해(설문지 유효수량 153개) 설문지를 총 2500부 정도 수집하였으며 설문조사참여자는 기업의 중, 고층 및 일반직원을 포함하였다. 기업은 다원화된 산업에서 왔으며(농림목어업, 제조업, 정보서비스 등을 포함) 또한 서로 다른 발전단계에 처하고 있어 샘플은 특히 대표성과 전형성을 가지고 있으며 그리하여 얻은 연구결론과 발견은 관심을 가질 가치가 있다. 금번 연구조사보고는 기업의 내 외부 환경에서부터 고려하여 기업의 관리 철학 또는 이념을 명확히 하고 시대배경 하에 기업의 혁신상황에 관심을 기울였으며 기업은 응당 기회에 따라 적당한 시기에 적당하게 혁신하여 양성발전을 촉진해야 한다고 여겼다.

중국인민대학의 기업혁신과 경쟁력연구센터의 임무는 바로 중국인민대학 및 국내외의 관련된 과학연구기구와 산업체와 관련된 우수자원을 통합하여 기업혁신과 경쟁력을 테마로 하는 과제연구,

기업데이터베이스 구축, 정책자문, 학술교류 등 활동을 전개하여 수준 높은 학술성과를 얻어내며 중국기업의 관리와 정책에 사용하고 그들이 장기적으로 발전하는 것을 촉진하는 것이다. 연구센터의 목표는 바로 이론과 실천을 결합하여 순수 이론의 형식과 정량 연구를 방지하고 실천 중 존재하는 문제를 연구방향으로 하며 품질 높은 '하늘을 떠받치고 땅에 우뚝 서'는 과학연구를 선도하여 기업계에 의미가 있고 가치가 있는 관리사상과 방법을 제공하는 것이다. '중국기업추적조사'는 연구센터에서 국가자원위원회연구센터 및 북경청년상회를 연합하여 전개하는 중요한 연구프로젝트다. 프로젝트는 '중국기업발전과 핵심경쟁능력 상승'의 핵심의제를 에워싸고 끊임없이 발전하는 기업경쟁력이론을 참고로 하며 기업경쟁력에 영향을 끼치는 기업운영관리와 경영환경의 정보들을 설계 또한 조사하고 기업연구가들에게 데이터베이스를 제공하는 동시에 중국기업경쟁력이 기업내부와 외부의 요소변화에 따라 변화하는 규칙을 찾아 기업이론의 '중국특징'을 그려내려고 노력하였다. 이는 중국특색을 가진 현지화 이론을 발전시키는데 비교적 큰 이익이 있다. 연구센터는 또 '추적조사+성과피드백+탐구와 합작 심화'의 방식을 통하여 중국기업의 관리실천과 관리연구의 선순환 발전을 촉진하길 바란다.

　본 보고가 출판될 즈음 우리는 우리의 연구를 지지하고 관심을 가져준 각계 인사들에게 감사를 드리며 특히 기업추적조사에 참여한 기업가, 중, 고층 관리자 및 많은 기업직원들에게 감사를 드린다. 열정적인 참여가 없었으면 우리의 연구는 원천이 없는 물과 뿌리가 없는 나무이다.

물론 우리도 더욱 많은 기업이 이 조사연구에 참여하여 조사범위를 확장하고 우리 연구 성과의 정확도, 신뢰도가 이로 인하여 상승되길 희망한다. 우리는 또 금번 '중국기업추적조사'에서 책임성 있게 작업하신 연구원들(진사결陳思洁, 곽일용郭一蓉, 하결何洁, 유초劉超, 유로劉露, 육로陸露, 손우청孫雨晴, 온명초溫明超, 우수강武守强 등)에게 감사를 드린다. 그들은 꼭 멀지 않은 미래에 성과를 얻을 것이다. 우리는 또 중국인민대학출판사의 편집장님이 본 보고의 출판에 심혈을 기울여 주심에 감사를 드린다. 마지막으로 중국인민대학연구기금(중앙고등학교 기본과학 연구 업무비용 전문자금 협찬)(프로젝트 비준번호: 12XNP005)의 경비지원에 감사를 드린다.

　　우리는 지속적인 노력을 통하여 중국기업의 동태 데이터 뱅크는 사회 각계의 지지 하에 점차적으로 건립되고 완벽해 질 것이라 믿는다. 그때가 되면 우리는 세계 각지의 연구학자들의 역량을 끌어들여 중국기업이 직면한 실질적인 문제에 초점을 맞추어 품질 높은 학술연구를 전개하고 또한 실천지도에 사용할 것이며 중국기업의 관리연구는 필연코 더욱 풍성한 성과를 얻을 것이다. 우리나라 기업의 경쟁력이 증강함에 따라 국제화 경영의 발걸음은 더욱 빨라지며 관리지식의 관한 중국의 큰 목소리도 전 세계에 퍼질 것이다.

이지굉

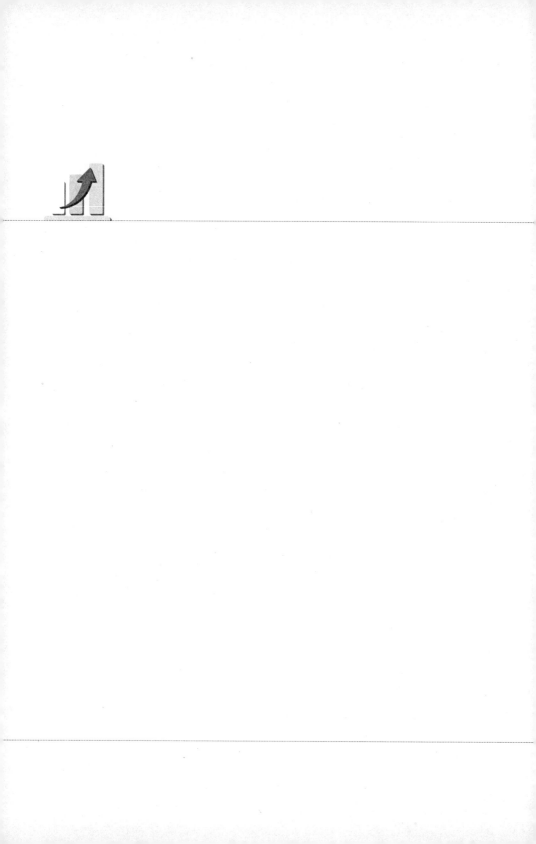

제1장

기업의 기본 정보 분석

1.1

기업의 기본상황

1.1.1 기업 연한 및 등록지역

금번 '중국기업추적조사'에 참여한 기업은 총 193개(유효견본 153개)이다. 그 중에 회사설립 시기가 제일 빠른 것은 1962년이고 제일 늦은 것은 2013년이다. 기업설립연한간격이 비교적 크지만 '백년기업'은 부족하다. 구체적인 기업설립 연한은 아래1-1도표와 같다.

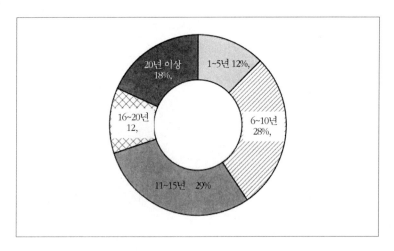

도표1-1   기업설립연한도표

기업의 연령으로 볼 때 조사에 참여한 기업의 평균연령은 14.6년이다. 그 중에 84개 기업이 10년 넘게 지속되었고 20년 넘은 기업은 25개다. 이번 추적조사를 받은 기업 중에 기업연령분포는 지난해(2013)와 비슷하고 각 연령단계별 분포는 비교적 균일하며 (6~10년과 11~15년이 비교적 많아 20% 초과함)설립연한이 20년 이상인 기업이 조금 증가했다. 하지만 전체적으로 볼 때 견본 중 82%정도 기업의 지속시간이 20년 이하이다.

방문조사를 받은 기업지역분포를 볼 때 방문기업의 등록지역은 북경(北京), 상해(上海), 광동(广東), 호북(湖北), 하남(河南), 강소(江蘇), 산동(山東)등 14개 지역에 널리 분포되었고 방문기업은 주요하게 화중(華中), 화동(華東)과 화북(華北)지역에 집중되었으며 지난해(2013)의 분포비율과 대체적으로 일치했다. 그 중에 화중, 화동과 화북 지역의 기업분포는 모두 20% 초과했지만 동북(東北), 화남(華南), 서북(西北) 및 서남(西南)지역의 기업 수는 아직 비교적 적으며 앞으로 조사에서 이 지역의 기업을 더욱 많이 끌어들여 견본의 균형성, 전형성과 대표성을 확보하기를 희망한다(표 1-1과 도표1-2 참조)

표 1-1 기업지역분포

지역분포	기업 수	점유비율
화중	61	39.9%
화동	47	30.7%
화북	35	22.9%
동북	2	1.3%
화남	5	3.3%
서북	2	1.3%
서남	1	0.7%
총계	153	100%

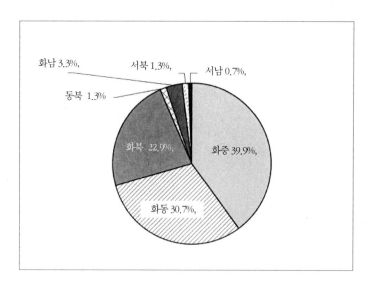

도표 1-2 기업지역분포도

1.1.2 기업특성

방문조사기업 중 기업의 특성은 매우 다르다. 금번 조사는 소유제유형, 첨단기술기업, 가족기업 및 상장기업여부에 따라 전개했다. 민영개인기업에 속한 기업이 대부분을 차지하여 약 70%정도이고 합자기업과 국유기업이 그 다음으로 모두 10% 초과했다. 집체기업과 외상독자기업의 수량은 비교적 적다(도표 1-3 참조). 기업의 유형을 더욱 깊이 보면 조사에 참여한 기업 중 주로 비 가족기업으로 54.4% 차지하고; 비 첨단기술기업은 대부분을 차지하여 비율이 56.5%이며; 대부분 회사들은 상장하지 않았고 상장회사의 비율은 11%이며; 대부분 기업은 모두 노조를 설립하였고 점유율은 84.8%였다.

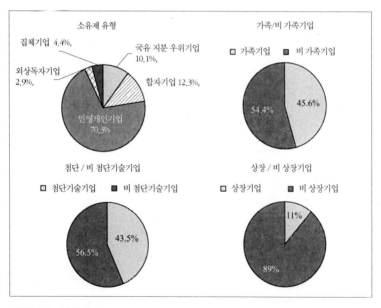

도표 1-3 기업특성

1.1.3 기업 산업유형

기업의 주 영업업무에 근거하여 구분하며 방문기업에 속한 산업은 주로 제조업, 건축업, 광업, 컴퓨터서비스와 소프트웨어 등을 포함한다. 이런 기업은 여러 업종으로 그 중에 제조기업이 총수량의 36% 차지하고 도매와 소매업, 건축업 및 정보 전송, 컴퓨터서비스와 소프트웨어기업이 각각 총수량의 10%, 10%와 8% 차지한다.

1.1.4 기업이 처한 발전단계

이번 연구 중 우리는 방문기업이 처한 발전단계를 초기 창업단계, 발전단계, 유지단계와 쇠퇴기로 구분하였다. 기업의 각 발전단계에서 추구하는 목적은 다르다. 초기창업기의 유일한 목적은 바로 '살아남는 것이고', 발전단계는 '한 단계 오르고 큰 발전'을 추구하며, 유지단계는 현재 전략 하에 얻는 성과를 최대화하는 것이고 쇠퇴기는 새로운 업무개척, 조직개혁을 통하여 새로운 돌파를 하는 것이다. 데이터결과에서 나타나듯이 방문기업 중 대부분(80개)기업은 발전단계에 처해있고; 초기창업과 유지단계 기업이 각각 12개, 54개였다(도표1-4 참조)

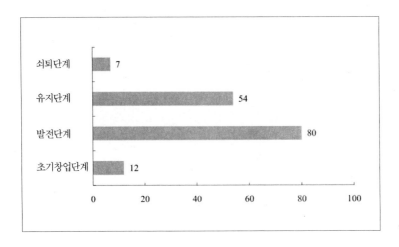

도표 1-4 기업발전단계도

1.1.5 기업직원규모

기업의 규모로 볼 때 우리는 조사에 참여한 기업을 직원 총 인원수에 따라 3개 규모단계로 나누었으며 각각 소형기업(1~100명), 중형기업(100~500명), 대형기업(500명 및 이상)이다. 이 3가지 유형의 기업이 견본 중에서의 비율은 도표 1-5에서 표시한 것처럼 중형기업은 견본 중에서 50.7% 차지하고 대형기업과 소형기업의 비율은 각각 27.4%, 21.9% 이다.

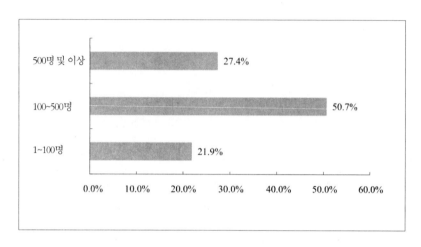

도표1-5 기업규모도

1.1.6 기업이 속한 고신개발구 등급

방문기업 중 41.3%의 기업이 다른 등급의 고신개발구에 속해있었다. 그 중 19.6%의 기업은 국가 급 고신구에 속하고 8.7%가 성급 고신구에 속하며 13%가 시급 고신구에 속하였다(도표 1-6 참조)

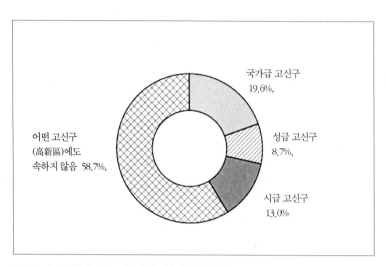

국가급 고신구
19.6%,

성급 고신구
8.7%,

시급 고신구
13.0%

어떤 고신구
(高新區)에도
속하지 않음 58.7%,

도표 1-6　기업이 속한 고신 개발구(高薪開發區) 등급

기업의 내 외부 환경과 전략제정

1.2.1 경제 환경 감지

기업이 경제 환경에 대한 감지 및 자체자원한계에 대한 통제는 전략정책 제정의 참조기준이다. 금번 추적조사는 기업의 CEO (수석집행관)의 국가의 거시적 경제형세에 대한 판단 및 경제증가속도에 대한 예측을 조사하여 이것으로 그들의 시장 환경에 대한 판단과 기대를 반영하였다.

전체 경제형세에 대한 감지를 예기할 때 조사에 참여한 기업 중 63.19%의 기업이 2014년의 전체 거시적인 경제형세가 차가운 편에 속한다고 여겼고 25%의 기업이 거시적인 경제형세가 정상적이라고 여겼으며 거시적인 경제형세가 많이 차갑다고 느끼는 기업이 9.72% 차지했고 거시적인 경제형세가 매우 좋다고 여기는 기업은 없었다(도표 1-7 참조). 이것으로 볼 때 전체적으로 조사에 참여한 기업의 2014년 거시적인 경제형세에 대한 판단은 비교적 부정적이라고 말할 수 있다.

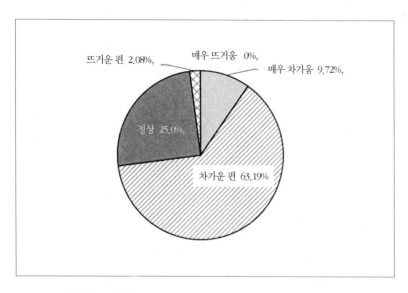

도표 1-7 전체적인 기업의 거시적인 경제형세에 대한 감지(一)

구체적으로 예기하면 거시적인 경제형세에 대한 감지 중 기업의 CEO는 고정자산투자수요(정부투자와 민간투자 포함), 소비수요와 무역수출수요 등에 대하여 구체적인 판단을 하였다. CEO의 3가지 수요에 대한 감지를 100점제로 하여 0점은 수요가 심각하게 부족함을 나타내고 100점은 수요가 매우 왕성함을 나타냈다. 결과에서 나타나듯이 전체적인 기업의 거시적인 경제형세에 대한 감지의 평균점수는 33.1이며 상대적으로 소비수요의 감지는 매우 높아 37점이다. 하지만 여전히 50점 합격선에 도달하지 못했다(도표 1-8 참조)

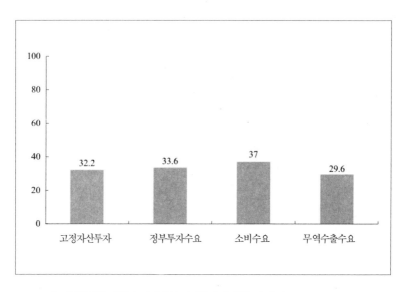

도표 1-8   전체적인 기업의 거시적인 경제형세에 대한 감지(二)

비록 2014년의 거시적인 경제형세에 대한 판단은 비교적 부정적이지만 기업은 최근 2년 동안 국내생산총액(GDP)성장속도에 대하여서는 낙관적인 태도였다. (2013년은 7.7%). 도표1-9에서 알 수 있듯이 2015년의 GDP성장속도에 대하여 96%의 조사기업은 연간 GDP가 6.5%보다 높을 것이라고 여겼고 이 비율은 지난해의 비율보다 2.74% 성장했다. 전체적인 환경에 대한 종합분석은 기업의 전략정책의 첫 걸음이며 외부환경을 분석 후 기업의 CEO는 내부 환경, 자체자원이 이 전략과 부합한지를 평가한다.

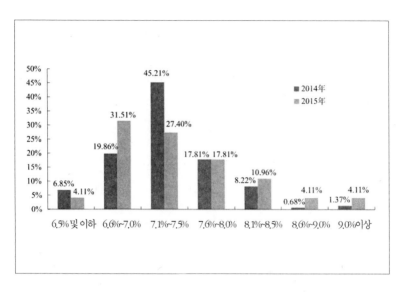

도표 1-9 전체적인 기업의 거시적인 경제형세에 대한 감지(三)

1.2.2 자원충족도

기업은 일련의 자원들이 조성한 집합체라고 예기할 수 있으며 자원의
충족도와 품질은 기업의 발전 잠재력과 경쟁력을 결정한다. 금번 조사는
유형자원(자금, 기술공 및 원자재공급 등)과 무형자원(관리능력과
지식자원)의 차원에서 고려했다.

조사데이터에서 나타나듯이 방문기업자원충족도(100점제 채용,
0점은 자원이 매우 적음을 표시하고 100점은 자원이 매우 풍부함을
표시함)의 평균점수는 67.9로 전체적으로 봤을 때 기업이 소유한 자원은
비교적 풍부함을 설명한다. 구체적으로 서로 다른 자원유형, 방문기업의

원자재공급, 관리능력과 지식자원 면에서 가지고 있는 자원은 비교적 왕성하며 평균점수는 각각 69, 71.2와 68.2로 전체적인 평균점수보다 높으며 자금, 기술공은 상대적으로 비교적 적다(표1-2참조). 이는 지난해의 조사결과와 비교했을 때 작은 변화가 있으며 그 중 지식자원의 충족도는 조금 증가하여 기업의 학습능력이 향상하고 기업의 자주 학습의식, 기록 및 지식저장의 능력이 강화되었음을 설명한다(도표 1-10 참조).

표 1-2 기업자원 충족도

자금	기술공	원자재공급	관리능력	지식자원
64.8	66.4	69	71.2	68.2

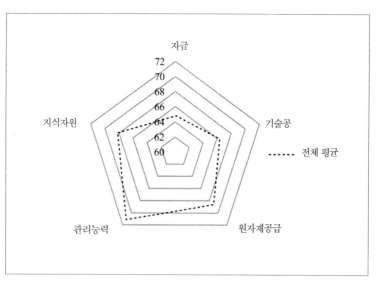

도표 1-10 기업자원충족도 도표

1.2.3 인력자원 기본상황

  이 부분에서는 주로 기업 내부인력자원의 정신 및 신체상황을 관찰하며 직원스트레스 및 건강상태 두 가지 방면으로 진행한다. 직장스트레스는 관리가 필요하며 적당한 스트레스는 기업운영의 활력 및 효율을 향상하는데 도움이 되지만 과도한 스트레스는 직원들의 멘탈 붕괴, 심신손상을 초래한다. 조사데이터에서 나타나듯이 방문기업의 직원(100점제 채용, 0점은 스트레스가 매우 적음을 표시, 100점은 스트레스가 매우 큼을 표시)평균점수는 60.2로 전체적으로 직원들은 가끔 스트레스를 느낀다는 것을 표시한다.

  구체적으로 말하면 자주 심지어 빈번하게 시간부담을 감지하는 직원이 31.4%(도표1-11참조)로서 스트레스 현상이 조직에서는 일종의 정상적인 상태임을 설명한다. 남성의 스트레스 지수는 60.3으로 여성의 60.1보다 조금 높지만 큰 차이는 없다. 스트레스는 직원들의 정서에 부정적인 영향을 끼치며 이들로 하여금 소극적으로 업무를 대하게 하고 직원들의 업무효율과 산출을 저하시키므로 기업은 조심스럽게 대하여야 한다.

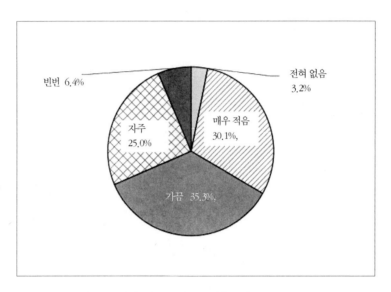

빈번 6.4%

전혀 없음
3.2%

자주
25.0%

매우 적음
30.1%,

가끔 35.3%,

도표 1-11 전체적인 기업직원의 스트레스에 대한 감지

건강상태는 직원들의 업무효율의 기본보장이다. 조사결과에서 나타나듯이 방문한 기업직원(100점 제 채용, 0점은 매우 건강하지 않음을 표시, 100점은 매우 건강함을 표시함)의 평균점수는 63.2이며 건강상태는 보통으로 기업직원 중 22.4%의 직원은 자신이 '매우 건강하지 않음' 또는 '하위 건강'에 처해있다고 예기했다. 성별로 말하면 남성건강지수는 77.9로 여성의 76.7보다 높다.

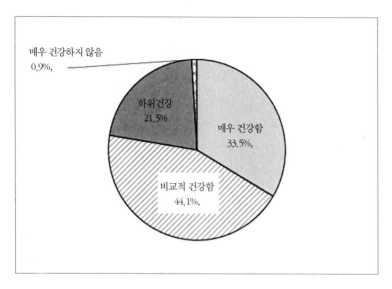

매우 건강하지 않음
0.9%,

하위건강
21.5%

매우 건강함
33.5%,

비교적 건강함
44.1%,

도표 1-12 전체적인 기업직원의 건강상태

1.2.4 기업원가관리

원가관리는 어떠한 기업도 피할 수 없는 화제이며 동시에 또한 기업의
'상록수'가 되는 관건이다. 원가관리의 연구는 학술계에서 이미 전략차원
으로 상승하여 전략원가관리로 되었으며 그는 원가와 전략관리를 결합하여
전략의 차원에서 원가의 사상을 이용하여 전략을 추진하고 푸드(波特)의
가치망 관리, 시몬(西蒙)의 장기적인 원가형태는 모두 전략원기의 이념을
내포했다. 관리 원가는 기업내부의 원가를 관리해야 할뿐만 아니라 기업이
처해있는 외부환경에도 확장하여 '조직간'의 원가관리를 진행해야 했다.

기업네트워크 또는 전략연맹의 시각에서 기업상품 또는 서비스생산,

운송, 저장 및 판매 등 원가를 최소화 또는 가치를 최대화하게 하는 것은 원가관리의 기본사상이다. 인력자본과 빅 데이터, 클라우드 컴퓨팅 등 정보기술 성행의 시대에서 전략원가관리는 기업의 실천 중에서 뿌리를 내릴 수 있다. 전략원가의 시각을 기반으로 금번 조사는 인건비, 네트워크 운영원가관리(주로 물류원가관리), 영업투자 등 방면에서 기업의 원가관리를 평가하였다.

인력자본은 기업이 피할 수 없는 것으로 특히 현재 지식경제시대에서 인력에 대한 투자와 관리는 기업의 생존에 관련되었다. 인력자본의 원가관리는 인건비 및 교육원가 등을 포함하며 설문지연구조사결과에서 나타나듯이 지난 1년 동안 방문기업의 인건비는 전체 원가의 25.50% 차지하고 2014년 85%의 기업이 인건비가 조금 상승했다고 여겼으며 평균상승폭은 10.3%였다. 이 중에 급여가 인건비의 34.50% 차지하고 직원교육투자는 영업수익의 7.37% 차지하여 투자가 비교적 컸다. 영업의 광고투자는 영업수익의 10.70% 차지하며 또한 기업의 영업자원은 주로 4P(상품, 가치, 채널, 판촉)행위, 고객개인관계 구축 및 시장네트워크 확장에 투자했다. (도표 1-13 참조)

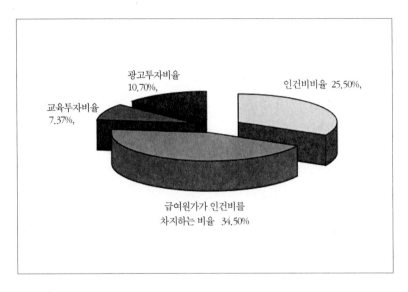

광고투자비율
10.70%,

인건비비율 25.50%,

교육투자비율
7.37%,

급여원가가 인건비를
차지하는 비율 34.50%

도표 1-13 기업원가 투자도

기업의 네트워크운영원가관리는 기업네트워크운영(주로 물류)의 관련비용에 대하여 진행한 계획, 협조와 통제이며 주로 관리계획, 보고시스템과 지탱시스템 3가지 방면에서 나타난다.

관리계획은 기업이 투자한 네트워크운영원가관리시스템이 장기적인 개선계획과 조치가 있는지 여부를 가리키며 보고시스템은 기업의 원가관리시스템이 시스템투명도, 정기적인 물류원가보고진행 등 방면에서 엄격한 제도외 조치기 있는지 여부를 가리키며 지탱시스템은 기업이 투자한 네트워크운영원가관리시스템이 직원전문성, 시스템정보화 수준, 회계시스템정확도 및 원가관리지지도 등 방면에서 충분한 준비가 되어 있는지를 가리킨다. 금번 조사는 3자의 평가에 100점제를 채용하여 0점은 매우 나쁨을 표시하고 100점은 매우 우수함을 표시했다.

조사결과에서 나타나듯이 방문기업의 관리계획, 보고시스템 및 지탱 시스템방면에서 평균득점은 67, 69 및 71로서 비교적 우수하지만 아직도 비교적 많은 개선의 여지가 있다. (도표 1-14 참조)

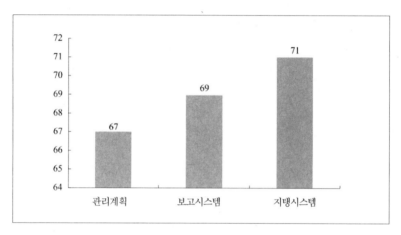

도표 1-14 기업네트워크 운영원가관리시스템

네트워크운영원가는 기업자체의 원가관리에 연관될 뿐만 아니라 동맹자 또는 전략합작파트너의 원가관리에도 연관되어 있으며 전략원가관리사고의 한 개 측면이다. 전략원가는 또한 소비자원가 또는 기타 이익관련자의 원가도 포함한 기업의 상품 또는 서비스가 생산, 운송, 소비 및 사후관리의 과정에서 각 방면에 가져오는 원가이기도 하다. 기업은 응당 이런 원가를 전략원가관리로 향상시켜 기업의 원가관리가 전체성, 연속성, 협력 및 고가치성을 구비하게 해야 한다.

1.2.5창업방향

　창업방향은 기업의 전략제정에 영향을 끼치는 또 하나의 특징이며 기업의 문제해결, 환경변화순응 등 일련의 관련된 활동들의 관리 실무에서의 구체적인 특징이다. 창업방향이 강한 기업은 시장에 비교적 민감하고 적극적으로 상품 틈새 포인트를 찾아 성장전략을 더욱 쉽게 취한다. 창업방향이 강한 기업은 적극적으로 상품시장혁신에 참여하고 일정한 위험을 부담하며 앞선 혁신을 진행하며 또한 이것으로 경쟁자를 이길 수 있다. 혁신적, 적극성과 위험부담성은 기업창업방향의 3가지 각도다.

　이 중에 혁신적인 것은 기업이 혁신적인 해결방법으로 직면한 도전을 대처하는 것을 추구함을 가리키며 상품과 서비스를 발전 또는 강화 및 새로운 기술 또는 관리기능을 사용하는 것을 포함하며 상품시장 혁신과 기술혁신 두 가지로 나눈다: 적극성은 기업이 미래의 수요변화가 가져올 수 있는 기회를 예측하여 앞서 행동을 취하는 경향을 가리키며 예를 들어 동종 업계보다 앞서 신 상품 또는 서비스를 출시, 새로운 과학기술 도입 또는 성숙이나 쇠퇴단계에 처해 있는 사업을 전략적으로 퇴출하며; 위험부담성은 기업관리자가 대량의 자원을 불확실한 사업에 투자하는 의향을 가리킨다.

　금번 조사에서 우리는 기업 혁신성, 적극성과 위험 부담성 3가지 각도에서 방문기업의 창업방향을 관찰했다.

　데이터결과에서 나타나듯이 전체적으로 방문기업의 창업방향은 비교적 강하며 평균득점은 68.5로서 지난해 조사결과와 비슷함으로 뜨거운 열기의 경쟁 환경에서 기업의 진취적인 의식은 비교적 보수적인 것으로 표명되며; 기업의 혁신적인 각도에서 득점이 제일 높고 평균 71이며 위험부담성은

상대적으로 제일 낮은 65.5였다. (도표 1-15 참조)

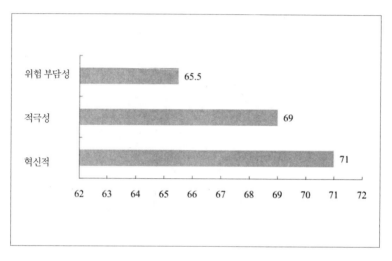

도표 1-15 기업창업방향

중국경제가 조방적인 것에서 집약적인 것으로 전환하는 배경 하에 창업방향은 기업의 성과향상에 도움이 되었다.

창업단계 이후부터 매우 긴 시간 동안 기업은 기본적으로 상품 또는 서비스의 수량, 규모, 시장점유율추구, 업계지위를 중시하고 상품 또는 서비스 품질 및 관리효율의 향상을 소홀히 했다. 창업방향 중 혁신적인 것은 기업이 관례를 깨뜨리고 낡은 사고방식을 타파하며 생산방식, 업무흐름 및 관리형식을 혁신하여 관리효율을 최대한 향상하고 또한 성장방식을 개선하는데 도움이 된다. 이 외에 위험부담성과 적극성은 양호한 업계생태환경을 구축하는데 도움이 되며 만약 기업이 모두 혁신을 두려워하지 않고 돌파를 두려워하지 않으면 기필코 산업의 번영을 가져올 수 있다. 기업자주의 적극성은 일정한 정도에서 기업자원능력의 부족, 시장합법성 불명확 등 불리한 요소를 감소하고 더 나아가 높고 빠르며 안정적인 성장을 실현할 수 있다.

연구에서 표명하듯이 창업방향과 기업성과의 관계는 외부환경요소와 내부조직요소의 영향을 받는다. 예를 들어 환경적대성은 기업혁신적인 것과 위험부담성의 성과에 대한 긍정적인 영향을 강화할 수 있으며 환경활력은 기업의 혁신적인 것과 적극성의 성과에 대한 긍정적인 영향을 강화할 수 있다. 동시에 창업방향은 기업성과에 대한 긍정적인 작용과 기업융통성, 학습능력조직, 기업문화, 고위 관리팀의 특성 등 요소와 갈라놓을 수 없다. 따라서 기업은 창업방향을 향상하는 동시에 또 내부자원의 통합 및 능력의 메이킹을 중시해야 하고 기업특성에 따라 창업방향각도에서 성과로 전환하는 효율적인 길을 선택해야 하며 상응하는 각도의 능력에 초점을 맞춰 발전해야 한다.

1.2.6정보시스템 구축

현대공업문명은 어떤 의미에서 말하면 정보화 삽입의 문명이며 기업은 정보시스템을 통하여 데이터 추출, 가공 및 가치 있는 정보를 생성하여 기업관리인에게 제공한다. 이런 정보화시스템은 기업관리인이 빠르게 시장정보를 포착하고 기업자원을 합리적으로 배치하며 업무흐름을 최적화하고 내부직원이 빠르게 지식을 공유하는데 도움을 주며 상업형식의 민감성을 향상하여 기업이 적당한 시기에 변혁을 할 수 있게 함으로써 기업의 경제효율과 경쟁력을 향상시킨다.

당의 18대 전체회의에서도 끊임없이 정보화를 강조하여 '정보화와 공업화의 심도 깊은 융합을 추진'하는데 주력했다. 기업정보화는 대세이며 특히 조직이 강대하게 발전할 즈음 기업정보시스템의 구축은 단점보다 장점이 많다. 이 중에 44.2%의 기업은 이미 네트워크를 기업정보화에 이용했지만 정보화의 구축현상은 매우 우려되며 기업정보화의 과정은 한 번에 이루어지는 것이 아니다. 많은 기업들은 정보화를 추진하는 과정에서 많은 문제에 봉착하여 정보화 구축이 표면 또는 구두에 정체되어 있게 되고 형식적인 것 또는 합법성의 상징으로만 되었다. 흔한 정보화 구축 문제는 기업의 IT기초시설수준, 데이터품질, 관리지지도 등을 포함하며 금번 조사는 주로 이 3가지 방면에서 전개했다.

IT기초시설수준은 기업이 정보시스템수축을 진행하는 기초다. 만약 기초시설이 따라가지 못하면 기업정보화 구축은 '원천이 없는 물'과 '뿌리가 없는 나무'와 같다. IT기초건설수준은 IT기초시설과 응용시스템의 기술수준, 안전관리수준, 수용가능수준, 확대가능수준 및 이것의 기업내부 및 기업 간의 적용수준과 각 응용모듈의 완전성 등 5가지 방면에서 평가했다(100점제 채용, 0점은 매우 나쁨을 표시, 100점은 매우 우수함을 표시). 전체적인 조사데이터에서 나타나듯이 표현이 제일 좋은 것은 IT기초시설과 응용시스템의 완전관리수준으로 득점은 68.2이며 제일 낮은 것도 64점이었다. 전체적으로 볼 때 기초시설수준은 기본적으로 합격했지만 우수함과 아직 거리가 멀어 매우 큰 개선의 여지가 있다. (표 1-3 참조)

표 1-3   기업IT기초시설수준

기술수준	안전관리수준	수용가능수준	확대가능수준	모듈의 완전성
64	68.2	66.6	65	67

데이터는 기업이 IT기술을 응용하여 효율적인 관리를 진행하는 기초이며 데이터품질은 IT응용품질에 영향을 끼친다. 기업데이터품질은 진실수준, 완전도, 정확도, 통일코드수준 및 데이터수집시기 등 몇 가지 방면에서 평가할 수 있다. 조사데이터에서 나타나듯이 기업정보화 구축 중 데이터의 진실수준이 비교적 우수하며 득점은 76.2였다.

하지만 데이터 통일 코드와 정확도수준은 상대적으로 낮아 득점은 각 65.9와 69.3이며 데이터의 2차 응용 또는 통합수준이 비교적 낮아 향상할 필요가 있음을 설명한다. (표 1-4 참조) 관리지지도는 기업이 IT와 응용시스템 등 정보기술을 이용하여 업무관리, 행정관리수준을 향상하고 개선하는 수준이다. 데이터에서 나타나듯이 기업정보화 구축은 업무관리 정확도 방면에서 득점이 71.4로 비교적 높고 기타 몇 가지 방면은 비슷하다(표 1-5와 도표 1-16 참조)

표 1-4   기업정보화 구축의 데이터 품질

진실수준	완전도	정확도	통일 코드수준	데이터수집시기
76.2	71.8	69.3	65.9	73.6

행정 간이화	행정최적화 및 심화	행정 정교화	업무 간이화	업무 최적화 및 심화	업무 정교화	원활한 분할
67.7	68.7	68.5	69.6	66.7	71.4	66.8

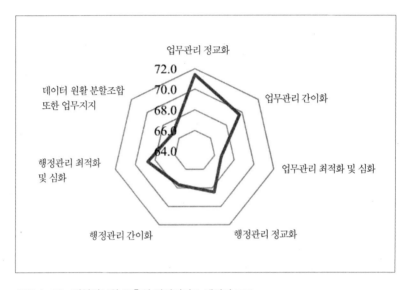

도표 1-16　기업정보화 구축의 관리지지도 레이더 도표

이 외에 기업 정보화 부서의 책임자의 교육수준에서 볼 때 방문기업의 정보화 부서의 책임자의 학력이 비교적 낮아 전문대학 및 이하 학력의 책임자는 36.6%이다. 하지만 전년도보다 개선되어 8.4% 줄었다. 석사 및 이상학력의 책임자는 겨우 9.8%였다. 현재 정보화 부서의 교육수준은 4년제 대학학력에 집중되어 절반을 넘겼으며 53.6%다. (도표 1-17 참조)

비록 학력으로 기업정보화 구축의 성공을 판단하는 것은 부적절하지만 정보과학기술자체의 특징 때문에 우리는 학력을 여전히 업무종사자의 소질을 판단하는 중요한 표준 중의 하나로 여겼다. 양호한 교육을 받은 업무종사자들은 상대적으로 더욱 쉽게 정보화 구축을 위하여 도움을 제공할 수 있다. 우리의 연구에서는 기업정보화 부서의 인재자질이 낮은 것은 우리나라 기업정보화 과정에서 해결해야 할 문제임을 발견했다.

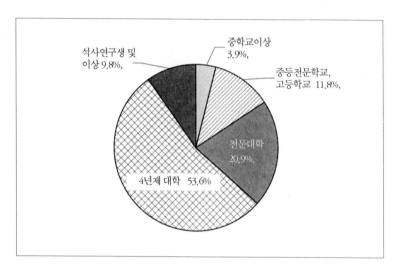

도표 1-17　기업정보화 부서 책임자의 교육수준

1.2.7환경특징

　기업의 환경 분석은 외부환경의 기본특징을 고려해야 하며 환경포용성, 환경 불확실성 두 가지 방면을 포함한다. 환경포용성은 기업의 경영환경 중

기업발전이 필요한 자원의 충족수준 및 이런 자원을 획득하는 난이수준을 가리키며 기업이 처한 환경의 기업발전에 대한 지지수준을 반영하였다.

환경포용성이 강할 때 기업은 외부에서 자원을 쉽게 얻을 수 있으며 환경포용성이 약할 때 기업은 상응하는 자원을 획득하기 매우 어렵거나 또는 비교적 높은 대가를 지불해야 했다.

환경 불확실성은 기업이 처한 환경의 동태성과 예측 불가능성을 나타내며 구체적으로 수요불확실성, 기술파동과 경쟁강도 3가지 각도로 구분할 수 있다. 이 중 수요불확실성은 고객이 기대하는 다변성 및 기업이 잠재 고객을 식별하는 난이도로 나타나고; 기술파동은 주로 업계 내 기술의 빠른 변혁과 발전으로 인한 것이며; 경쟁 강도는 기업이 직면한 시장경쟁의 치열한 수준을 반영하였다(표 1-6 참조)

표 1-6 기업이 직면한 환경특징

	환경특징	평균치
환경포용성		62
	수요불확실성	61.4
환경 불확실성	기술파동	65.8
	경쟁 수준	78.8

기업의 환경 불확실성과 포용성 두 방면의 득점을 비교했을 때 우리는 방문기업이 처한 환경 불확실성이 비교적 높고 평균점수가 68.67이며; 환경포용성은 상대적으로 비교적 낮아 평균득점이 겨우 62점임을 발견했다. (도표 1-18 참조)

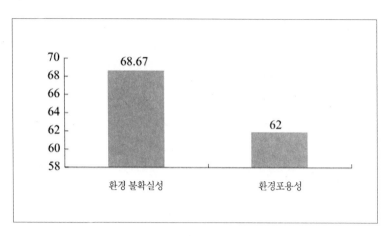

도표 1-18 기업이 직면한 환경특징

구체적으로 환경 불확실성의 3가지 각도에서 볼 때 방문기업은 경쟁
각도에서의 득점이 제일 높아 78.8이며; 기술파동과 수요불확실성의
득점은 비교적 낮아 각각 65.8과 61.4였다(도표 1-19 참조). 결과는 전년도와
기본적으로 일치하다. 이를 통해 치열한 시장경쟁은 여전히 기업의 환경
불확실성의 중요 원인임을 알 수 있다. 기업이 치열한 환경에서 돌파하려면
반드시 핵심능력과 경쟁력에서 우세성을 갖추도록 양성해야 한다.

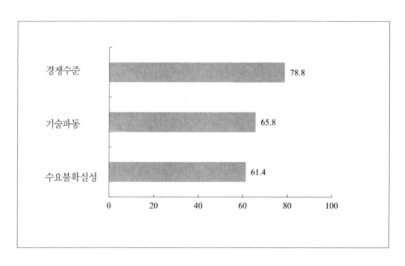

도표 1-19 기업이 직면한 불확정환경

환경포용성이 높을 때 기업이 착오를 범할 수 있는 공간은 비교적 크며 관리위험은 비교적 적다. 이런 환경에서 기업은 돌파구를 찾아 성장전략을 실시하여 시장에서 지위를 획득하는데 적합하다. 불확실성이 비교적 높은 환경에서 기업의 착오원가는 비교적 높아 매우 쉽게 '한걸음을 잘못 걸어 전체가 실패'하는 국면이 나타날 수 있으며 심지어 파산할 수도 있다.

그리하여 기업은 불확정 환경에서 점진적인 혁신을 진행하고 끊임없이 기술혁신활동을 추진하여 소비자의 끊임없이 변화하는 수요를 만족 시킬 필요가 있으며, 동시에 기술혁신활동의 누적과 자신의 지식과 능력향상을 통하여 외부환경의 변화에 대응해야 한다. 기업은 불확실성이 높은 환경에서 안정적인 전략 또는 긴축전략을 취하여 주동적인 출격실패 후 과도하게 수동적이 되는 것을 방지해야 한다. 환경포용성이 높을 때 충족한 자원은 기업이 제때에 전략을 조절하여 복잡한 경쟁환경에 적응하는데 유리하다. 자원의 여유는 또 기업이 혁신활동을 더욱 잘 전개할 수 있도록 지원하여 환경의 변화가 가져오는 위협을 최소화 할 수 있다.

그리하여 한 방면으로 기업은 자신의 동태능력을 구축하고 전략 유연성을 양성하여 환경변화에 대응할 필요가 있으며; 다른 한 방면으로 기업은 자원획득경로를 확장하고 내외부자원을 통합하며, 또한 자원에 대하여 합리적인 배치를 진행하여 자원이용에 대한 효율을 향상시키고 충분한 자원을 누적하여 기업의 혁신전략을 실시할 필요가 있다.

1.2.8 조직합법성

'합법성'은 조직제도이론 중의 핵심개념이며 조직합법성은 사회를 조직하여 새로운 제도주의학파에서 제기한 관점을 배우는 것이다. 조직합법성은 활동이 나타내는 가치조직과 사회시스템 행위기준의 일치성 을 통합하여 정부와 대중이 조직을 알고 이해하며 또한 인정하는 수준을 반영하였다. 합법성체제는 무형 중에 조직이 정식적인 조직구조, 환경과 함께하는 조직행위 등을 포함한 특정 제도환경이 요구하는 합법적인 행위형식을 받아드리게 할 수 있다.

조직합법성은 측면적으로 한 기업의 생존능력과 발전 잠재력을 반영하였고 이번 조사는 정치합법성, 시상합법성, 정치관련 등 3개의 각도에서 평가를 진행하였으며, 방문기업의 이 3가지 각도에서의 득점은 각각 72.3, 76.2, 73.2로써 정치합법성과 시장합법성은 지난번보다 약간 증가했다.

상대적으로 방문기업은 시장의 동일 업종, 고객, 공급업체 및 판매업체 등의 인정을 더욱 중요시하였다.

　도표 1-20에서 알 수 있듯이 방문기업의 시장합법성은 비교적 강하고 정치관련 수준은 비교적 높지만 정치합법성은 상대적으로 비교적 낮아 측면적으로 조직한 3개 합법성의 차원은 비교적 높다. 그리하여 전체적으로 현대기업의 조직합법성은 비교적 높다.

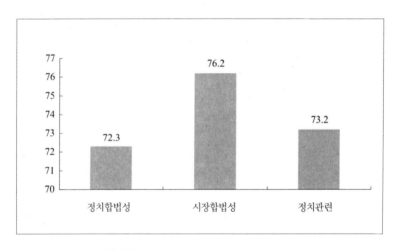

도표 1-20　기업조직합법성

　만약 한 개의 조직이 정식적인 구조 또는 사회행동에서 사회가 인정하는 '이성요소'를 융합했다면 자체의 합법성을 향상시키고 자원획득과 생존능력을 강화할 수 있다. 전반적으로 말하면 조직합법성은 기업이 발전에 필요한 관건적인 전략적인 자원(예를 들어 인력자본, 기술 등)을 획득하는데 도움이 되며 기업성과에 대하여 현저한 긍정적인 작용을 갖는다. 이 외에 기업이 조직합법성을 구축하는 과정은 기업의 명성을 세우는데 도움이 되고 사회에 좋은 인상을 남기며 또한 이익관계자들과 좋은 관계를 유지할 수 있다. 예를 들어 만약 조직합법성이 높으면 기업이 생산효율을 높이고 상품을 완벽히 만드는 계획이 정부의 지지를 받을 수 있으며 생산하는 상품도 고객들의 호감을 얻을 뿐만 아니라 투자자를 유치할 수 있다.

중국경제전형의 배경 하에서 정부는 기업의 제일 중요한 이익관계자 중의 하나이다. 기업이 정부와의 관계를 적절하게 잘 처리하는 것은 기업이 조직합법성을 획득하는 주요 경로다. 정치합법성은 상대적으로 비교적 낮은 현 상태에 초점을 맞추어 기업은 응당 정치 전략의 실시를 더욱 중요시해야 한다. 예를 들어 정부관원과의 관계를 발전시키고 고위층관리자의 사회자본 등을 강화하여 기업이 발전과정에서 정부의 더 많은 지지와 효율적인 보호를 받게 하며 더 나아가 기업의 경쟁력 우세를 구축하게 한다. 이와 동시에 기업은 또 비정부 이익관계자 예를 들어 공급업체, 고객, 은행, 대학과 과학연구기관, 회계심사기관, 매체, 전문사회단체, 인증조직, 업계협회 등과 관계를 구축하여 합법성 수준을 향상시켜야 한다.

1.2.9 총체적인 전략

기업의 전략은 기업이 내외부 환경에 근거하여 정해진 자원의 구속 하에 미래경영계획 등에 대한 계획과 배치이다. 일반적으로 서로 다른 발전단계에 처해있는 기업은 각자 다른 전략을 취하며 동일한 발전단계에 처해있다 하더라도 기업, CEO특성, 기업문화의 다름은 전략적 차이를 초래한다. 기업의 총체적인 전략은 주로 안정적인 전략, 성장전략과 긴축전략 3가지를 포함한다.

안정적인 전략은 내외부 환경의 구속 하에 기업이 기본적으로 현재의 자원배분과 경영 성과수준을 유지하는 전략을 가리킨다. 이 전략에 따라 기업 현재의 경영방향, 핵심능력, 상품 및 시장영역, 기업규모 및 시장 지위 등은 대체적으로 변화가 없으며 또는 비교적 적은 폭의 성장이나 감소가 있다. 안정적인 전략의 위험은 비교적 적어 그것의 실행은 기업의 일부 관리 사고를 내포하고 있으며 시장의 불확실성(예를 들어 고객수요 파악)이 크고 투자위험을 우려하며 현재의 성과에 만족 및 전략중점을 정예화 관리로 바꾸어 조방에서 집약으로의 성장형식을 실현하는 것을 포함한다.

성장전략은 기업이 전략의 협조와 주도하에 자원을 배치하고 대중의 힘을 집합하며 연구개발 활동을 적극적으로 전개하여 기업과 환경의 동적 최적화를 탐색하며 기업가치성장을 목적으로 하는 발전형식을 실현하는 것을 가리킨다. 긴축 전략은 기업이 현재의 경영영역에서 긴축 또는 철수하는 것을 가리키며 기존 전략의 시작점에서 비교적 많이 떨어져 있으며 상대적으로 비교적 소극적인 전략이다. 일반적으로 기업이 긴축전략을 실행하는 것은 단기적이며 근본적인 목적은 일종의 경영영역에서 철수 후 다시 기타 기업의 발전에 더욱 유리한 영역으로 들어가기 위함이며 후퇴함으로 전진하는 전략이다. 설문지 결과에서 나타나듯이 지난 1년 동안 65%의 방문기업은 안정적인 전략을 기업의 총체적인 전략으로 했고; 24%의 기업이 성장전략을 선택했으며; 11%의

기업이 긴축전략을 취했다.(도표 1-21 참조)

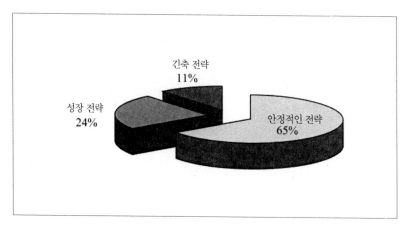

도표 1-21 기업의 총체적인 전략도

표 1-7과 도표 1-21에서는 서로 다른 발전단계에 처해있는 기업의 지난 1년 동안 취한 총체적인 전략을 반영했다.

표 1-7 기업의 서로 다른 발전단계의 전략분포

	안정적인 전략	성장 전략	긴축 전략	기업 수
초창기	8	3	1	12
발전기	51	28	6	85
유지기	34	4	6	44
쇠퇴기	6	3	3	12
기업수	99	38	16	153

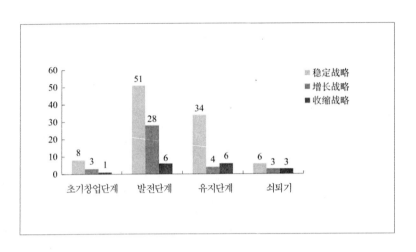

도표 1-22 기업의 서로 다른 발전단계의 전략

　기업이 처한 발전단계를 결합하여 우리는 어떠한 발전단계에 처했든지 간에 방문기업이 제일 많이 취하는 것은 안정적인 전략임을 발견했다. 적지 않은 발전단계에 처해있는 기업이 성장전략을 선택했고, 발전기 기업의 32.9%를 차지했다. 일부 유지단계에 처해있는 기업은 긴축전략을 취하였고, 쇠퇴기에 처해있는 기업은 긴축전략을 취하는 기업이 비교적 많으며 25%를 차지했다. 위 결과에서 표명하듯이 중국의 기업은 전체적으로 발전형세가 좋고 또한 상승추세를 나타내고 있으며 절대다수의 기업은 안정적인 전략 또는 성장전략을 선택하여 시장에서의 지위를 유지하고 기업의 가치성장을 실현했다. 이런 추세는 지난해의 결과와 일치한다. 기업발전의 주도전략으로 안정적인 전략은 기업에게 더 나은 조절기를 제공하여 내부프로세스 최적화와 관리향상을 진행하는데 유리하다.

일정기간의 빠른 발전을 거친 후 기업은 관리가 규모 확장속도를 따라가지 못하는 문제가 생길 수 있다. 만약 계속 '조방식' 발전전략을 실행하면 경영위험이 증가할 수 있다. 안정적인 전략은 기업 내부의 관리수준을 향상하고 수입을 증가하며 지출을 절약하고 위험을 줄이며 상품품질을 향상하고 핵심능력을 양성하는데 유리하며 따라서 과학적 관리를 실현하여 상품의 경쟁력을 향상시킬 수 있다. 이러한 측면에서 예상할 수 있 안정적인 전략은 다음 단계의 성장전략을 위하여 기초를 다지는 길이다.

이 외에 기업외부환경이 상대적으로 안정되고 고위층 관리자들이 지난 경영성과에 만족하며 전략변화의 위험이 비교적 크고, 기업내부의 실력상황이 제한을 받는 상황에서 안정적인 전략은 기업의 안정적인 발전에 유리하다. 하지만 외부의 환경 변화가 빠른 상황에서 장기적으로 안정적인 전략을 취하면 기업의 발전 속도가 느리게 되어 기업이 기존의 경쟁적 우세성을 유지하는데 불리하게 된다.

물론 성장전략과 긴축전략도 기업이 반드시 고려해야 하는 전략이며, 일반적으로 초창기에 기업은 대부분 성장전략을 선택하여 자신의 시장지위와 명성을 향상시키며, 또한 이런 성장전략은 기업의 '생존'을 목적으로 한다. 이번 조사 중에 초창기에 처해있는 기업에서 대략 66.7%가 성장전략을 선택했다. 긴축전략은 일반적으로 기업의 주 영업활동, 핵심 상품 또는 서비스의 쇠퇴기에 나타나며 이때 기업의 상품은 시장에서 이미 포화되었거나 소비자의 수요에 변화가 발생하여 기업은 반드시 점차적으로 상품을 혁신하거나 업무전략 변경으로 새로운 돌파구를 찾아 다음의 성장전략을 실행해야 했다. 쇠퇴기에 기업이 긴축전략을 취하는 비율은 25%에 달했다. 현재 시장 환경 하에 안정적인 전략은 기업이 관리방식을 완벽히 하고 업무프로세스효율을 향상하며 더 나아가 시장지위를 공고히 하고 경쟁우위를 유지하는 목적을 달성하는데 유리하다. 안정적인 전략을 실행하는 동시에 기업 CEO 및 고위층관자들은 기업창업방향의 특성을 유지하고 언제나 기업의 원대한 이익을 방향으로 하며, 기업 내 외부환경의 변화를 긴밀하게 주시하며 새로운 기회가 나타났을 때 적극적으로 내부자원의 구조를 조절하고 또한 외부의 이용 가능한 가치자원을 컨트롤하여 적당한 시기에 성장전략으로 변경하여 기업의 발전을 촉진시켜야 한다.

기업혁신

　기업혁신은 기업전략관리의 중요한 분야로서 그는 기업의 성장을 위해 끊임없는 동력을 제공한다. 한 가지 상품 또는 서비스가 상품생명주기의 끝에 처해 있거나 기업이 쇠퇴기에 처해 있을 때 기업혁신은 활력을 불어넣고 2차 폭발 점을 창조하여 기업이 지속적으로 발전하도록 추진한다. 금번 추적조사는 전체적으로 기업의 혁신투입, 분위기혁신, 표현혁신, 능력혁신 및 개방수준 혁신 등 방면에서 분석을 전개했다.

1.3.1 혁신투입과 분위기 혁신

　혁신투입은 기업의 과학연구개발인원수, 과학연구기관수와 연구개발투입을 통해 평가할 수 있다. 도표 1-23에서 표시하듯이 153개 방문기업 중 대부분기업의 과학연구인원은 20명 이내로 전체의 65%를 차지했다(이 중 0~5명이 25%, 6~10명이 22%, 11~20명이 18%, 지난번 조사와 대체적으로 비슷함) 이 외에 11% 방문기업의 과학연구인원의 투입에서 비교적 특출하며 과학연구인원이 100명 이상에 달했다.

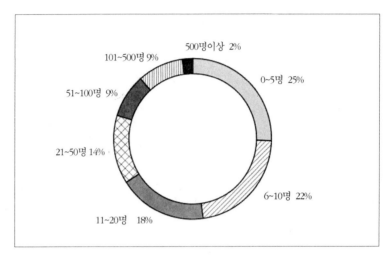

도표 1-23 기업의 과학연구인원수

도표1-24는 방문기업의 과학연구기관 방면에의 설립수준을 반영했다. 조사결과에서 나타나듯이 12%의 기업은 아직 어떠한 과학연구기관도 설립하지 않았고; 48%의 기업은 있지만 겨우 1개의 과학연구기관만 있으며; 29%의 기업이 2~5개 과학연구기관을 설립했고; 이 외에 10%의 기업이 5개 이상의 과학연구기관을 설립했다.

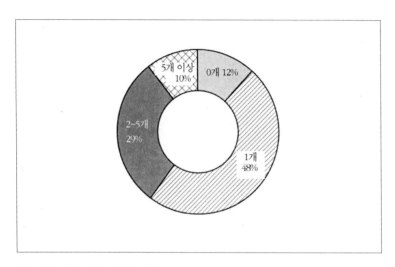

도표 1-24 기업과학연구기관 수량

이 외에도 연구결과에 근거하면 방문기업의 연구개발투자가 총 매출액을 차지하는 비율은 현저한 차이가 있다. 구체적으로 연구개발투입비중이 제일 높은 기업은 총 매출액의 80%에 달하고 제일 낮은 기업은 0%이며 연구개발투입의 평균비율은 16.8%로 나타났다. 혁신성과방면에서 신상품판매가 총 매출액의 차지하는 비율이 평균 22.89%이며 그 중 최고 89%이고 최저 0이었다. 필수 과학연구투입 외에 이번의 조사는 또 기업의 소프트문화 강조, 혁신 격려의 수준도 조사했다. 조사연구데이터에서 방문기업의 혁신분위기(100점제 채용, 0점은 혁신분위기가 매우 나쁨을 표시하고, 100점은 혁신분위기가 매우 좋음을 표시)의 평균득점은 69.5이며 전체적으로 기업의 혁신분위기가 비교적 좋음을 나타냈다.

과학연구기관의 수량에서 볼 때 2~5개 과학연구기관을 가지고 있는 기업의 혁신분위기가 제일 강하고 과학연구기관이 없는 기업은 혁신 분위기가 제일 낮으며 5개 이상 과학연구기관을 가지고 있는 기업은 혁신분위기가 한 개의 과학연구기관을 가지고 있는 기업보다 저조하다(도표 1-25 참조). 이런 결과는 과학연구수량과 기업혁신분위기는 확정된 긍정적인 관계는 없으며 심지어 역 U자형관계 일수도 있음을 암시할 수 있으며 이것은 더욱 엄격한 실증 연구로 증명할 필요가 있다.

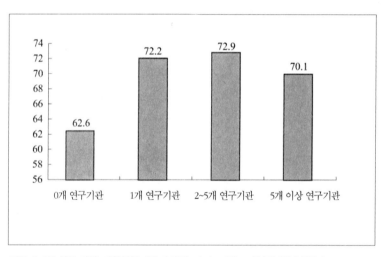

도표 1-25 서로 다른 과학연구기관 수량을 가지고 있는 기업의 혁신분위기

1.3.2 혁신표현

방문기업의 상품혁신수준을 평가하기 위하여 우리는 기업의 지난 1년 동안에 실질적인 상품혁신 표현을 조사했다. 신규 업무의 전개, 신상품이나 서비스 출시, 개선한 상품이나 서비스, 새로운 공정과 신기술, 관리 개선한 새로운 조치 이 다섯 가지 각도에서 통계를 진행했으며, 데이터 결과는 도표 1-26과 같다.

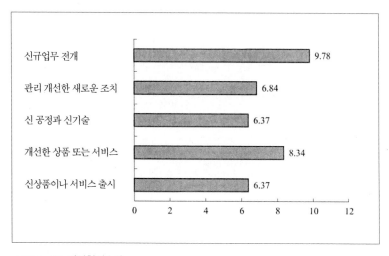

도표 1-26 기업혁신수량

도표 1-26에서 볼 수 있듯이 방문 기업이 최근 1년 동안에 상품, 공정과 기술방면의 혁신 및 관리개선과 관련된 새로운 조치는 평균 7건 전후이고, 개선한 상품 또는 서비스는 평균 8건이었다. 새로운 업무를 전개한 수량은 10건이고 이 결과는 전년도의 20건보다 많이 뒤떨어졌다.

1.3.3 상업형식혁신

상업형식 개념체계는 비록 학술계와 이론계에서 아직 공감대를 달성하지 못했지만 한 가지 의심할 필요가 없는 점은 바로 상업형식은 기업전략 중의 중대한 가치라는 것이다. 이윤형식과 운영관리 강조에서 전략 중시까지 마지막으로 또 체계 강조까지 상업형식이론의 발전은 많은 단계를 거쳤다.

현재 주류 연구에서는 상업형식은 한 가지 체계로서 기업의 이윤, 운영과 전략 등 방면을 통합하였다고 여기고 있다. 상업형식은 응당 기업이 어떻게 운영구조, 전략방향 및 이윤획득 논리 등 여러 가지 확보 량과 변수에 대하여 통합을 진행하고 경쟁우세를 얻을 것인가에 대해서 서술해야 한다고 예상할 수 있다. 상업형식은 기업이 가치를 창조하기 위하여 설계한 거래활동의 조합방식이다. 빠르게 변화하는 환경에서 기존의 상업형식의 가치는 끊임없이 쇠퇴하므로 기업은 더욱 새로운 상업형식을 설계하여 시장에서의 기회를 붙잡아 고객과 파트너에게 더욱 많은 가치를 제공해야 한다. 상업형식의 개념은 비록 개괄적이고 추상적이며 모습을 파악하기 어렵지만 상업형식체계를 서로 다른 요소로 구성해 기업의 관리상업 형식에 편리를 제공했다. 이번 조사에서 우리는 주류 연구의 추세를 연결하여 상업형식을 기업의 가치주장, 자원과 능력, 거래형식, 이윤형식 등 4가지 방면, 10가지 각도를 포함한 개념으로 보았다.

이번의 연구 중 우리는 10가지 방면에서 기업의 상업형식 혁신의 수준을 평가하였다. 방문기업은 10가지 각도에서의 혁신수준은 도표 1-27과 같다(100점제 채용, 0점은 이 방면의 혁신표현이 매우 나쁨을 표시, 100점은 이 방면의 혁신표현이 매우 좋음을 대표함).

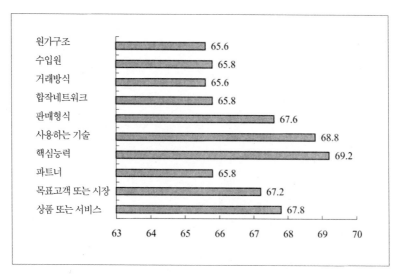

도표 1-27 기업의 상업형식 혁신

　위 도표에서 볼 수 있듯이 방문 기업은 핵심능력에서 혁신이 제일
훌륭하며 평균득점은 69.2이고; 원가구조 및 거래방식에서 득점이 제일
낮으며 평균득점은 65.6이지만 지난해보다 조금 진보했다. 이것으로 볼 수
있듯이 이 두 가지 방면은 기업혁신의 돌파구 또는 어려운 점일 수 있다.

　기업혁신을 더욱 잘 연구하기 위하여 우리는 기업혁신의 10가지
요소를 4가지 모듈로 통합했다. 즉 가치주장 혁신, 자원과 능력혁신,
거래형식혁신과 이윤형식혁신(도표 1-28 참조)이다. 기업의 서로
다른 모듈의 혁신수준과 비교했을 때 조사에서 방문 기업은 자원과
능력(합작파트너, 핵심능력, 사용한 기술을 포함), 가치주장(상품과 서비스,
목표고객 또는 시장)방면의 혁신수준이 비교적 높아 지난번 조사와

비슷하며; 거래형식(판매방식, 합작네트워크와 거래형식)방면의 혁신수준은
보통이며; 이윤형식(수입원, 원가구조)에서의 혁신수준이 비교적 낮음을
발견했다.

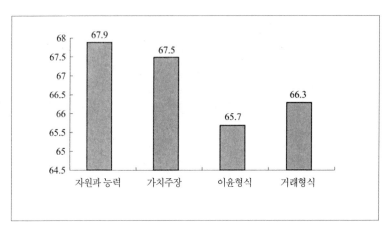

도표 1-28   기업의 상업형식 혁신 모듈

　

예전의 연구에서 상업형식의 혁신은 기업전략, 성과와의 관계가 비교적
밀접함을 나타냈다. 상업형식 혁신에 대하여 관리를 진행하는 것은
기업전략을 실현하는 데 반드시 거쳐야 할 길이라고 말할 수 있다. 이 외에
상업형식 혁신은 현재의 산업기준 또는 경영형식을 뒤엎어 기업을 진정한
'태풍구'로 이끌 수 있다. 그리하여 중국경제전형시기에서 동태변화의 시장
환경에 직면했을 때 기업은 항상 예민성을 유지하고 가치주장, 자원과 능력,
거래형식과 이윤형식의 감지에 대한 것을 포함하여 모든 창업기회를 잡아
효율적인 상업형식 변혁을 실현해야 한다.

기업이 3가지 서로 다른 전략을 실시하는 것을 기준으로 기업을 3종류의 업무성과 수준으로 나누었으며, 각각 높은 성과, 비교적 높은 성과 및 비교적 낮은 성과이며, 각각 성장전략, 안정적인 전략 및 긴축전략과 상응했다. 조사결과에서 나타나듯이(100점제 실시, 0점은 이 방면에서 혁신표현이 매우 나쁘며 100점은 이 방면에서 혁신표현이 매우 좋음을 표시함) 3종류의 서로 다른 성과의 기업은 상업형식 혁신에서 표현이 달랐다. 그 중에 높은 성과를 얻은 기업은 가치주장에서 변화가 비교적 크며 기타 3가지 모듈의 혁신수준은 모두 성과가 더욱 나쁜 기업보다 낮았다. 반대로 비교적 낮은 성과의 기업은 4가지 모듈에서 모두 혁신은 있지만 기업성과는 상대적으로 비교적 낮았다(표 1-8 참조). 이는 측면적으로 '각각의 상업형식의 모듈혁신 수준이 클수록 기업의 성과는 더욱 높다'는 것은 거짓 시제임을 반영했다. 상업형식 혁신도 효과를 추구해야 하며 어떨 때는 여러 개 상업형식모듈에서의 혁신효과는 전문적으로 어떤 한 개의 모듈에서 변혁을 진행하는 것보다 못했다.

표 1-8 지난 1년 동안 서로 다른 성과의 기업 상업형식의
　　　　 다른 모듈의 혁신 수준

	가치주장	자원과 능력	거래형식	이윤형식
비교적 높은 성과	67.2	68.1	67.0	66.1
높은 성과	67.5	65.8	62.7	62.2
비교적 낮은 성과	67.9	69.0	68.1	68.6

하지만 관리실천의 각도에서 출발하여 초창기기업, 발전기업 또는 성숙기업을 막론하고 상업기회를 식별하는 동시에 상업형식변혁을 통하여 기회를 개발하는 데 더욱 주력해야 한다. 이렇게 해야 상업기회를 효율적인 경영성과로 바꿀 수 있다. 구체적으로 말하면 가치주장에서 볼 때 기업은 시장수요 파악 및 고객에 대한 예민성을 유지하고 고객에게 제공하는 상품 또는 서비스를 최적화하며, 또한 적절한 시기에 목표시장에 대하여 전략변혁을 진행해야 한다. 자원과 능력에서 볼 때 기업은 각종 자원과 능력을 키우고 창조적으로 자원을 통합 배치하며, 자주 창조, 혁신능력을 향상시키고 또한 합병, 연합, 유세, 관리 등 수단을 통하여 상업형식 혁신이 필요한 관건적인 자원을 얻어야 한다. 거래형식에서 볼 때 기업은 혁신거래경로, 거래효율 향상 등 방식을 통하여 거래원가와 위험을 낮추고, 따라서 기업의 성과를 안정적으로 향상시켜야 한다. 이윤형식에서 볼 때 기업은 끊임없이 수입구조와 원가구조를 최적화하여 가치창조를 개선해야 한다. 기업은 현실상황에 근거하여 '가성비'가 더욱 높은 모듈을 선택하여 혁신을 진행해야 한다.

1.3.4 자주혁신능력과 모방혁신능력

기업의 혁신능력은 주로 자주혁신능력과 모방혁신능력 두 가지 방면에서 나타난다. 자주혁신능력은 기업내부의 기술과 관리혁신능력의 유기적인 조합이며 모방혁신능력은 기업이 모방을 통하여 비교적 성숙하게 상품 또는 공예를 혁신하며 같은 업계의 새로운 기술, 신규 업무와 새로운 관리방식을 면밀하게 주시하여 참고하거나 개선하는 능력이다. 자주혁신은 기업이 자신의 자원과 능력을 이용하여 새로운 상품 또는 서비스를 개발하는 실천이며 기업내부에서 추진하는 혁신이다. 자주혁신의 관건은 기업내부의 기술축적과 돌파에 있으며 기업의 기술과 자금에 대하여 요구가 비교적 높다. 모방혁신은 기업이 기존에 있는 시장, 기술과 지식에 대하여 가공을 한 후에 생산방식을 개선하고 관리시스템을 완벽 화하며 또는 고객관계관리품질을 향상하여 현재의 시장과 고객에게 맞추는 것이다.

자주혁신은 주로 기업내부자원과 능력을 의존하고 모방혁신은 주로 외부환경에 의존하며 또한 기업자신의 기술과 시장예민성을 강조한다고 말할 수 있다. 금번 방문기업의 자주혁신과 모방혁신의 득점은 도표 1-29와 같다.

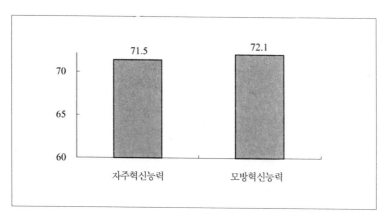

도표 1-29 기업혁신유형

데이터 결과에서 나타나듯이 방문기업의 자주혁신과 모방혁신능력방면의 표현을 비교했을 때 별로 차이가 없으며 평균득점은 71.5와 72.1이다. 기업의 모방혁신능력은 자주혁신능력보다 조금 앞서며 주로 기업이 같은 업종 기술의 발전을 긴밀하게 주시하고 또는 참고하는 것으로 나타났다. 사실 상대적으로 모방혁신은 원가와 위험이 비교적 적은 일종의 새로운 방식이며 자금, 인력자원이 풍부하지 않은 중소기업이 채용하기에 적합하다고 말할 수 있다. 자주혁신과 모방혁신은 기업이 혁신활동을 진행하는 두 개의 지주이며 양자의 협동은 기업의 성과를 효율적으로 향상시킬 수 있다. 금번 데이터 조사에서 우리는 초창기에 기업의 자주혁신능력이 비교적 강하고 유지단계에 기업의 자주혁신능력과 모방혁신능력은 최대치에 도달하며 쇠퇴기에 기업은 주로 모방혁신능력을 의존함을 발견했다. (도표 1-30 참조)

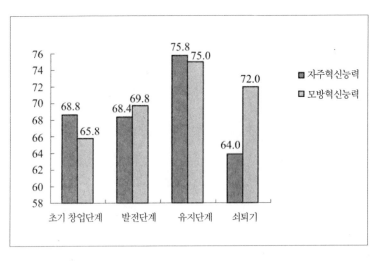

도표 1-30 기업의 서로 다른 발전단계에서의 혁신능력표현

기업은 발전단계에 근거하여 서로 다른 유형의 혁신능력을 주시해야 한다. 초창기 이후의 비교적 오랜 단계에서는 모방혁신능력을 이용해야 하며 이런 책략은 기업의 혁신원가를 낮출 수 있으며 기업이 시장에 바로 도태하지 않도록 보장할 수도 있다. 이때 기업은 조화, 과학, 합리적인 외부기업의 합작네트워크를 구축하여 기타 합작파트너, 경쟁상대와의 상호작용에서 전략혁신을 진행하여 기업의 동태경쟁력을 향상시켜야 한다. 동시에 기업은 내부자원을 주시하고 자아의 핵심능력, 학습능력과 지식기록과 공유능력을 적극적으로 양육하며 자주혁신능력체계를 구축하여 자주혁신수준을 향상시켜야 한다. 기업은 강대하게 발전한 후 그의 자주혁신능력체계는 두각을 들어내고 시장을 이끌 것이다. 물론 여기에서 기업이 혁신함정에 빠지지 말 것을 주의 줘야 하며 비록 혁신을 강조하지만 기업의 주요 목적은 이윤을 얻어 장기적으로 생존하는 것임을 잘 새겨둬야 한다.

1.3.5 혁신개방도

개방식혁신은 미국하버드대학의 교수 Chesbrough가 2003년에 처음으로 제기하였으며 그는 기업이 조직범위 외에서 혁신활동을 진행할 수 있음을 밝혔다. 개방식혁신에서 기업은 내부와 외부경로를 통하여 창의성을 얻으며 또한 이것이 시장화 될 수 있다. 개방식혁신의 관건은 혁신근원을 확장하는 것이며 그는 기업의 전통폐쇄식의 혁신형식을 대외개방하며 외부로 이끄는 혁신사상 또는 혁신능력이다. 기업혁신은 한 개 과정이며 혁신사상을 식별하는 근원은 이 과정중의 제일 중요한 부분이며 기업이 혁신성공을 할 수 있는지 여부에 대한 선결조건이다, 기업혁신사상은 외부에서 올 수도 있고 기업내부에서 올 수도 있다. 일반적으로 혁신의 내부근원은 기업이 조정과 통제를 할 수 있는 것이다. 전통적인 기업의 혁신은 기본적으로 직무화적이며 혁신임무는 연구개발부서에서 책임졌다. 하지만 오늘날 복잡하고 다변한 환경에서 이런 직무안배는 오래 전부터 적합하지 않으며 기업의 혁신은 반드시 일정한 개방수준을 구비하여 모든 직원이 참여하여 혁신관리를 진행하게 해야 한다. 연구조사데이터에서는 방문기업의 혁신내부 개방수준은 비교적 크고 혁신사상은 CEO 및 고위층관리자에서 오는 비율이 제일 크며 각각 32%와 38%; 동시에 현대 기업의 혁신형식은 전문기술자과 일반직원에게도 개방했으며 혁신사상근원의 비율은 16%과 14%로서 개선할 여지가 있음을 나타냈다. 전체적으로 볼 때 기업혁신 내부개방수준은 비교적 합리적이다.

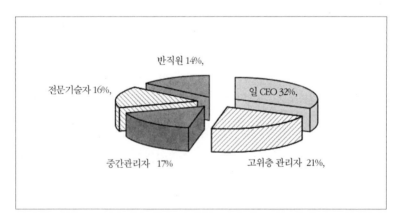

도표1-31   기업혁신내부개방도

도표 1-32에서 나타내듯이 기업은 외부에서 혁신사상의 근원을 획득하는 게 비교적 많다. 조사결과에서 나타내듯이 방문기업의 지난 1년 동안 개방식수준은 보통이고 평균득점은 63.8이며 지난 시기보다 조금 향상하여 기업이 외부개방수준의 혁신에 대하여 갈수록 중요시함을 표명했다. 구체적으로 말하면 방문기업은 외부개방식혁신을 진행할 때 최종고객한테서 자원을 획득하여 혁신을 지지하는 수준이 제일 높고; 정부부서에서 새로운 자원을 획득하고 혁신을 전개하는 수준이 제일 낮으며; 매체, 공급업체, 판매업체, 업계협회, 대학교 및 과학연구기관에서 혁신영감을 획득하는 수준이 비교적 높다. 정부가 경제를 주도 및 기준결정자의 전략지위를 고려하여 기업의 혁신형식은 정부에 대한 개방도가 조금 향상했다.

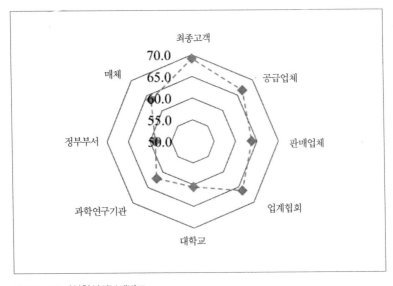

도표 1-32 기업혁신외부개방도

예전의 연구에서는 혁신개방도의 기업성과에 대한 영향은 복잡하며 또한 단일한 정비례관계가 아님을 밝혔다. 원인은 한 방면으로 개방식혁신은 기업정보의 획득을 보장했으며 기업은 내부와 외부에서 혁신의 사상을 획득하여 새로운 기술정보를 시장화하거나 혁신사상을 이용하여 상업형식, 관리시스템을 개선하기에 유리하며 따라서 경쟁력을 향상시킬 수 있다. 다른 한 방면으로 너무 높은 혁신 개방수준은 조직의 에너지를 분산하고 기업의 거래원가, 정보수집원가와 관리 원가를 증가하며 또한 개방도가 너무 높으면 내부기술지식 또는 고효율생산방식의 누출을 일으켜 기업의 운영원가를 증가시킬 수 있다. 전체적으로 혁신개방도와 기업성과는 역U형의 상관관계를 나타내며 즉 개방도가 비교적 낮을 때 개방도의 증가는 혁신성과의 향상을 촉진하며; 개방도가 어느 수준을 초과한 후 개방도의 증가는 혁신성과를 하락하게 한다.

우리나라 기업의 혁신활동 중에서 개방수준은 보편적으로 비교적 낮으며 기본상 U형 곡선의 수준에 도달하지 못했다. 금번 조사 중 우리는 혁신개방도와 혁신성과에 대하여 맞춤회귀를 진행하여 방문기업의 외부개방성과 기업혁신성과는 현저한 긍정상관관계(=0.40, 〈0.01)를 나타냄을 발견했으며 이는 측면적으로 개방수준이 아직 최고치에 도달하지 못했음을 검증했다. 그리하여 우리나라 기업으로 예상하면 개방식혁신은 전체적으로 기업이 빠르게 정보를 획득하고 또한 지식공유를 진행할 수 있도록 도와주며 기업의 빠른 반응능력을 향상하고 시장, 기술의 불확실성이 기업에게 가져오는 위험을 감소할 수 있다. 기업은 최종고객, 공급업체, 판매업체, 대학, 정부부서와 연구기구, 심지어 경쟁상대와의 합작을 통하여 새로운 상품구상, 생산기술 또는 관리형식을 획득할 수 있다.

기업관리효능

　기업의 관리효능은 (또는 관리 성과) 업무수입의 증가, 시장점유율의 성장에서 표현될 뿐만 아니라 내 외부환경의 개선, 조직합법성의 향상에서도 표현된다. 관리효능은 기업의 내부 실력 향상과 외부이미지 개선의 이미지 상징이라고 말할 수 있다.

　효능의 내포된 뜻은 이것에 그치지 않고 기업의 객관적인 비상한 관리성과는 심지어 내 외부환경 성과의 향상에서 올 수 있다. 즉 객관적인 성과향상의 조직은 내 외부환경성과실현의 기초위에서 구축될 수 있다. 세계500강 기업(예를 들어 월마트 등)및 내부 환경체계는 연구자들에게 생생한 사례를 제공했다. 마찬가지로 관리효능은 전략이 효과 있는지를 검증하는 최적의 방식이기도 하고, 성과는 기업성장을 평가하는 푯대이며 기업이 빠른 성장을 할 수 있는 기초다. 금번 조사는 기본적인 방면의 업무성과, 내부 환경의 직원만족도 및 외부환경의 고객만족도, 기업의 사회책임 등 4가지 차원에서 평가를 진행했다.

1.4.1 업무성과

지난 1년 동안 방문기업의 시장점유율, 투자 수익률의 평균치는 각각 19.26%와 22.73%이고 성과가 제일 좋은 기업은 각각 95%와 100%에 달했으며 지난 조사보다 조금 향상했다. 자산수익률, 판매수입의 성장률의 평균치는 19.57%와 12.09%이며 최대치는 90%와 80%이다. 일부 기업의 성장속도가 느리고 심지어 판매수익의 성장률이 -25%에 달하기도 하여 이 상황은 지난 번 기업조사보다 많이 뒤떨어져 측면적으로 시장경쟁의 격렬함을 반영했다(표 1-9 참조)

표 1-9   지난 1년 동안 기업성과

	시장점유율	자산수익률	투자 수익률	판매수입의 성장률
평균치	19.26%	19.57%	22.73%	12.09%
최대치	95%	90%	100%	80%
최저치	0.01%	0%	0%	−25%

금번 조사는 도표 1-33에서 표시함과 같이 서로 다른 전략을 실시한 기업의 업무성과상황에 대해서도 조사했다. 도표에서 볼 수 있듯이 3가지 전략의 실시 중 성장전략의 효과가 비교적 좋고 안정적인 전략은 그 다음이며 긴축전략의 표현이 제일 좋지 않다.(표 1-10 참조) 물론 조사결과는 성장전략이 무조건 높은 성과를 가져올 거라 뜻하지 않는다. 확률론으로 성장전략을 실시하는 기업은 유리한 기회를 최대한 많이 발견하고 또한

내 외부자원을 통제하여 시장개척 또는 형식혁신을 진행할 수 있다고 이해할 수 있다. 긴축전략을 실시하는 기업은 기존의 업무, 상품 또는 서비스를 포기했지만 새로운 돌파구를 찾지 못하여 전체적인 업무성과의 표현이 비교적 좋지 않다. 안정적인 전략을 실시한 기업은 일정한 정도에서 시장점유율 등 지표를 유지할 수 있지만 큰 발전을 가져오려면 시장기회를 붙잡아 성장전략으로 전환해야 한다.

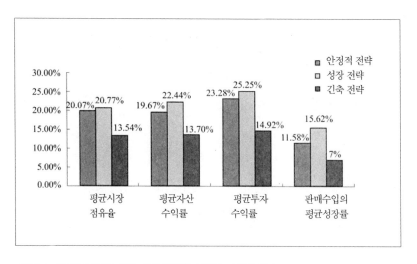

도표 1-33 지난 1년간 서로 다른 전략을 실시한 기업의 성과도

표 1-10 지난 1년간 서로 다른 전략을 실시한 기업의 성과

	평균시장 점유율	평균자산 수익률	평균투자 수익률	판매수입의 평균성장률
안정적인 전략	20.07%	19.67%	23.28%	11.58%
성장전략	20.77%	22.44%	25.25%	15.62%
긴축전략	13.54%	13.70%	14.92%	7%

같은 업종의 기업경쟁에서 방문기업의 자체업적표현에 대한 평가는 도표1-34(100점제 채용, 0점은 매우 나쁨을 표시, 100점은 매우 좋음을 표시)를 참조한다. 방문기업은 대부분 자신들이 생산능력에서의 표현이 경쟁자보다 우월하고 투자수익률, 순수 이윤 등 재무지표상의 표현은 개선할 필요가 있다고 여겼다.

지난해 조사와 비교했을 때 기업의 모든 지표상의 표현은 모두 조금 하락했다. 이는 현재의 경쟁 환경에서 기업이 성과의 예측에 대하여 긍정적이지 않음을 뜻한다. 성장전략을 실시하는 기업은 각 방면에서 표현이 모두 비교적 좋고 긴축전략을 실시한 기업은 표현이 나쁘며 판매성장과 투자수익률은 모두 불합격이고 시장점유율과 순수 이윤은 합격의 끝자락에 처했다. 그 외에 성장전략을 실시하는 기업의 생산능력은 제일 낮으며 긴축전략을 실시하는 기업의 생산능력은 제일 높아 개척진취형의 기업은 생산능력이 규모 확장을 따라가지 못하고 긴축전략을 실시한 기업은 자원방치 또는 낭비의 문제가 있음을 표명한다(표 1-11)

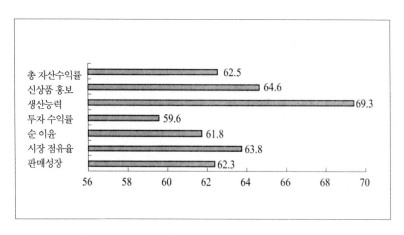

도표 1-34 같은 업종의 기업의 자체성과 평가수준

표 1-11   지난 1년간 서로 다른 전략을 실시한 기업의 자체성과평가수준

	판매 성장	시장 점유율	순 이윤	투자 수익률	생산 능력	신상품 홍보	총 자산 수익률
안정적인 전략	63.7	64.2	59.6	60.9	69.2	64.0	61.6
성장전략	69.4	67.1	65.9	66.5	68.8	65.9	67.1
긴축전략	53.8	60.0	60.0	51.3	70.0	63.8	58.8

1.4.2 직원만족도

  직원만족도는 또 고용자 만족도라고도 하며 기업직원의 행복지수의
지표중의 하나로 기업의 관리수준을 평가하는 '청우계'이며 직원의 업무,

77

기업 등 각 방면에 대한 만족도이다. 그는 직원이 기업의 각 방면에 대한 종합적인 느낌과 이에 대한 기대와의 격차를 표명하며 실제 느낌이 기대치보다 크면 만족도가 비교적 높고 아니면 반대다. 직원만족도는 기업의 직원 이직률을 낮추고 직원의 업무상태를 개선하며 또한 경제성과를 향상하는데 도움이 된다.

조사데이터에서 방문기업의 만족도의(100점제 채용, 0점은 매우 만족하지 않음을 표시, 100점은 매우 만족함을 대표함) 평균득점은 70.2임을 나타내며 전체적으로 방문기업의 직원만족도는 비교적 높음을 설명한다. 이 중에 기업의 직원은 상사관심, 동료관계, 업무독립성과 업무환경에 대하여 비교적 만족하고; 급여, 복지 및 존중 받는 수준에 대하여 직원만족도는 보통이며 개선할 필요가 있다(표 1-12와 도표 1-35 참조).

표 1-12 기업직원의 각 방면에 대한 만족도

	업무 자주성	급여	업무 도전성	복지	상사관심	동료관계	업무환경	존중 받는 수준
평균치	72.4	64.8	69.4	64.6	71.4	76.4	73.4	69
최대치	95	100	98.4	98.3	100	100	100	95
최저치	56.4	36.7	56.6	40	53.3	58.3	50	51.7

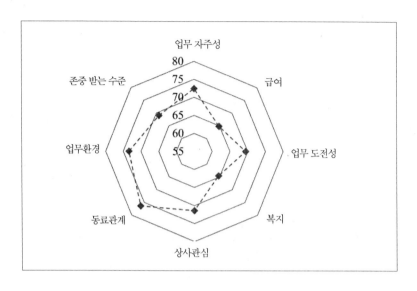

도표 1-35 기업직원의 각 방면에 대한 만족도

1.4.3 고객만족도

고객만족도는 고객이 전체적인 기대치와 체험치를 상대한 수준이며 만약 체험치가 기대치보다 크면 고객만족도는 높다. 고객만족도는 고객의 인정을 얻는 중요한 차원이며 기업이 시장합법성을 구축하는 중요한 통로다.

동시에 고객만족도 추적은 기업직원의 고객에 대한 예민성을 향상시키고 시장기회를 제때에 붙잡아 상대보다 먼저 고객수요를 만족시키는 상품 또는 서비스를 출시할 수 있다. 조사데이터에서 방문기업의 고객만족도의(100점제 채용, 0점은 매우 만족하지 않음을 표시, 100점은 매우 만족함을 대표함) 평균득점은 77.2로서 전체적으로 방문기업의 고객만족도는 비교적 높음을 (도표 1-36 참조) 설명한다. 고객만족도가 제일 높은 기업득점은 100, 만족도가 제일 낮은 득점은 40으로 격차가 비교적 크다. 기업의 고객관계관리시스템은 고객의 기업 상품 또는 서비스에 만족도를 향상시킬 수 있다.

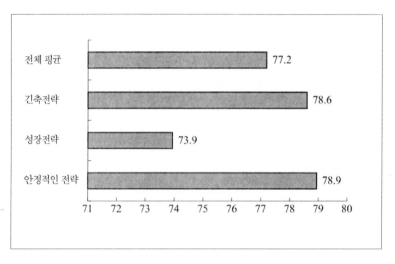

도표 1-36   서로 다른 전략을 실시한 기업의 고객 만족도

서로 다른 전략을 실시한 기업으로 볼 때 안정적인 전략을 실시하는 기업의 고객만족도는 비교적 높고 득점은 78.9; 긴축전략을 실시하는 기업의 고객만족도는 그 다음이며; 성장전략을 실시하는 기업의 고객만족도는 제일 낮아 73.9이다. 한 가지 가능한 해석은 앞 문장에서 제의한 것처럼 서로 다른 전략을 실시하는 기업의 관심도와 행위표현은 많이 다르다. 안정적인 전략을 실시하는 기업은 대규모 확장을 중지하고 내부생산과 관리효율을

주시하며 정예화 관리를 진행하여 상품 또는 서비스 및 관리에서 고객에게
더욱 큰 편안함을 줄 수 있어 고객만족도는 비교적 높다.

성장전략을 실시하는 기업은 '량'을 추구하며 목표는 제일 빠른 속도로
시장을 점유하는 것으로 관리효율과 서비스는 규모의 확장보다 뒤떨어져
고객만족도는 비교적 낮다. 금번의 조사데이터결과에서는 기업의 안정기와
쇠퇴기에 비록 대규모로 상품 또는 서비스 판매량을 증가하지 못했지만
관리에 중시하고 고객을 위하여 가치를 향상하는데 중시하며 고객만족도를
증가하여 고객충성을 얻을 수 있음을 표명했다. 시장위험이 비교적 클 때 이
두 가지 전략을 실시하는 가치는 더욱 크다.

1.4.4 기업의 사회책임

기업의 사회책임(corporate social responsibility, CSR)은 기업이 표현한
자신의 의무를 초월하는 사회행동이다. 사회책임은 기업의 이익관계자의
삶의 질을 개선하기 위한 행위약속이다.

훌륭한 사회책임표현은 회사업무 발전의 좋은 계기다. 오늘날 경쟁이
격렬한 환경에서 기업의 사회책임은 핵심경쟁력의 중요조성부분이다.
물론 모든 기업이 다 일정한 사회책임을 이행하는 능력과 자원이 있는 것이
아니며 사회책임을 이행하는 것도 자신의 능력에 따라 행해야 하며 '실력에
따라 자선을 행해야 한다.' 사회책임은 기업이 좋은 평가를 양육하는 도구일
뿐만 아니라 더 나아가 기업문화에 뿌리를 내려야 하며 이렇게 해야만 기타
사회행동자(소비자, 공급업체, 판매업체, 정부 등)의 존중과 인정을 얻으며

기업이 전략을 실시하는데 필요한 관건적인 자원이 지지를 얻을 수 있음을 기업은 깨달아야 한다. 동시에 기업의 사회책임은 조직합법성과 크게 관련되어 사회책임득점이 비교적 높으면 일반적으로 높은 조직합법성을 지닌다. 조사데이터에서 나타나듯이 방문기업의 사회책임(100점제 채용, 0점은 사회책임 이행력이 매우 낮고 100점은 사회책임 이행력이 매우 높음을 대표함)의 평균득점은 61.4이며 이는 전체적으로 방문기업의 사회책임 이행력은 기본적으로 합격이며 개선할 여지가 많음을 설명한다. 그 중에 기업은 사회 환원에서 표현이 비교적 좋으며 득점은 72.4이고 자선기부에서 표현은 비교적 좋지 않다(표 1-13과 도표 1-37 참조)

표 1-13　기업의 사회책임의 이행상황

	공익사업 참여	비 상업활동 후원	사회 환원	자선 후원	비 영리조직 후원
평균치	69.2	64.0	72.4	64.2	65.5
최대치	100	100	100	98.3	100
최저치	20	20	40	40	20

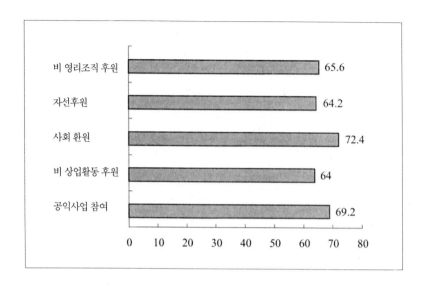

비 영리조직 후원　　　　　　　　65.6

자선후원　　　　　　　　64.2

사회 환원　　　　　　　　72.4

비 상업활동 후원　　　　　　64

공익사업 참여　　　　　　　69.2

0　10　20　30　40　50　60　70　80

도표 1-37 기업의 사회책임의 이행상황

방문기업의 기본상황 요약

　금번 방문한 153개 기업은 전국 14개 지역 7개 구역에서 왔으며 제조업, 금융업, 부동산, 컴퓨터 서비스와 소프트웨어 등 많은 중요한 업종을 포괄했다. 기업의 특성도 매우 풍부하여 민영기업, 합자기업, 국유기업, 집체기업과 외자독자기업이 모두 관련되며 민영기업이 위주다.

　방문기업에는 가족기업이 있을 뿐만 아니라 비가족 기업도 있고; 실력이 풍부한 상장기업이 있을 뿐만 아니라 왕성하게 발전하는 비상장기업도 있으며; 초창기에 있는 신흥기업도 있을 뿐만 아니라 역사가 유구한 오래된 기업도 있다. 하지만 백 년 기업은 부족했다. 전체적으로 금번 조사의 샘플기업은 다원화, 다양성 전형적인 조사요구를 만족시켰다.

　방문기업의 관리효율에서 볼 때 각 기업 간의 업무성과의 차이는 비교적 크며 판매수입 성장률이 80%인 기업도 있고 마이너스성장을 나타낸 기업도 있으며 시장점유율도 매우 다르다. 조사결과에서 나타내듯이 3가지 전략을 실시하는 과정에서 업무성과, 성장전략에 대한 효과는 상대적으로 비교적 좋고 안정적인 전략은 그 다음이며 긴축전략의 표현은 제일 나쁘다. 직원만족도, 고객만족도, 기업사회 책임도 천차만별이다(표 1-12와 표 1-13 참조). 업무관리효율의 차이는 기업자원배치, 혁신, 전략 등 내부요소와 외부환경 등 외부요소가 협동하여 결정된 것이라고 말할 수 있다. 기업내부요소에서 볼 때 기업자원은 비교적 풍부하고 관리능력과 지식자원은 모두 비교적 왕성하지만 기업자금, 기술 등 자원은 비교적 부족하다. 이런 자원구조는 기업의 전략선택을 매우 제한하여 기업은 유리한 창업기회를 발견했지만 자원이 지탱하지 못하여 어쩔 수 없이 포기해야 했다. 기업은 빠르게 자신의 자원구조를 조정해야 하며 적어도 기초자원의 풍부함을 보장해야 한다. 동시에 기업의 내부인력자원상황은 보통이며 직원스트레스는 비교적 크고 건강지수는 보통이며 여성건강지수는 남성보다 낮다. 이외에 기업내부에서 원가관리와 정보시스템 구축은 모두 겨우 합격선을 넘겼으며(대부분 70을 넘기지 못함) 기업전략, 성과에 대한 지탱이 약하여 기업이 개선해야 할 부분이다.

기업관리 효율, 효능의 향상은 이 두 가지 돌파구에서 착수할 수 있다고 말할 수 있다. 예기할 필요가 있는 것은 방문기업의 조직합법성은 모두 비교적 높고(70 초과) 그들은 대체로 기타 사회행동자의 인정을 받았으며 이는 그들이 비교적 편리하게 발전에 필요한 관건적인 전략적 자원을 얻을 수 있다는 것이다. 외부환경에 관하여 각 기업의 위험을 부담하는 의지가 비교적 낮으며 성장전략의 실패에 대하여 책임을 질 수 없기에 안정적인 전략을 실시하는 기업이 꽤 많다.

조사데이터에서 나타내듯이 안정적인 전략을 실시하는 기업은 절반을 넘었으며 성장전략을 실시하는 기업은 겨우 20%였다. 비록 안정적인 전략의 실시는 기업이 관리능력을 조정하고 향상하며 기업경쟁우세를 유지하는데 도움이 되지만 장기적으로 볼 때 안정적인 전략은 반드시 전환해야 하며 기업은 시야를 내부관리와 자원을 주시하는 과정에서 벗어나 외부성장을 찾아야 하며 이래야만 기업이 오래가는 신화를 창조할 수 있다.

기업의 혁신을 예상할 때 우리는 기업이 혁신의 관심도에 대하여 지난 번 조사보다 조금 향상되었으며 혁신의식도 기업내부에 깊이 들어가 기업전체 직원이 혁신관리에 참여하기 시작하였음을 발견했다. 동시에 조사에서는 기업의 과학연구기구의 수량이 일정한 한도 내에서 기업의 혁신분위기를 향상시킬 수 있으며 이 한도를 초과 후 긍정적인 영향작용은 더 이상 존재하지 않을 수 있음을 발견했다. 상업형식혁신에 대하여 성과가 높은 기업은 왕왕 가치주장에서 혁신을 진행하고 또한 서로 다른 모듈에서의 혁신수준은 달랐다. 조사결과는 우리에게 기업은 현실상황에 따라 '가성비'가 더욱 높은 모듈을 선택하여 혁신을 진행해야 함을 계시했다.

동시에 우리는 또 작은 문제들을 발견했다. 예를 들어 기업내부의 혁신사상의 주요 근원은 CEO와 중 고층 관리자이며 일반직원과 기술직원의 혁신생각에 공헌하는 수준은 비교적 낮다. 일반직원과 기술자는 각각 고객과 생산, 관리를 직접 대할 수 있기에 관리자보다 더욱 빨리 관리문제 또는 혁신기회를 발견할 수 있으므로 이런 직원의 혁신공헌도를 강화해야 한다. 혁신외부개방도면에서 기업과 대학교, 과학연구기관 및 정부부문의 합작은 비교적 적다. 정부는 법률, 기준의 제정자이고 이들의 정책안내는 업계발전의 푯대이므로 기업은 항상 정부와의 관계를 유지하고 심지어 정부의 업계기준제정과정에 참여해야 한다.

이는 기업에게 거대한 발전 잠재력을 가져올 수 있다. 이 외에 대학교와 과학연구기구의 연구특성으로 인해 이들의 이론과 기술상의 혁신은 시대에 앞섰음에 의심할 바 없고 이런 앞선 기술과 지식은 기업의 다음 성장의 터닝 포인트가 될 수 있으며 대학교, 과학연구기구와의 합작을 소홀히 하면 기업이 '두 번째 화웨이(華爲)'가 되는 기회를 상실할 수 있다. 기업은 금후의 발전과정에서 혁신개방수준을 항상 유지하고 기업관계네트워크를 적극적으로 구축하며 혁신사상의 효율을 얻을 수 있도록 보장하여 기업의 지속적인 발전을 위하여 원동력을 제공해야 한다.

　외부환경의 특징으로 볼 때 방문기업은 기업 환경의 포용성이 보통이고 기업이 전략을 실시하는데 필요한 관건적인 자원을 얻는데 일정한 위험이 있음을 표시했다. 동시에 환경 불확실성이 비교적 크며 또한 기업은 격렬한 시장경쟁을 직면했다. 이런 환경특징은 일정한 지구성을 가지고 있을 수 있어 기업은 이런 환경에서 발을 붙이려면 환경에 적응하던지 아니면 환경을 변화시켜 환경의 주도자가 되어야 한다. 기업이 훌륭하고 지속적인 발전을 얻으려면 반드시 근본적으로 바로잡아야 하며 기업내부 환경에서 고려하기 시작하여 자신의 관리 철학과 이념을 정리하며 시대배경에서 적당한 혁신을 진행하고 제때에 고가치의 상품 또는 서비스를 제공하며 또한 각 이익관계자의 수요를 만족하고 기업의 좋은 발전을 추진해야 한다.

제2장

조직관리 중의 직원행복감

머리말

중국의 전환경제 배경 하에 네트워크경제의 충격에 따라 시장경제는 더욱 치열해져 많은 기업의 관리자들은 바늘방석에 앉은 것처럼 밤잠을 설치고 경쟁의 '레드오션'에 빠져 빈번하게 전략을 변혁하며 관리가 혼란스럽다.

이와 동시에 기업 중에 관리실천계에서 중시할 수밖에 없는 일부 문제들이 나타났으며 적지 않은 조직의 직원들은 자주 각종 임무 또는 프로젝트에서 열심히 뛰며 기본적으로 높은 시간의 스트레스, 연장근무 및 적은 급여복지의 생활상태에 처해있다. 과장해서 예상하면 일부 기업의 직원들은 '근무를 하던가 근무하러 가는 길에 있다.' 이런 상황은 직원들의 정신 또는 심리에 일부 문제 예를 들어 직원의 정서 메마름, 정서우울과 초조불안을 초래해 정실질병을 걸리게 할뿐만 아니라 직원생리 또는 신체의 건강을 파괴하고 심지어 '과로사', '쇠약족(衰弱族)' 등의 현상이 나타났다. 이런 것은 모두 직원들의 적극적인 심리체험에 영향을 끼치고 직원의 행복감을 하락시켰다.

영재망(英才网)은 《중국경제주간》, 중국경제연구원과 연합하여 1만여 개 샘플의 '직장인행복감'의 조사를 출시한 적이 있다. 조사에서는 64%의 사람들이 직장에서 만족하지 못하고 급여수입, 업무발전 등 방면에서 뜻대로 되지 않으며 또한 생활부담이 비교적 크고 행복감이 부족했음을 나타냈다. 장래무우망(前程无憂网) (www.5ljob.com)에서도 '일했으니 행복한가'에 대한 인터넷조사(유효설문지 5005부)를 발기했다. 결과는 절반이 넘는 응답자들이 단지 '가끔 행복을 느낀다', 27.07%의 응답자들은 '행복은 오래 전의 일이다', 9.39%의 응답자들은 비관적으로 '한 번도 행복을 느낀 적이 없다'고 표시했다. 이것으로 중국기업에서 직원의 행복감 부족은 일종의 보편적인 현상임을 볼 수 있다.

기업은 조직관리 중에 직원의 행복감 부족이 기업에 불리한 영향을 끼치지 않는지, 기업은 계획, 정책 또는 조치를 제정하여 직원의 행복감을 개선해야 할 필요가 있는지 여부를 고려해야 한다. 직원의 행복감을 향상시키는 것은 기업에게 단점보다 장점이 더 많다. 어떤 연구에서는 직원행복감은 우선 심리상의 쾌락과 즐거움을 가져올 수 있으며 이런 상태에 처해 있는 직원의 업무 집중도는 비교적 높고 업무성과도 더욱 높음을 밝혔다.

다음 직원의 신체상의 건강을 유지하게 할 수 있어 직원의 에너지가 넘치고 더욱 잘, 더욱 빨리 업무를 진행할 수 있다. 이 외에 행복감이 높은 직원은 적극적인 정서의 체험 하에 사고가 더욱 민첩하고 인지자원이 더욱 풍부하여 혁신표현과 지식출력이 더욱 좋다.

또한 비교적 훌륭한 업무성과는 또 행복감을 가져올 수 있어 이것은 선순환을 형성할 수도 있다. 행복감이 높은 직원은 일하는 게 즐거운 고성과의 '충성된 팬'일수 있다. 행복감이 높은 기업은 사회의 엘리트들을 끌어들여 가입하게 하고 '행복감'이라는 꼬리표도 기업의 명성을 높여 좋은 사회이미지- '이는 인류를 위하여 복지를 추구하는 기업이며 단순한 돈벌이 기계가 아니다'는 것을 형성할 수 있으며 이것으로 조직합법성을 향상시킨다. 금번 조사는 과학적인 설문지 조사방식을 운용하여 대량의 전형적인 샘플을 선택하였으며 각자 다른 관리자, 직위에서 직원의 행복감을 분석하고, 또한 직원의 행복감을 갖는 구성요소에 대한 느낌과 체험을 탐구하였으며, 서로 다른 직원의 행복감을 향상시키기 위하여 여러 가지 건의를 제시했다. 이어지는 부분은 행복감의 내포, 이론기초, 직장인 행복감의 현 상태, 행복감이 조직 관리에 대한 영향 및 어떻게 직원의 행복감을 향상시킬 것인지를 위해 몇 가지 방면에서 전개했다.

직원행복감의 내포된 의미

무엇이 직원행복감인가? 간단히 말하면 직원행복감은 개인이 조직에서 행복하고 만족한지에 대한 느낌이다. 행복감은 인류사에서 제일 관심을 받는 화제중의 하나이며 줄곧 학술계와 실천계의 사랑을 받았다.

실천계에서 '비약상'(飛躍獎 Leap Awards)을 설립하여 직원행복감 방면에서 아주 큰 노력을 한 회사를 표창했다. 학술계도 이것에 대한 열정이 매우 높았으며 직원행복감의 연구는 주로 두 가지 유파로 나뉘었다. 하나는 주관적인 행복감, 다른 하나는 심리행복감이다. 그들 뒷면의 이론기초는 서로 다르며 전자는 쾌락론의 기초에서 설립되어 행복은 즐거움의 체험이며 즐거움이 곧 행복이다, 라고 여겼다; 후자는 단순한 즐거움은 행복과 완전하게 동등하지 않으며 행복은 또 개인의 잠재력을 이루어주는데 있다고 강조했다. 현재 주류인 행복감연구는 심리행복감에 집중되어 있다. 이는 심리행복감은 더욱 전면적으로 구체적으로 사람이 완전하게 행복의 뜻을 이해하게 하기 때문이다. 행복감의 내포는 두 개의 관건적인 단어로 대표할 수 있다. 즉 happiness(즐거움)과 well-being(평안 및 행복)이다.

최근 몇 닌산 직원행복감연구는 서방에서 뜨겁게 진행되었으며 중국에서도 핫한 화제다. 우리는 '직원행복감'이라는 단어로 중국인민대학 중문학술 자원발견플랫폼에서 검색을 하여 최근 몇 년간 이 화제가 학술정기 간행물에서의 발표상황을 찾았으며 추세는 도표2-1과 같다. 도표에서 볼 수 있듯이 1995년부터 2005년까지 직원행복감은 정기간행물에서 발표가 비교적 적었으며 그 후 2009년에 폭발적인 성장단계에 들어섰고 최근 몇 년간 정기간행물에서 발표한 직원행복감에 대한 문장수량은 200여 편으로 안정되어 있으며 행복감은 정기간행물 중의 '단골'이었다. 직원행복감의 학술발전추세에서 볼 때(도표2-2 참조) 학술 정기간행물에서 발표수량이 비교적 많으며 2005년부터 신문에서도 직원행복감을 언급하기 시작하였고 중국기업실천계가 점차적으로 직원행복감에 관심을 기울이기 시작했음을 밝혔다.

직원행복감연구가 발전하는 동시에 우리는 그 뒷면에 숨어있는 가설 즉 수입수준이 갈수록 향상하는 상황에서 직원의 행복감이 부족한 문제는 점차적으로 돌출되며 기업성과 심지어 기업생존에 관계됨을 주의해야 한다.

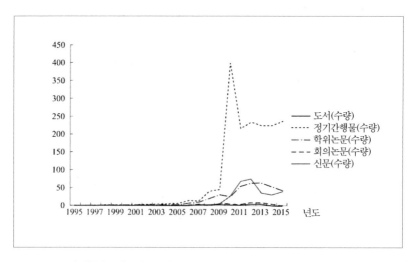

도표 2-2 '직원행복감'의 각 유형별 학술발전추세그래프

행복감연구에서 학자들은 직원행복감 개념체계의 발전에 대하여 많은 노력을 하였다. 연구가들은 처음에 행복감에 대한 인식이 비교적 얕으며 직원행복감은 직원의 업무만족도의 평가를 통하여 이해할 수 있다고 생각했다. 예를 들어 많은 사람들이 Diener 등 사람들이 (1985) 편집한 생활만족도표로 직원행복감을 평가했다. 후에 연구자들은 직원행복감은 업무만족도 개념보다 더욱 광범위하고 심지어 심리, 생리와 사회 등 여러 개 차원을 포함함을 인식했다. 행복감이 높은 사람은 만족도 높고 적극성이 강한데서 표현될 뿐만 아니라 신체건강, 의식만족에서도 표현되며 사회 기타사람들에게 인정받는 데서도 표현된다. 물론 모든 조건이 다 만족해야 할 필요는 없다. 적극적인 정서의 체험총계가 소극적인 정서의 체험총계보다 높으면 직원은 행복한 것이다. 지금 학술계는 자주 Ryff 등 (1995)이 편집한 6차원 모형비중계를 이용한다.

즉 개인성장, 독립자주, 생활목표, 적극적인 관계, 자아인정 및 환경통제로 심리행복감을 평가했다. 이 모형은 직원행복감의 본질을 잡았지만 이런 행복감의 분류는 교차문화의 도전을 만났고 그의 내포된 의미는 더욱 많은 개인주의 문화의 범위를 확정했다. 반대로 집체주의가 성행하는 동방사회에서 행복감은 타인과의 적극적인 연락 또는 상호작용에서 더욱 많이 올될 수 있으며 직장인은 대인관계, 가정관계 등이 행복감에서의 비중이 더욱 크다고 여겼다. 그리하여 우리는 더욱 현지화 된 행복감비중계로 직원행복감을 측량해야 한다. 직원행복감은 3가지 주요 특징이 있다.

첫째, 행복감은 현상학사건이다(phenomeno-logical event). 즉 직원이 주관적으로 행복감을 느낄 때 그들은 행복감이 있다; 둘째 행복감은 정서상황에 관련되어 직원이 행복감이 있을 때 그들은 더욱 적극적인 정서를 체험하는데 치우친다; 셋째, 직원행복감은 전체적인 평가이므로 그의 결정요소는 여러 면에 관련된다. 이 부분은 이전 사람이 연구한 기초에서 직원행복감의 결정요소는 주로 아래 몇 가지 방면을 포함한다고 제기했다: 개인의 적극적인 특징, 업무환경, 업무특징, 업무-가정균형, 사회관계 및 직업발전 등. 하지만 평가측면에서 고려할 때 조사가 만약 위에 각 방면을 포함한다면 적지 않은 에너지를 낭비할 것이며 또한 정경요소의 영향을 받아 설문지 결과와 진실치에 편차가 있을 수 있다. 금번 조사는 단일항목으로 직원행복감을 측량했다.

이런 측량은 이론과 조작측면에서 실행가능성이 있고 또한 효과적이었다. 예를 들어 Wanous 등 (1979)의 연구에서는 어떨 때는 특히 구성개념이 비교적 광범위하고 추상적일 때 단일한 측량항목은 효과가 더욱 높음을 밝혔다. 금번 조사의 측량항목은 행복감개념중의 '즐거움'과 '개인잠재력'을 포함했으며 전체적으로 직원의 행복감을 평가했다. 행복감에 대한연구는 중요한 실천의미가 있으며 직원행복감을 향상시켜 효과적으로 직원의 심리와 정신문제를 해결할 수 있으며 진일보 적으로 직원내면의 초조, 우울과 긴장을 해소하고 더 나아가 '과로사', '쇠약족', 자살 등 현실 문제를 근절할 수 있다. 이 외에 직원의 행복감은 기업의 핵심능력이 될 수 있으며 기업의 특유한 '즐거운 경쟁력'이 생겨 기업전략제정, 실시, 통제 및 조정의 효율을 대폭 향상시킬 수 있다.

2.3

직원행복감의 기초이론

직원행복감은 비록 매우 추상적이고 포괄적이지만 깊은 기초이론이 있으며 직원행복감과 관련된 현상에 미치는 이론은 주로 자아결정이론, 사회비교이론, 목표이론, 대인관계이론과 적응균형이론을 포함한다.

2.3.1 자아결정이론

자아결정이론(self-determination theory, SDT)는 미국학자 Deci과 Ryan이 제기한 일종의 인류자아결정행위에 관한 동기과정이론이며 그는 인류의 3가지 제일 기본적인 심리수요를 제기했다: 자주적인 수요, 능력의 수요와 귀속의 수요다. 이 이론은 자아결정은 일종의 능력만이 아니라 수요라는 것을 강조했다. 모든 이 3가지 수요를 만족하는 사회사건은 모두 개인행위의 내적 동기를 촉진하고 직원의 자아결정에 영향을 끼친다. 내적 동기는 사람들의 행위표현의 내적 구동력이며 사람들이 마음에서 우러나 자주적으로 어떤 일을 하기 좋아함을 나타낸다.

내적 동기가 구동하는 행위는 개인이 하기 좋아하는 것이며 이 행위는 주체 행동자에게 매우 큰 내적 만족과 느낌을 가져올 수 있다. 3가지 기본

수요는 사람들의 심리건강의 최저요구일 뿐만 아니라 직원행복감의 전제조건이기도 하다.

행복감은 자아실현의 기초 위에 구성되며 만족을 느껴야 하는 일종의 감정체험이다. 3가지 수요가 모두 만족을 느낄 때 직원의 내적 동기는 향상되고 행복감은 증가되며; 반대로 3가지 수요가 위협을 받거나 만족을 느끼지 못할 때 직원의 내적 동기는 없어지고 행복감도 하락한다. 오직 기본적인 수요가 직원의 직장생활에서 만족을 느낄 때 직원은 일종의 지속적인 행복감을 느낄 수 있다. 직장중의 사회 환경은 자주, 능력, 귀속 3가지 기본적인 심리수요만족의 지지를 통하여 사람들의 내적 동기를 증강하고 직원의 건강을 보장하며 행복하게 성장할 수 있다.

2.3.2 사회비교이론

직원의 행복, 만족여부는 매우 큰 부분에서 직원이 사회비교를 진행한 결과에서 결정된다(social compari - son). 사람은 사회인으로 근무생활에서 항상 타인과 관계가 발생하고 자연히 주변의 사람들과 사회비교를 하는데 열중하게 된다. Festinger은 사람들은 주변의 사람들과의 비교를 통하여 자기의 사회성특징을 확정한다고 했다 (예를 들어 수입, 지능. 능력, 관계네트워크 등). 사회비교는 조직사회에서 일종의 비교적 보편적인 행위로 비교한 후 직원은 모두 자기도 모르게 자기의 행위를 바꾸고 있다. 직원은 사회를 진행하는 상대는 자기, 동료 또는 상사 등 임의 조직의 개인일수 있다.

사회비교행위는 아래 몇 가지 과정을 포함한다: 먼저 비교상대를 선택; 다음 사회정보를 획득; 그 다음 사회정보를 분석 및 비교; 마지막에 분석결과에 근거하여 간정, 인지와 행위반응을 포함한 반응을 한다. 사회비교이론은 기업직원이 위와 비교할 때 낮은 행복감이 생기기 쉽고; 아래와 비교할 때 행복감이 생길 수 있으며; 평행으로 비교할 때 행복감은 일반적일 수 있다고 암시했다. 사회비교이론은 관리자에게 준 계시는 직원의 사회비교를 합리적으로 유도하여 공평, 공정, 공개적인 업무환경을 만들고 기업내부의 정서공평, 분배공평과 상호공평을 보장하는 것이다. 동시에 기업의 상황을 개선하고 동종 업계에서 본보기 또는 리더지위를 쟁취하는 이런 것은 직원의 행복감을 향상시킬 수 있다.

2.3.3 목표이론

직원행복감의 관건적인 요소는 생활 또는 직장목표다. 목표는 개인이 설치한 자아행위의 최종목표이며 그는 격려와 유도 작용을 한다. Locke등 사람은 목표자체가 격려작용이 있어 개인이 노력을 통하여 설정한 목표에 도달한 후 만약 기대했던 보수나 보상을 받을 수 있으면 만족 또는 행복을 느낄 수 있으며 특히 설정한 목표가 일정한 도전성이 있을 때 직원행복감은 빠르게 증가할 수 있다고 밝혔다.

앞 사람들의 연구에서 목표이론은 직원이 설정한 목표, 완성효과 및 보수동반은 그 행복감을 결정하며 직원이 설정한 목표가 비교적 어렵고 완성효과가 비교적 좋으며 또한 기대치를 초과한 보수를 얻었을 때 직원은 행복감이 넘친다고 여겼다. 물론 만약 직원의 가치방향이 결정된 목표를 완성하거나 타인에게 자신의 능력을 드러내는 것이며 목표를 노력 하여 완성하는 것이 다만 자아실현의 수요를 만족시키기 위한 것이고 보수에 개의치 않는다면 도전적인 목표 및 고 효율적으로 완성한 결과는 그에게 행복감을 가져다 줄 수 없다. 반대로 직원의 완성효과가 설정한 목표와 거리가 멀거나 혹은 목표를 완성한 후 얻은 보수가 기대치보다 작을 때 그 행복감은 감소될 수 있다.

2.3.4 대인관계이론

대인관계는 직장인이 항상 직면해야 할 문제이며 동시에 그는 또 직원행복감의 주요 구성부분이다.

대인관계는 사람과 사람의 교제과정에서의 합작성, 친밀성과 융합성을 반영했다. 사회심리학자 수자(舒茨)는 대인관계과정에서 필요한 3차원이론을 제기했으며 사람은 타인과의 교제과정에서 3가지 수요 즉 포용의 수요, 지배의 수요와 감정의 수요가 있다고 여겼다. 포용의 수요는 개인이 사람과 접촉, 교제 또한 받아들이기를 희망하는 수요다. 지배의 수요는 개인이 타인을 통제하거나 또는 타인에게 통제 받는 수요이며 일정한 관력관계에서 타인과 수립된 상호만족의 수요다. 감정의 수요는 개인이 타인을 사랑하거나 또는 타인에게 사랑 받는 수요이며 개인이 직장생활에서 타인과 친밀관계를 수립하는 수요다. 서로 다른 수요가 있는 직원은 직장에서 동일한 업무환경을 직면하지만 다른 업무 느낌을 가질 수 있다. 구체적으로 감정수요가 있는 직원은 조화롭고 친밀한 대인관계환경을 갈망하며 만약 업무장소에 '정신적 폭력', '경쟁적 대립'이 만연하면 그 행복감은 결코 높을 수 없다. 하지만 포용과 지배수요를 가진 직원은 만약 조직이 그를 위하여 상응하는 정경을 배치하면 그들의 행복감을 증가할 수 있다. 직장망(CareerBliss.com)의 조사에서는 구글(google)의 인력자원행복지수가 비교적 높음을 나타냈다. 원인은 구글(google)의 직원들은 좋은 대인관계나 기타 동료들의 지지를 받을 수 있기 때문이었다(감정지지, 기술지지 등 포함).

2.3.5 적응균형이론

적응균형이론은 외국학자 Brickman과 Campbell(1971)가 〈특징상대론과 어떻게 좋은 사회를 규획할 것인가〉에서 제기한 사람의 행복감은 기준점이 있어 비록 수입, 자산 또는 명성의 증가에 따라 사람들의 행복감은 증가하지만 Brickman 등은 이것은 단지 단기효과 일뿐 시간의 증가에 따라 사람들의 행복감은 기준점에 돌아올 것이라고 강조했다. 이런 이론은 마치 기업이 어떠한 노력을 하더라도 직원의 행복감은 모두 원점으로 돌아오므로 기업은 직원의 행복감을 향상시키기 위하여 고민할 필요가 없고 하지 않으면 안 된다고 암시하는 것 같았다.

하지만 이후에 계속된 연구는 일부 관점을 수정하여 서로 다른 사람들은 다른 기준점을 가지고 있으며 또한 개인이 여러 개의 기준점이 있을 수도 있으며 그리고 기준점은 이동할 수도 있다고 밝혔다. 어떤 연구에서는 행복감은 3가지 요소로 결정되며 직원의 주동적인 인지활동이 40% 차지하고 외부환경이 10%, 유전자비중이 절반을 차지한다고 나타냈다. 그리하여 기업은 그래도 조치를 제정하여 직원의 행복감을 향상시킬 수 있는 가능성이 비교적 크다.

2.3.6 요약

직원행복감은 직원의 일종의 주관적인 즐거움에 관한 느낌이며 본질적으로 보면 일종의 심리체험이다. 그의 영향요소는 광범위하고 작용 메커니즘이 비교적 복잡하다. 하지만 언급된 이론으로 볼 때 직원행복감이 보장받은 한 가지 공통점은 개인수요가 만족을 얻는 것이며 수요와 직접 관련된 자아결정이론이든 대인관계이론이든 아니면 목표이론과 적응균형이론을 막론하고 그들은 모두 수요가 실현되면 즐거움은 커진다고 강조했다. 바꾸어 말하자면 직원행복감을 결정하는 메커니즘에서 직원수요는 핵심요소이며 또는 행복감 달성이 거쳐야 할 중개라고 할 수 있다. 그리하여 기업이 직원행복감을 향상시키는 키 포인트는 그들의 개성화한 수요를 만족시키는 것이다. 물론 원가를 고려한 보편적인 직원수요를 만족시키는 것을 기업에게 건의한다.

기업의 직원행복감의 현상

　직원의 적극적인 정서(행복감)는 기업의 중요한 자원이며 이 자원의 풍부함은 직접적으로 기업의 생존상태에 영향을 끼친다. 비록 최근 몇 년간 우리나라 국민수입이 대폭 높아졌지만 사람들은 행복감 정체의 상태에 빠졌다. 세계행복데이터베이스에서 나타내듯이 1997-2012년 중국국민행복감은 줄곧 5점에서 오르내려(만점은 10점) 전 세계 낮은 수준에 처했다. 당의 18기 4중 전회에서는 법치로 사회건설을 개선하는 근본적인 출발점은 인민의 복지를 증진하는 것이라고 밝혔다. 국민행복감을 향상시키는 것은 당의 기본임무라고 할 수 있다. 중국인민대학기업혁신과 경쟁력연구센터의 2014년도 조사에서는 총 경리, 인력자원경리, IT경리, 상품운영경리, 시장마케팅경리 및 일반직원 등 각도에서 전체적으로 기업직원의 행복감을 조사하여 중국기업직원의 행복감을 묘사하는데 힘쓰는 동시에 서로 다른 계층의 기업직원을 위하여 행복감을 향상시키는데 관련된 건의를 제공했다.

　서로 다른 직원의 행복감이 그의 업무효율에 대한 영향수준과 작용 메커니즘은 다르며 각 유형의 직원이 기업에서의 직책이 다르므로 직면한 내부 환경도 다르고 감당하는 책임도 전혀 다르다. 한 명의 CEO의 행복감을 해결하는 문제는 기업의 미래 10년의 발전까지 영향을 끼칠 수 있지만 중간관리자의 행복감은 기업전략, 정책전달 등의 효율성을 결정하고 일반직원의 행복감은 그의 구체적인 업무의 효율에 영향을 끼칠 수 있다. 그리하여 각 측면에서 조사를 착수하는 것은 기업이 다른 직급 또는 부서의 직원 행복감을 정리하고 정책제정에 건의를 제공하는데 도움이 된다.

2.4.1 CEO 행복감

조사에서 나타내듯이 방문기업의 CEO의 행복감(100점제 채용, 0점은 행복감이 매우 낮음을 표시하고 100점은 행복감이 매우 높음을 대표함)의 평균득점은 80.7로서 전체적으로 CEO의 행복감은 비교적 높으며 구체적으로 예기하면 조사기업의 83% CEO들이 자기는 '매우 행복' 또는 '비교적 행복'하다고 여기고 단 1%정도의 기업CEO가 자기는 '그다지 행복하지 않거나 매우 행복하지 않다'고 여겼다. 총체적으로 조사기업의 CEO들은 비교적 높은 수준의 행복감을 가졌다(도표 2-3 참조)

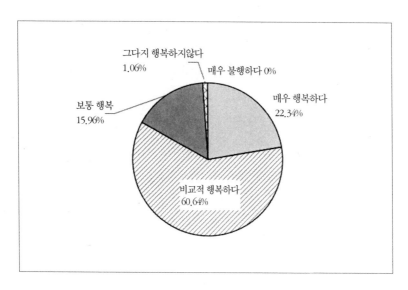

도표 2-3 방문기업의 CEO 행복감상황

　서로 다른 소유제유형으로 볼 때 국유기업의 CEO 행복감은 제일 강하고 평균득점이 87.5이며 다음에 합자기업, 외국독자기업이며 그다음에 민영/ 개인기업이고 집체기업의 CEO 행복감이 제일 낮다. 국유기업 CEO 행복감은 그의 업무안정성, 권력우세와 관계가 있을 것이다(도표 2-4 참조)

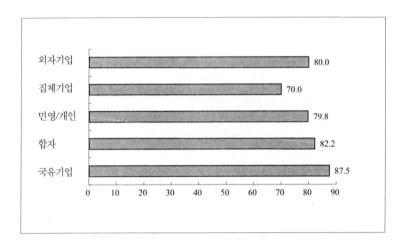

도표 2-4 서로 다른 소유제기업의 CEO의 행복감 상황

CEO의 성별로 볼 때 여성 CEO의 행복감 평균득점은 86으로 남성 CEO 행복감 득점 79.3보다 높다(도표 2-5 참조). 남성 중 16.5%의 CEO는 행복감이 보통이라고 여기고 63.5%는 비교적 행복하며 매우 행복하다고 여기는 CEO는 20% 달했다(도표 2-6 참조). 여성 중 43.3%의 CEO는 매우 행복하다고 여기고 비교적 행복한 것이 46.7%, 행복감이 보통이라고 여기는 분이 6.7%이며 동시에 3.3%의 CEO들은 매우 행복하지 않다고 여겼다. 전체적으로 볼 때 여성 CEO의 행복감 지수는 남성보다 높지만 남성 중 불행하다고 느끼는 개인은 없으며 여성 CEO 중 매우 불행하다는 개인이 나타났다.

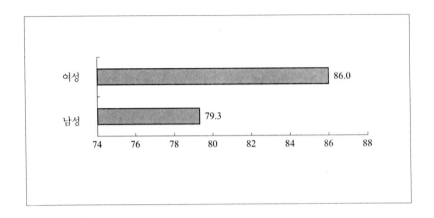

도표 2-5 서로 다른 성별의 CEO 행복감 상황

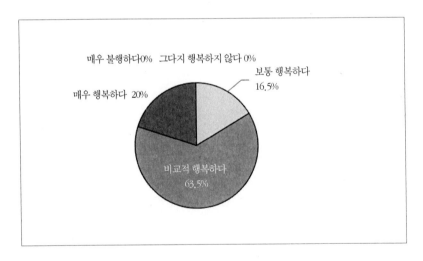

도표 2-6 남성 CEO의 행복감 상황

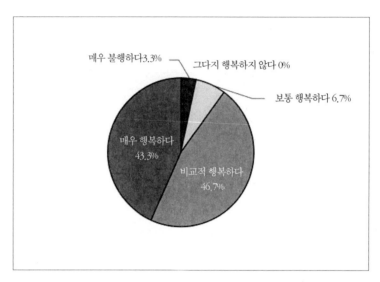

매우 불행하다 3.3%   그다지 행복하지 않다 0%

보통 행복하다 6.7%

매우 행복하다
43.3%

비교적 행복하다
46.7%

도표 2-7 여성 CEO의 행복감 상황

2.4.2 중간관리자의 행복감

중간관리자는 기업의 중간관리역량이며 조직관리의 엘리트로서 왕왕 더욱 큰 권력과 기대를 부여받은 동시에 또 더욱 많은 책임과 의무를 감당하고 있다. 중관관리자는 통상 기업 내의 기타 직원보다 더욱 큰 스트레스에 직면하며 그는 상사에 대하여 책임져야 할뿐만 아니라 부하직원에게도 책임져야 한다. 위로는 중간관리자는 기업의 목표비전, CEO의 전략정책을 이해해야 할뿐만 아니라 또한 현실 중 전략실시에서 부딪친 어려움을 위로 전달해야 한다.

아래로는 중간관리자는 상급지령을 전달하는 것을 책임져야 할뿐만 아니라 또한 임무를 배치하고 수시로 각종 돌발 상황을 대응해야 하며 동시에 부하의 정서, 신체상황을 돌봐야 하고 또한 최대한 부하업무의 적극성, 적극성을 불러일으켜야 한다. 2014년 11월 〈재부〉(중문판)는 북경이푸스자문유한책임공사(北京易普斯咨詢有限責任公司) 와 전국고급관리자스트레스상황에 관한 조사를 전개했다. 결과에서 내타내듯이 관리자가 느끼는 스트레스는 점차적으로 상승하는 추세를 나타내며(비록 2014년은 2013년보다 조금 하락했지만)남성관리자는 더욱 많은 소극적인 정서를 느꼈고 관리자의 행복감은 개선할 필요가 있었다.

금번 조사에서 나타내듯이 방문기업의 관리자(상품운영경리, IT경리, 인력자원경리 및 시장 마케팅경리)의 2014 행복감(100점제 채용, 0점은 행복감이 매우 낮음을 표시하고 100점은 행복감이 매우 높음을 대표함)의 평균득점은 80으로 전체적으로 관리자의 행복감은 비교적 높으며 CEO의 평균득점보다 조금 낮았다. 구체적으로 조사기업의 약 77%의 관리자들은 자기가 '매우 행복' 또는 '비교적 행복'하다고 여겼고 단 2%의 기업관리자들은 '그다지 행복하지 않음' 또는 '매우 불행하다'고 여겼으며 '보통 행복하다'고 여기는 관리자의 비중은 21.35%(도표 2-8 참조)였다. 전반적으로 조사기업의 관리자는 비교적 높은 수준의 행복감을 가졌다.

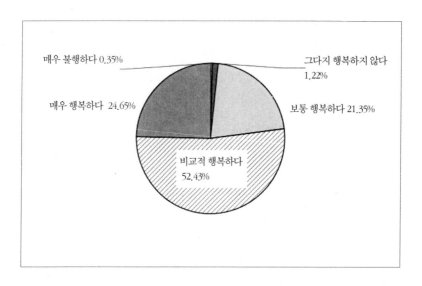

매우 불행하다 0.35%

그다지 행복하지 않다
1.22%

매우 행복하다 24.65%

보통 행복하다 21.35%

비교적 행복하다
52.43%

도표 2-8 방문기업의 관리자의 행복감 상황

서로 다른 직책의 관리자의 행복감으로 볼 때 인력자원경리의 행복감은
상대적으로 더욱 높아 81.7이며 시장마케팅경리와 상품운영경리의
행복감 평균득점은 80이고 IT경리의 행복감은 제일 낮아 겨우 79.6(도표
2-9 참조)이었다. 동시에 조사에서 나타내듯이 방문기업 중 85%에
가까운 인력자원경리가 '매우 행복' 또는 '비교적 행복'하다고 느꼈고
72%의 IT경리가 '매우 행복' 또는 '비교적 행복'하다고 느꼈으며 74%의
상품운영경리가 '매우 행복' 또는 '비교적 행복'하다고 느꼈고 76%의
시장마케팅경리가 '매우 행복' 또는 '비교적 행복'하다고 느꼈다(도표 2-10
참조). 전반적으로 관리자의 행복감은 비교적 높았다.

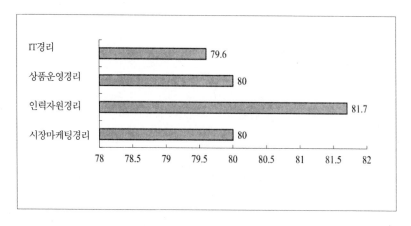

도표 2-9 방문기업의 서로 다른 관리자의 행복감 상황(1)

서로 다른 성별로 보면 인력자원경리 중 여성의 행복감 평균득점은 84.3으로 남성의 행복감(81.7)보다 높고; IT경리 중 여성의 행복감 평균득점은 83.4로 남성의 (79.3)보다 높으며; 상품운영경리 중 여성행복감의 평균득점은 82.1로 남성(79.5)보다 높고; 시장마케팅경리 중 여성행복감의 평균득점은 78.6로 남성(80.4)보다 낮았다(도표 2-11 참조). 전체적으로 볼 때 관리자 등급에서 여성의 행복감 지수는 남성보다 높았다.

하지만 구체적으로 시장마케팅경리에서 여성의 행복감 지수는 낮으며 이는 시장마케팅경리의 업무환경과 관계가 있을 수 있으며 업무가 고객을 직접 대면하기를 요구하고 성과지표가 있으며 일정한 스트레스가 존재하는데 여성의 스트레스지항능력이 보편적으로 남성보다 낮기 때문에 스트레스로 인한 소극적인 영향이 더욱 크므로 여성시장마케팅경리의 행복감 지수는 더욱 낮다.

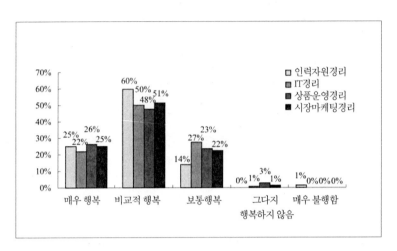

도표2-10 방문기업의 서로 다른 관리자의 행복감 상황(2)

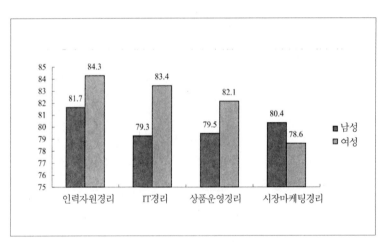

도표 2-11 방문기업의 서로 다른 성별 관리자의 행복감 상황

서로 다른 교육수준으로 예기하면 관리자의 교육수준이 중학교 및 그 이하일 때 행복감 평균득점은 제일 낮으며 72.9다. 하지만 교육수준이 대학4년제, 전문대학일 때 행복감 지수는 비교적 높다. 반대로 기업관리자의 교육수준이 석사, 박사일 때 그의 행복감 지수는 비교적 낮으며 그중 박사경리의 행복감 지수는 겨우 73.3(도표 2-12 참조)이었다.

한 가지 가능한 해석은 고학력의 관리자는 아마도 자기의 재능이 완전히 펼쳐지지 않았으며 지금의 명성, 직위가 자기의 기대치에 부합되지 않다고 여기므로 행복감 지수는 비교적 낮다. 조사결과가 암시하듯이 고학력 관리자의 잠재력이 완전히 개발 및 이용되지 않았을 수 있고 기업은 고학력 관리자의 행복감 지수를 향상시키는 것을 고려할 수 있으며 최대한 자기의 생산력을 발휘하여 기업의 관리효율을 높일 수 있다.

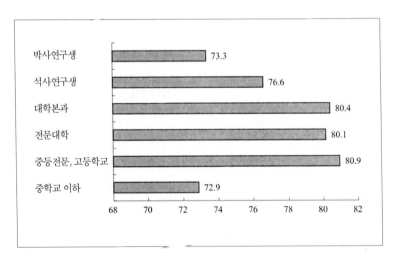

도표 2-12 방문기업의 서로 다른 학력의 관리자 행복감 상황

2.4.3 일반직원 행복감

　기업내부의 사람은 대부분 일반직원이다. 기업의 정상적인 운영은 말단직원을 떠날 수 없다. 일반직원의 행복감은 현대 기업이 반드시 중시해야 할 문제다. '성공 역시 소하덕택이고, 실패 또한 소하 탓이다'라고 일반직원의 행복감 문제를 해결하지 않으면 기업은 심지어 멸망의 길로 갈 수 있다. 직원개인으로 보면 좋은 직장행복감은 직원을 도와 반응도를 향상시킬 뿐만 아니라 그 조직에 대한 충성을 배양할 수도 있다. 이는 직원으로 하여금 조직을 자기의 집으로 여겨 열심히 경영하고 사랑하며 조직의 이익을 자기의 이익으로 여기고 모든 것을 조직이익을 출발점으로 여기게 한다. 직원이 좋은 혁신아이디어 또는 건의가 있을 때 빠르게 조직에 건의할 수 있으며; 팀 협력에서 직원은 사심 없이 헌신하고 많은 조직시민행위를 실시할 수 있으며; 조직이익이 손해를 볼 때 직원은 적극적으로 기업의 이미지를 보호할 수 있다. 그리하여 일반직원에 대하여 그의 투지를 불러일으키고 그의 업무효율을 향상시키는 것은 사실 매우 간단하다. 그것은 바로 그의 행복체험을 증강하는 것이다.

　조사에서 나타내듯이 방문기업의 일반직원 행복감(100점제 채용, 0점은 행복감이 매우 낮음을 표시하고 100점은 행복감이 매우 높음을 대표함)의 평균득점은 78.2로서 전체적으로 일반직원의 행복감이 비교적 높음을 설명하며 '보통'과 '비교적 좋음' 간에 '비교적 좋음'에 기울였고 중간관리자의 행복감 수준보다 조금 낮다. 성별로는 여성 직원의 행복감 지수(79.8)는 남성 직원의 행복감 지수(76.8)보다 높다(도표 2-13 참조). 구체적으로 조사기업의 67.8%정도 달하는 남성은 자기가 '매우 행복' 또는 '비교적 행복'하다고 여기고 단 3.9%의 남성이 자기는 '그다지 행복하지 않다' 또는 '매우 불행하다'고 여기며 '행복감이 보통이다'라고 생각하는 남성은 28.3% 차지했다. 조사기업의 75.2%정도 되는 여성은 자기가 '매우 행복하다' 또는 '비교적 행복하다'라고 여기고 단 0.8%의 여성이 자기는 '그다지 행복하지 않다' 또는 '매우 불행하다'라고 여기며 '행복감이 보통이다'고 생각하는 여성은 24% 차지했다.

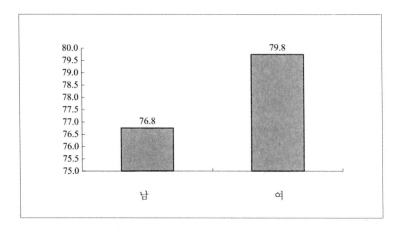

도표 2-13 방문기업의 다른 성별의 일반직원 행복감 상황

이번 조사에서 우리는 진급차수가 직원행복감에 대한 영향을 고찰했는데 직원의 성별, 연령, 교육수준 및 업무연한을 통제한 후 진급차수는 직원행복감에 대하여 뛰어난 긍정적인 영향을 끼쳤다($\beta - 0.21$, P<0.001). 이는 식원의 행복감은 일정한 정도에서 그의 직업경력방면의 발전에서 온다는 것을 설명했다(회귀시뮬레이션도표 2-14 참조). 서로 다른

교육수준으로 말하면 일반직원의 교육수준이 중학교 및 이하일 때 행복감의 평균득점이 제일 높고 85.8이었다. 하지만 교육수준이 대학본과, 전문대학, 중등전문학교 및 고등학교일 때 일반직원의 행복감 지수는 중간층에 처했다. 교육수준이 석사, 박사일 때 그의 행복감 지수는 제일 낮으며 그중 박사학력의 일반직원의 행복감 지수는 겨우 50이고 심지어 행복감 합격선(60)보다 낮았다(도표 2-15 참조). 여기의 데이터가 반영하는 한 가지 현상은 바로 일반직원의 측면에서 교육수준이 높을수록 행복감 지수는 더욱 낮다는 것이다. 학력의 일반 직원 안에서의 '부정적인' 작용역할은 사회비교이론을 통하여 이해할 수 있으며 일반 직원에게 그 기점은 비교적 낮고 직원의 업무대우, 누리는 자원, 사회지지가 모두 같으며 또한 비교적 일반적이다. 하지만 학력이 높은 사람에게는 평행비교를 하든 아니면 상향비교를 하든 모두 '불공평', '불합리'라는 결론을 얻을 수 있으므로 고학력 직원은 오히려 더욱 소극적인 정서반응이 생길 수 있다.

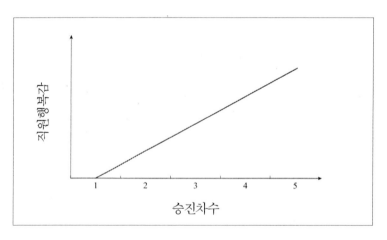

도표 2-14 방문기업의 일반직원의 승진차수가 행복감에 대한 영향

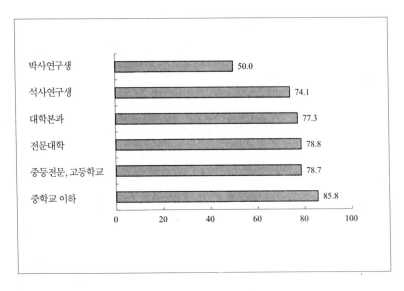

도표 2-15 방문기업의 서로 다른 학력의 일반직원의 행복감 상황

근무연한(6등급으로 나눔, 0~1년, 1~5년, 5~10년, 10~20년, 20~30년 및 30년 이상, 1~5년부터 20~30년은 모두 전개 후폐 구간임)으로 볼 때 조직관리에서 일반적으로 금방 입사한 직원 행복감은 제일 낮고 조직에서 근무한 시간이 길어짐과 조직사회화의 완성에 따라 직원의 행복감은 점차적으로 증가하며 조사결과에서는 20~30년 근무한 직원 행복감 지수는 아직도 증가하고 있고 30년 이후 행복감 지수는 하락함을 발견했다(도표 2-16참조). 결과는 일반직원의 조직에서의 근무연한과 행복감 사이는 단일한 선형관계가 아닐 수 있음을(우리의 회귀분석으로 증명됨) 암시했디.

즉 조직에서의 근무연한이 길수록 직원의 행복감이 더 높은 것이 아니며 일정 단계 후 행복감은 하락하기 시작했다. 물론 이는 초보적인 분류의 분석결과이며 좀 더 치밀하게 근무연한과 직원행복감의 관계를 고찰하기 위하여 금번 조사는 근무연한의 2차 방향 회귀분석을 진행했으며 결과적으로 직원성별, 연령 및 교육수준을 통제 후 근무연한과 그의 2차 방향은 모두 직원행복에 대하여 뛰어난 영향을 끼치고 또한 2차방향의 계수가 마이너스임을 발견했으며 근무연한과 직원행복감의 관계곡선은 역U형 곡선일 가능성이 높다는 것을 증명했다(도표 2-17 참조).

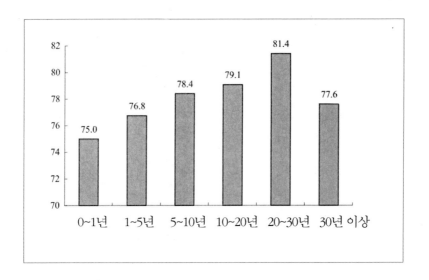

도표 2-16 방문기업의 서로 다른 근무연한인 일반 직원의 행복감 상황

물론 이런 역U형 관계에 대하여 우리는 이론상의 해석을 찾으려고 시도했다. 한 가지 가능한 원인은 금방 입사한 직원이 새로운 환경에 들어와 새로운 동료를 대면할 때 대인관계의 고민도 있고 업무효율의 스트레스도

있으므로 행복감이 비교적 낮다. 하지만 기업교육과 조직사회사를 통하여 직원은 점차적으로 업무임무와 동료 등을 포함하여 주변의 환경에 익숙해지며 상사와 동료들이 지지를 얻기 시작하고 그의 업무효율 및 대인관계의 수요가 모두 만족을 얻어 행복감은 향상된다. 하지만 조직에서 근무연한이 증가함에 따라 직업경력이 여전히 '정체'상태에 처하고 전혀 발전이 없으면 직원은 초조, 불만정서가 나타나기 시작하고 행복감은 갈수록 낮아진다. 물론 기업의 실제상황은 이것보다 훨씬 더 복잡하고 메커니즘도 더욱 어렵다. 우리는 다만 기업은 다른 근무연한의 직원들에게 관심을 기울여야 하고 그들의 체험, 관심 포인트가 모두 다르며 서로 다른 근무연한의 직원에게 다른 조치를 취하여 그들의 행복감을 향상시킬 수 있다고 설명하고 싶을 뿐이다.

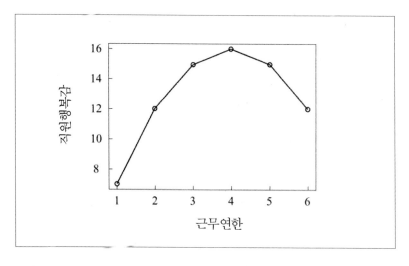

도표 2-17 방문기업의 일반직원의 행복감 상황이 근무연한변화에 따른 시뮬레이션 곡선

직원행복감의 조직관리에 대한 영향

직원행복감은 조직에 대하여 의미가 매우 크다. 연구자들은 행복감은 만족도보다 기업성과의 변량을 더욱 예측할 수 있다고 밝혔다(WrightandCropanzano, 2000). 많은 기업가들이 행복감은 '즐거운 경쟁력'으로 조직과 개인에게 변혁을 가져올 수 있다고 암시했다.

구글(google)이 바로 직원행복감을 매우 중시하는 기업이며 2015년 포브스중문망(福布斯中文网) '최고 고용주'의 1등을 차지했으며 연속 3년간 왕관을 지켰다. 그가 신봉하는 이념은 직원행복감은 회사 성장과 업무효율의 근본적인 보장이다. 그가 취한 인력자원조치는 '사치'라고 할 수 있으며 기타기업이 기본적으로 따라가기 어렵다. 그중 한 가지 정책은 바로 만약 직원(근무연한 무관)이 고용기간에 불행하게 사망하면 그의 미망배우자 또는 동거인은 미래 10년 동안 매년 이 직원 연봉의 50%에 상당하는 수표를 받을 수 있으며 기본적으로 모든 구글(google) 직원은 모두 이런 대우를 받을 수 있다.

구글(google)이 직원의 행복감을 향상시키기 위하여 힘쓴 조치는 그 보답을 얻었고, 이 회사직원의 생산효율은 기타 같은 업종의 기업보다 훨씬 높았으며, 또한 회사의 성장성은 좋은 형세를 유지하고 매우 높은 명성을 얻었다. 거리전자(格力電器)의 동명주(董明珠)도 직원의 행복감을 향상시키기 위하여 애쓰는 기업가로서 그는 직원들에게서 행복감을 창조하는 것은 기업의 사회책임이라고 여기고 또한 직원의 핵심자질을 배양하기 위하여 애썼으며 기능향상이 직원에게 즐거움을 가져올 뿐만 아니라 직원의 경쟁력도 향상시키게 했다.

미국하버드학자 Hercort(埃科爾)은 큰 샘플본의 조사 분석을 통하여 직원행복감은 조직의 생산율이 평균 31% 향상되고 CEO의 효율이 평균 15% 향상되었으며 기업의 고객만족도가 평균 12% 향상되었다는 것을 발견했다. 금번 조사는 CEO, 중간관리자 및 일반직원 3개 측면에서 행복감이 조직 관리에 대한 영향을 조사했다.

2.5.1 CEO 행복감과 기업전략, 창업특성

본 절에서는 CEO의 다른 행복체험이 그의 전략제정 및 창업특성에 영향을 끼치는지 여부에 대하여 조사하고 행복감을 불행(그다지 행복하지 않다와 매우 불행을 포함), 보통행복과 행복(비교적 행복과 매우 행복을 포함)으로 나누었다. 조사에서는 방문기업의 CEO 행복감이 강할수록 그 창업특성의 득점은 더욱 높고 행복, 보통행복과 불행의 CEO 창업특성의 평균득점은 각각 69.6, 65.3 및 60(도표 2-18 참조)이었다.

이 외에 행복한 CEO 중 66.1%가 안정적인 전략을 취했고 23.7%가 성장전략을 취했으며 10.1%가 긴축전략을 취했다. 보통 행복한 CEO 중 62.5%는 안정적인 전략을 취했고 25%는 성장전략을 취했으며 12.5는 긴축전략을 취했다. 불행한 CEO가 기본적으로 취한 것은 안정적인 전략임을 나타냈다. 행복감으로 볼 때 CEO가 어떤 전략을 선호하는지 일정한 결론이 없는 것 같으며 전략제정과 행복감 사이의 관련성은 매우 크지 않다. 하지만 우리는 불행한 CEO는 기본적으로 성장전략을 취하지 않고 그들의 전략적극성은 상대적으로 비교적 약함을 발견했다.

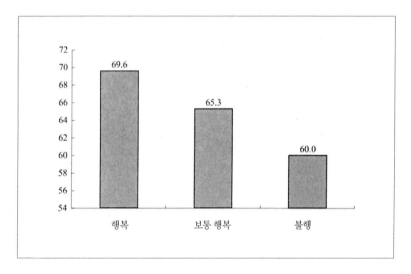

도표 2-18 방문기업의 다른 행복체험의 CEO의 창업특성

2.5.2 중간관리자의 행복감과 부문 간 협력

중간관리자의 부서 간 협력은 중간관리자가 공통의 목표(생산, 연구개발, 판매 등)를 위하여 '부서벽'을 허물고 힘을 집중하고 여러 사람이 지혜와 힘을 모아 조직 또는 기타 목표를 완성함을 가리킨다. 그의 내포된 의미는

주로 기업의 각 직책기능부서가 고객수요를 만족시키는 것을 방향으로 전체국면 의식, 합작의식을 수립하고 전략목표를 실현하는 것이다. 부서 간 협력지수의 측도내용은 기업의 모든 직책 부서가 함께 통합하여 목표시장의 고객수요를 만족시키고 모든 직책기능부서가 문제를 착실하게 해결하는데 힘쓰며 각 직책기능부서가 자유롭게 각종 성공 또는 성공하지 못한 경험과 정보를 토론하는 등을 포함한다. 부서 간 협력은 타인이 평가(기업 CEO가 평가)하는 것이므로 근원이 같은 오차문제를 잘 피할 수 있었다.

위 글과 분석이 일치하게 본 절에서는 중간관리자의 평균 행복감을 불행(그다지 행복하지 않다와 매우 불행을 포함), 보통 행복과 행복(비교적 행복하다와 매우 행복을 포함) 3가지로 나누었는데 조사데이터에서는 방문기업의 중간관리자의 행복체험평균점이 높을수록 부서 간 협력 진행으로 기울임을 나타냈다.

행복, 보통 행복과 불행한 중간관리자의 부서 간 협력지수평균득점은 각각 73.7, 66.8및 50.7(도표 2-19 참조)이며 회귀분석에서도 중간관리자의 행복감은 부서 간 협력에 대하여 뛰어난 긍정적인 영향을 끼침을 증명했다 (β=2. 0 5, P< 0. 0 5). 이로써 행복감은 중간관리자의 적극적인 행위에 대하여 영향이 비교적 크며 불행한 사람은 주관능동성을 발휘하지 않으며 심지어 팀 내에서 협조하지 않고 일하지 않으며 각종 성공 또는 성공하지 못한 경험과 정보를 나누지 않음을 볼 수 있다. 물론 만약 기업의 부서 간 협력지수가 비교적 낮다면 기업이 직원행복감을 향상시키는 것도 이 중의 한 가지 방식이며 기업은 또 소직구조 조정, 협력식 기업문화 구축, 좋은 정보소통시스템 구축 및 각 부서 간 협력을 성과평가에 포함하는 등조치를 통하여 개선하는 것을 고려해볼 수 있다.

어떤 방식이 제일 좋다는 것은 없다. 다만 일정한 상황에서 어떤 방식이 기업에 제일 적합한 것일 수 있으므로 기업은 자체의 상황에 따라 선택을 해야 한다.

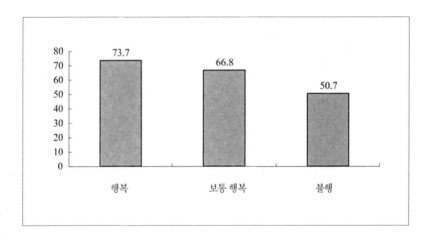

도표 2-19 방문기업의 행복감 지수가 다른 관리자의 부서 간 협조지수

2.5.3 일반직원의 행복감과 조직시민행위, 조직인정 및 이직의향

일반직원의 행복감 지수는 그의 직장에서의 태도 및 행위 표현에 영향을 끼친다. 앞에 선배들은 연구에서 직원행복감은 조직시민행위를 매우 증가하고 직원의 조직 인정도를 향상시키며 또한 직원의 이직의향을 하락시킨다고 밝혔다. 조직시민행위(organizational citizenship behavior, OCB)는 기업의 직원이 정상적인

보수체계 외의 업무를 하는 것을 가리키며 이런 업무는 조직성과의 향상에 유익하다. 조직인정(organi-zational identification, OI)은 신분(identity)에 대한 인정이며 직원이 조직신분에 대한 받아들임과 인정을 가리키며 직원의 행위규범, 가치관념 등 여러 가지 방면이 그가 있는 조직과 일치성을 가지고 있다. 이직의향((intentiontoleave, ITO) 은 직원이 일정한 시간 안에 그의 업무를 바꾸는 가능성과 경향이다.

본 절에서는 일반직원의 행복감이 조직시민행위, 조직인정 및 이직의향 3가지 방면에 대한 영향을 전개하여 분석할 것이다(100점제 채용, 0점은 해당 지표가 매우 낮음을 표시하고 100점은 해당 지표가 매우 높음을 대표함). (표2-1 참조)

표 2-1 직원행복감과 OCB, OI 및ITO와의 관계

	OCB	OI	ITO
불행	56.0	52.9	62.9
그다지 행복하지 않음	64.5	64.8	62.2
보통 행복	70.1	70.3	57.1
비교적 행복	74.8	75.0	51.9
매우 행복	78.4	76.2	52.7

주석: 표 안의 수치는 서로 다른 행복감 상태하의 평균지수임

조직시민행위는 일종의 역할 외의 행위로서 업무설명서규정 이외의 내용이며 직원이 반드시 이행해야 하는 의무는 아니고 일정한 수준의 조직시민행위는 기업의 분위기를 개선하고 기업의 운영효율을 향상시킬 수 있다. 금번 조사결과에서는 매우 행복한 직원의 조직시민행위수준이 제일 높고 직원의 평균득점은 78.4이며 행복감이 하락함에 따라 직원의 조직시민행위도 점차적으로 감소됨을 나타냈다(도표 2-20 참조). 회귀분석도 일반직원의 행복감이 그의 조직시민행위에 대하여 뛰어난 긍정적인 영향을 끼친다는 것을 검증했다.

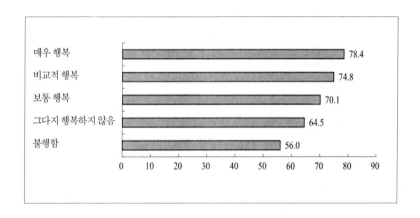

도표 2-20 방문기업의 직원의 다른 행복체험과 조직시민행위지수와의 관계

비교적 높은 조직인정도가 있는 직원은 통상 자기의 조직신분을 앞자리에 놓으며 그의 사회신분의 정의 중 통상 '우리'를 사용하고 '나'를 사용하지 않는다. 조직인정도가 높은 일반직원의 태도 및 행위표현 중 모든 것은 조직이익을 표준으로 하고 또한 몸과 마음을 다하여 조직의 건설에 뛰어들며 어떨 때는 심지어 자기의 이익을 희생하기도 한다.

그들은 '조직이 생각하는 것을 생각하고 조직이 간절해하는 것을 간절해하며' 조직이 필요할 때 언제든지 '헌신'할 수 있다. 조사데이터에서 나타내듯이 직원행복감과 그의 조직 인정도는 밀접하게 관련이 있으며 행복감이 높은 직원의 조직인정지수도 높고 회귀분석도 양자 간의 현저한 긍정적인 관계를 증명했다. 구체적으로 말하면 매우 행복한 직원의 조직인도평균득점은 76.2이고 비교적 행복한 직원의 조직인정평균득점은 75이며; 그다지 행복하지 않은 직원의 조직인정평균득점은 64.8이고 매우 불행직원의 조직인정평균득점은 52.9이며 조직 인정도가 매우 낮다(도표 2-21 참조).

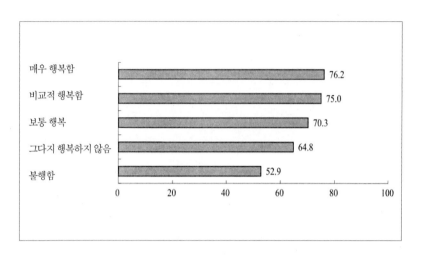

도표 2-21 방문기업 직원의 다른 행복체험과 조직인정지수와의 관계

　　이직은 많은 기업에게 모두 '골칫거리' 문제이며 직원이직은 기업관리에
매우 큰 위험을 가져다준다. 일반직원의 이직은 업무의 제대로 된
인수인계에 영향을 끼치고 프로젝트의 진도를 방해하며 또한 이 직원에게
투자한 교육원가가 낭비 된다; 기술자 특히 핵심인원은 이직 시에 기밀정보
또는 핵심기술을 가져갈 수 있어 기업전략이 드러나게 되며 그리고
경쟁상대의 상대적인 대항을 초래하게 된다.

　　동시에 고위관리자의 이직은 회사 명성, 이미지에도 소극적인 영향을
끼치게 되어 회사가 흔들리게 되고 경쟁상대에게 틈을 줄 수 있으며 기업은
심지어 합병될 가능성도 있다. 조사데이터에서 나타내듯이 방문기업의
일반직원 행복감지수와 이직의향은 역방향관계를 나타내며 직원행복감이
높을수록 그의 이직의향은 더욱 낮았다. 전체적으로 볼 때 매우 행복한

직원의 이직의향지수는 52.7로서 60에 가까우며 즉 이직의향지수는 비교적 높고 직원의 충성도는 비교적 낮다. 이는 기업이 주의해야 한다(도표 2-22참조).

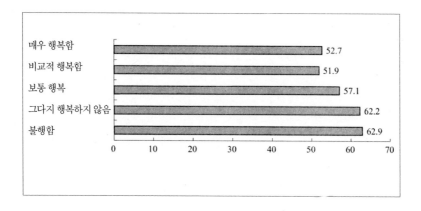

도표 2-22 방문기업의 다른 행복감체험과 이직의향지수와의 관계

직원행복감을 향상시키는 건의

　직원의 행복감을 향상시키려면 먼저 직원행복감의 근원과 영향요소를 분석하여 직원이 행복하지 않거나 불만인 요소를 줄이거나 피하며 직원이 행복하거나 만족한 조치를 강화해야 한다. 전체적으로 부정적인 정서체험을 줄이거나 피하며 긍정적인 정서체험을 증가하거나 강화해야 한다(도표 2-23 참조). 아래에 직원의 불만요소를 피하고 줄이는 것과 직원의 행복요소를 관리하고 강화하는 이 두 가지 방면에서 상세히 논술하겠다.

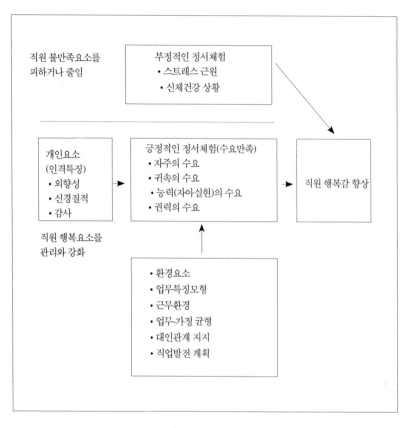

도표 2-23 직원행복감 향상모형

2.6.1 직원의 불만요소를 피하는 것과 줄이는 것

직원이 행복하지 않음을 초래하는 하는 직접적인 원인은 부정적인
정서체험이며 이 중에서 업무스트레스(시간스트레스 포함)가 가장

중요한 부분이다. 중간관리자만 '스트레스가 크다'고 느낄 뿐만 아니라 일반직원들도 '태산이 머리 위를 누르고 있다'는 느낌이 있다. 서로 다른 유형의 직원들은 서로 다른 스트레스 근원이 있다. 고위관리자의 수요는 비교적 다원화하여 주로 권력의 수요, 자아실현의 수요가 있으며 업무와 생활에 대한 요구가 비교적 높고 통상적으로 자기 또는 타인이 기준에 도달하지 못할 때 마음이 초조하고 어지러워 행복감 하락을 초래한다.

중간관리자의 스트레스근원은 비교적 광범위하며 상급의 명령과 정책에서 올 뿐만 아니라 부하직원의 불평, 불만에서도 온다. 일반직원은 업무의 시간스트레스, 성과스트레스에 자주 직면한다. 동시에 현재 사회에서 직원은 신체 또는 생리건강방면의 문제에 자주 직면하며 이런 상황도 직원의 행복감을 직접적으로 하락시켰다. 그리하여 직원행복감을 향상시키는 첫걸음은 직원불만요소를 피하고 줄이는 것이며(주로 스트레스와 건강문제) 심지어 방법을 생각하여 그것들을 없애야 한다. 스트레스 근원을 겨냥하여 우리는 그것을 완전히 없애는 것에 찬성하지 않으며 이 또한 현실적이지 않다. 스트레스는 꼭 나쁜 일만이 아니다. '스트레스가 있어야 동력이 있다.' 스트레스가 있는 상황에서 직원은 어떨 때에 더욱 높은 창조력과 효율을 얻을 수 있다.

이는 학술계에서 이미 증명을 했다. 하지만 스트레스는 분명히 한계가 있으며 모든 사람들의 스트레스 대항능력은 다르다. 스트레스 대항능력이 낮은 사람은 기업이 스트레스를 합리적으로 관리하고 정리하여 그들이 부정적인 정서를 발산하게 해야 하며 기업 내에 부정적인 스트레스 해소실을 설치하는 것을 생각해볼 수 있다. 직원의 신체건강문제에 관하여 기업은 의료구조계획을 제공하여 직원의 스트레스를 나누는 것을 생각해볼 수 있으며 구글(google)처럼 회사주재의사를 설립하여 직원의 심신건강을 보장할 수 있다.

2.6.2 직원행복감요소의 관리와 강화

학술연구에서 우리는 행복감을 결정하는 요소가 매우 많음을 발견했다. 이론적으로 조직은 이런 요구를 만족시키기만 하면 되었다. 하지만 만약 연구결론에 따라 융통성 없이 틀에 박힌 대로 전부 옮기면 이론상의 지도는 틀림없이 기업에 거대한 관리 원가를 가져올 수 있으며 기업이 실시한 행복감을 향상시키는 조치는 얻는 것보다 잃는 것이 많을 것이다. 사실상 기업은 이렇게 할 필요가 없다. 왜냐면 개인은 매우 쉽게 행복과 만족을 느낄 수 있으며 모든 사람은 자기에게 속하는 작은 행복이 있기 때문이다. 어떨 때 기업은 일부 기본적인 것을 경쟁기업보다 잘하기만 하면 직원은 사회비교에서 행복감을 얻을 수 있다. 앞 문장에서 우리는 직원행복감을 결정하는 요소는 개인의 적극적인 특성, 업무환경, 업무특성, 업무와 가정의 균형, 사회관계 및 직업발전 등을 포함한다고 밝혔다. 아래에 이 몇 가지 방면에서 상세한 논술을 진행하겠다.

1. 교육을 전개하여 직원 개인의 적극적인 특성을 강화한다.

직원의 개인특성은 그의 행복감에 영향을 끼친다. 개인의 외향성은 직원행복감에 긍정적인 영향을 끼치고 신경질은 직원행복감에 부정적인 영향을 끼친다(진찬예 陳燦銳등, 2012). 외향성이 강한 사람은 사교성이 좋으며 통상 활력이 넘치고 낙관적이며 우호적이고 자신감이 넘친다. 외향성이 강한 사람은 일반적으로 더욱 많은 적극적인 정서체험이 있어 행복감이 비교적 높다. 신경질적인 사람은 초조, 불안, 두려움 및 상심 등 정서를 더욱 쉽게 느끼며 또한 정서변화가 비교적 빠르므로 신경질적인 사람이 대부분 체험하는 것은 소극적인 정서이며 어느 순간 행복감이 비교적 강렬했어도 또 매우 빠르게 변화한다. 비록 직원의 개인특성은 쉽게 변하지 않지만 그래도 기업은 신경질적인 직원에 초점을 맞추어 행복감을 개선하는 조치를 추해야 한다. 제일 적절한 방식은 바로 심리교육을 진행하는 것이다. 교육에서 밝고 힘찬 기업문화를 많이 홍보하고 건강하고 행복한 화제를 많이 토론하여 신경질이 직원행복감에 끼치는 영향을 천천히 하락시키거나 약화시킨다. 심지어 교육프로젝트에서 사례를 통하여 직원의 '감사'특성을 증가할 수 있다. 감사는 오늘날 적극심리학의 중요한 화제다. 그는 한 가지 인격특성이며 우리에게 타인의 선행 또는 은혜에 보답하는 것을 통하여 자기가 적극적인 경험 또는 결과를 얻을 수 있음을 알려준다. 연구에서는 감사는 직원행복감(긍정적인 영향)을 예측할 수 있으며 신경질의 부정적인 영향을 지극히 약화시킨다는 것을 발견했다.

2. 합리적인 업무특성 모형을 구축하여 직원행복수요를 만족시킨다.

직원은 자아실현의 수요가 있다. 업무 중 모두 일반기준보다 잘하기를 원하며 최소한 같은 업무에 종사하는 다른 사람보다 잘하길 원한다. 만약 직원의 자아실현의 수요를 만족시키면 기업은 직원의 행복감을 향상시킬 수 있다. 그리하여 업무설계에서 기업은 직원이 업무에 융합되어 그의 업무가치를 알 수 있도록 도와줘야 한다. 기업은 업무에 대하여 분석을 하여 최대한 업무의 완전성, 기술의 다양성, 임무의 중요성, 피드백 및 적극성에 대하여 설계를 하며 또한 직원의 수요를 만족시킬 수 있다. 이런 업무특성 모형에 기초한 분석은 직원에게 적극적인 심리상태를 가져다 줄 수 있으며 업무의 의미를 느끼고 상사의 피드백을 이해하는 것을 포함하여 직원이 자아실현의 수요를 충분하게 체험하게 할 수 있다. 다른 한 방면으로 자아결정이론에 근거하여 직원은 자아결정의 수요가 있으며 그들은 일반적으로 자기가 업무의 흐름 및 임무의 집행을 결정하기 원하므로 직원은 충분한 권한을 받아야 한다. 직원은 자체석으로 어떻게 업무를 완성할 것인가를 결정할 뿐만 아니라 정책결정업무에 충분히 참여하거나 관리할 수 있으며 이는 직원이 자기의 가치를 충분히 나타내고 또한 업무의 성취감, 행복감을 느끼게 한다. 업무특성모형의 설계도 서로 다른 직급자의 다른 수요를 고려해야 하며 CEO, 중간관리자 또는 일반직원의 업무에 대한 합리적인 요구를 만족시켜야 할뿐만 아니라 서로 다른 직급의 상응하는 보수 또는 피드백을 제공해야 한다.

3. 업무환경 개선

　업무환경은 직원이 근무하는 '하드'환경과 '소프트'환경으로 구성된 것이다. 근무하는 '하드'환경은 근무시설의 선진성, 안정성, 근무구역의 쾌적성, 사적인 및 근무지점의 공기 질 등을 포함 한다; 근무하는 '소프트' 환경은 근무 장소의 문화 분위기다. 업무환경의 좋고 나쁨은 직원의 행복감에 영향을 끼칠 수 있다. 영재망(英才网)에서 진행한 조사에서 나타내듯이 거의 22%의 직원이 업무환경은 그의 업무행복감에 영향을 끼치는 중요한 요소이며 보수조건 다음이라고 여겼다. 근무 '하드'환경은 직원의 기본업무수요를 만족시켜야 하며 공기 질이 좋아야 할뿐만 아니라 환경이 깨끗하여 직원에게 즐겁고 편한 체험을 줘야 한다. 근무 '소프트'환경이 행복감에 대한 영향도 매우 크다. 근무 장소의 조화, '집'문화는 모두 직원들이 추구하는 것이며 만약 조직문화가 그때의 안란(安然)회사처럼 결과를 목표로 수단과 방법을 가리지 않고 곳곳에서 암투를 벌인다면 직원은 행복을 느낄 수 없다. 이외에 기업은 존중을 강조하는 문화를 제창해야 하며 이것도 조화로운 문화의 내적 요구다.

근무 장소에서 민주와 존중에 관심을 기울여야 하며 직원의 연령, 성별, 교육수준, 종족, 관리계층 또는 출생지를 막론하고 모두 동등한 존중을 받아야 하며 이는 직원의 자존의 수요를 만족시키며 직원행복감을 향상시킬 수 있다. 이외에 기업은 제도문화에서 타인을 존중하는 정책을 융합하여 존중분위기가 기업에서 성행하게 하는 것을 생각해볼 수 있다.

4. 업무와 가정의 균형관리실천을 강화

행복감을 연구할 때 문화요소도 고려해야 한다. 서로 다른 문화를 가지고 있는 나라에서 사람들은 행복감 방면에서 조금 다를 수 있다. 예를 들어 서방국가는 개인주의를 위주로 하여 개인발전과 성취실현을 강조한다.

하지만 중국은 집체주의 나라이며 직원은 대인관계를 더욱 중요시하고 팀, 조직과 가정간의 조화를 더욱 중요시할 수 있다. 이런 요소는 모두 직원의 행복에 대한 감지에 영향을 끼치므로 정책을 제정할 때 사람에 따라 달라야 하며 그 문화배경을 고려해야 한다. 서방의 행복감 연구에서 많은 학자들은 기업의 직원의 가정상황에 관심을 기울이지 않았다. 중국과 서양문화에 차이가 존재함으로 중국직원의 행복감 구성에서 가정상황과 대인관계는 중요한 위치를 차지하며 가정은 특히 더하다.

직장망(職場网)의 조사에서 업무와 가정생활간의 균형은 직원행복수준을 결정하는 관건적인 요소 중의 하나임을 발견했다. 현재의 보편적인 현상은 직원이 갈수록 업무와 가정생활구역을 구분하지 못하고 업무와 가정생활이 자주 겹치고 융합되는 것이다. 직원은 업무를 집에 자주 가지고 오고 또한 가정에서 직장생활을 토론한다. 직장 중에 '엄마'들은 또 엄마로서의 육아와 직원으로서의 열심히 근무하는 역할의 충돌을 해결해야 한다.

직원의 날로 늘어나는 업무와 가정균형의 수요 하에 기업은 반드시 인성화의 인력자원관리시스템을 구축하는 것을 고려하여 기업이 진심으로 직원을 사랑한다는 것을 느낄 수 있게 해야 한다. 기업이 선택할 수 있는 조치는: 융통성 있는 근무체제를 제정하여 직원이 융통성 있게 근무시간, 근무 장소 등을 선택할 수 있게 하며; 직원가족에게 상응하는 건강보험복시를 제공하며; 직원지원계획((Employee Assistant Program, EAP)을 실시하여 직원을 도와 업무와 가정간의 충돌을 완화하고 업무와 가정간의 균형을 촉진하며; 직원헬스구역을 전문 설치하는 등을 포함한다. 물론 기업은 실제상황에 근거하여 자기조건에 부합하는 인력자원관리묘책을 취하여 직원이 업무와 가정생활에서 행복감을 체험하게 할 수 있다.

5. 대인관계지지를 제공하고 직원의 사회교제환경을 완벽하게 한다.

중국직원은 조화를 선호하고 따지지 않고 다투지 않고 떠들지 않으며 서로 아끼고 사랑하는 대인관계환경을 좋아한다. 행복한 직원은 양호한 사회지지를 얻기를 바라며 이런 사회지지는 직원의 건강, 업무효율과 안전감에 영향을 끼친다. 사회지지 또는 대인관계지지는 직원에게 두 가지 방면의 좋은 점을 가져다 줄 수 있다: 첫째는 공구지원이다. 직원이 근무과정에서 어려움 또는 좌절을 당할 때 주변의 동료한테 기술적인 지원을 구할 수 있다; 둘째는 감정지원이다.

직원은 의기소침해지거나 심지어 정서자원이 메마를 때가 있는 것을 피하기 어렵다. 이때 양호한 대인관계환경은 직원을 위하여 근심을 덜어내고 어려움을 해결하며 그의 소극적인 감정을 쏟아내는 것을 도와줄 수 있다. 기업은 양호하고 적극적이며 안정적인 대인관계환경을 구축하는 것을 통하여 직원의 행복감과 건강상태를 향상시킬 수 있다. 기업은 직원이 아무 때나 동료, 부서상사, 총경리 등에게서 지지를 얻게 하여 지지형 분위기를 구축하며 직원의 부정적인 감정을 줄이게 할 수 있다.

6. 직업발전계획을 세워 직원의 직업성공에 보장을 해준다.

　직업발전은 직원이 자아실현수요를 만족하는 중요한 경로다. 정확한 직업발전통로는 직원에게 만족과 행복감을 가져다 줄 수 있으며 기업이 직원직업발전계획을 세우면 직원의 전체적인 행복감을 향상시킬 수 있다. 만약 기업이 정확하고 완벽한 직원의 직업인생발전에 도움 되는 지도계획을 제공할 수 있다면 직원은 심지어 임금과 급여를 크게 개의치 않을 수 있다. 많은 직원들은 모두 자아향상과 발전을 진행하고 지속가능한 직업발전경로가 있기를 원한다. 기업이 직원의 직업발전계획을 설정하는 것을 도와주는 것은 다방면의 좋은 점이 있다. 조직에게 양호한 직업발전계획은 기업이 직원을 남게 하는데 도움이 되며 직원유동이 가져오는 원가를 하락시킨다. 동시에 직원에 대한 직업발전계획은 개인의 잠재력과 재능을 최대한도로 발휘할 수 있게 하여 사람마다 자신의 재능을 충분히 발휘하고 사람과 직무가 매칭되며 채용과 교육 및 시간 등 원가를 절감할 수 있다. 예를 들어 쉘(殼牌)회사의 인력자원경리는 정보시스템을 통하여 완벽한 직원능력 선별메커니즘과 직원개인의 직업인생발전계획을 구축하였으며 또한 직원과 그의 직업계획을 토론하여 모든 직원이 모두 자원하여 즐겁게 직업발전의 길로 걸어가게 했다. 직원개인에게 양호한 직업발전계획은 개인투지를 불러일으키고 직원사기를 북돋우며 그가 더욱 적극적으로 더욱 효율성 있게 업무에 뛰어들게 한다. 행복감을 향상시키고 조직효율을 개선하기 위하여 기업은 직원의 이익과 밀접하게 관계되는 직업인생발전계획을 세워야 하며 직원과 함께 평가를 진행하고 또한 직업자문을 제공해야 한다.

결론

　본 장에서는 주로 조직에서의 직원 행복함을 토론했고 네트워크시대 배경에서 출발하여 기업이 관심을 가져야 할 직원행복감 문제를 제시했으며 후에 직원행복감의 내포된 의미와 이론기초를 소개했고 또한 2014년 153개 기업(조사대상은 CEO, 인력자원경리, 상품운영경리, IT경리, 시장마케팅경리 및 일반직원 포함)에 대하여 설문조사를 진행했으며 주로 아래의 일부 결과를 발견했다.

　먼저, 행복감은 서로 다른 기업관리계층에서 차이가 존재하며 관리자의 행복감은 일반직원보다 높다. 구체적으로 예기하면 CEO의 행복감지수는 중간관리자보다 높으며 중간관리자의 행복감지수는 또 일반직원보다 높다. 직원행복감지수는 관리계층이 높은 데서 낮아짐에 따라 점차적으로 줄어든다. 소유제 유형으로 볼 때 국유기업의 CEO 행복감은 제일 높고 여성 CEO의 행복감평균지수는 남성보다 높다. 서로 다른 부서의 중간관리자의 행복은 차이가 존재하며 그 중 인력자원경리의 행복감이 제일 높고 IT경리의 행복감은 제일 낮다. 이는 기업내부의 중간관리자는 내 외부 환경의 다름에 따라 직면한 업무와 스트레스가 다르며 행복감도 다르다는 것을 암시하며 그러므로 서로 다른 중간관리의 행복감을 향상시키는 조치도 달라야 한다.

　동시에 여성관리자의 행복감지수는 보편적으로 남성보다 높다.

하지만 시장부문은 예외다. 일반직원에 대하여 남성이 행복감지수는 여성보다 낮다. 조사에서는 또 직원행복감지수는 진급차수의 증가에 따라 증가함을 발견했다. 즉 직원은 직업발전에 비교적 관심을 가지며 직업에서의 성과는 기원의 행복감을 크게 향상시킬 수 있다.

이외에 교육수준과 직원(주로 중간관리자와 일반직원에 초점을 맞춤) 행복감의 관계에서 교육수준이 높을수록 직원의 행복감지수는 더욱 낮다. 우리는 또 일반직원의 근무연한과 행복감 사이에는 역U형 곡선관계가 존재함을 발견했다. 즉 금방 입사한 직원의 행복감지수는 비교적 낮고 근무연한이 증가함에 따라 행복감체험이 점차적으로 향상되어 일정한 수준에 달하면 직원의 행복감지수는 하락추세를 나타냈다.

다음, 본 장에서는 서로 다른 직급의 직원행복감이 조직관리에 대한 영향을 조사했다. 앞 선배들의 연구와 기본적으로 일치하며 기업CEO들은 그의 행복감이 강할수록 창업특성도 더욱 뛰어났다. 하지만 우리는 CEO의 행복감과 전략제정간의 관계를 발견하지 못했다. 기업의 중간관리자는 그의 행복감이 강할수록 부서 간 협력을 진행하는 데 더욱 치우쳤다. 금번에 조사한 중간관자의 행복이 모두 꽤 높은 것을 고려할 때 이는 기업에게는 매우 좋은 소식이다. 일반직원은 그의 행복감이 조직관리에 대한 영향이 기본적으로 앞 선배의 연구결론과 일치하다. 즉 직원의 행복감이 강할수록 직원의 조직시민행위, 조직인정도가 더욱 뛰어나며 이직의향은 더욱 낮다. 하지만 기업이 주의해야 할 것은 전체적으로 볼 때 직원의 이직의향지수가 비교적 높고 매우 행복한 직원일지라도 그의 평균이직의향지수는 52.7이며 평가문제의 내용에 근거하여 결과는 직원이 보수에서 만족을 얻지 못하면 직원의 충성도는 부족함을 반영했다. 기업은 조치를 취하여 개선을 해야 한다. 마지막으로 본 장에서는 직원행복감을 향상시키는 건의를 제시했다.

직원의 행복감을 향상시키려면 기업은 두 가지 방면에서 시작할 수 있다: 한 방면으로는 직원의 불만요소를 줄이거나 심지어 피하며 중점적으로 직원의 스트레스상황 및 신체건강을 관심을 기울여야 한다. 다른 한 가지 방면으로는 직원행복요소를 강화하거나 향상시킨다. 심리교육을 전개하고 합리적인 업무특성 모형을 구축하며 기초시설이 완벽하고 청결한 기업'하드환경'과 존중과 조화를 주요 분위기로 하는 '소프트 환경'을 건설하며 업무와 가정의 균형관리실천(융통성 있는 근무제도, 가족에 대한 복지계획 등 포함)을 강화하고 대인관계지지를 제공하며 직업발전계획을 세우는 등등을 포함한다.

전체적으로 행복감은 직원의 개인이익뿐만 아니라 조직 심지어 사회에도 모두 이롭다. 행복감은 직원개인의 심경과 체험을 향상시키고 그가 업무효율을 행상시키는데 도움이 된다. 전체적인 행복감이 비교적 강한 기업은 이미지가 좋을 뿐만 아니라 인재에게도 비교적 큰 매력이 있다.

직원행복감을 개선하는 것은 또 기업이 사회책임을 이행하는 표현이기도 하며 전체 인류사회의 복지를 향상시키는데 도움이 된다. 심지어 직원행복감을 향상시키는 것은 기업으로 하여금 '즐거운 경쟁력'을 조성하여 독특한 경쟁우세를 발전하게 할 수 있다.

참고문헌

1~13번 모두 영문임(번역 안함)

[14] 진찬예(陳燦銳), 고연홍(高艷紅),
신하영(申荷永). 주관행복감과 대삼인격특징에 관련된 연구의 메타분석,
심리과학발전, 2012, 20 (1) : 19-26.

[15] 왕연(王燕), 이열(李悅), 김일파(金一波). 행복감연구총론,
심리연구, 2010, 3 (2) : 14 19.

[16] 왕가예(王佳藝), 호안안(胡安安). 주관행복감연구평론.
외국경제와 관리, 2006, 28 (8) : 49-55.

[17] 장흥귀(張興貴), 곽양(郭揚). 기업직원인구학변량,업무특징과
주관행복감의 관계 : 업무스트레스의 작용. 심리과학, 2011, 34
(5) : 1151-1156.

제3장

'고참 직원'이 국유기업에서 제멋대로 행동하는데 어떻게 효율적인 격려를 실현할 것인가?

고참 직원

　그들은 기업이 역경을 함께 헤쳐나간 중견역량이며 또 기업이 시장을 개척한 일등공신으로서 청춘이 벌써 지나가고 열정이 이미 소진되었지만 그들은 기업발전의 추진자와 증인이며 그들을 '고참 직원'이라고 부른다. '노'(老)자가 말하는 것은 풍상고초이며 경력이며 영광과 지혜이며 또 보수적이고 낡은 방법을 답습하는 대명사이기도 하다. 불평불만하고 현실에 안주하며 진취적이지 않고 거만하고 독단적인 '고참 직원 증후군'은 흔히 보는 일이며 어쩌면 안일한 환경이 타성을 키웠고 평범한 업무가 의욕을 없앴겠지만 이것이 바꿀 수 없다는 것임을 의미하지 않는다. 어떨 때 고참 직원이 필요한 것은 단지 조금 더 관심을 기울여주고 조금 더 칭찬해주며 조금 더 믿어주는 것이다.

- 고참 직원의 마음의 소리

　암웨이(安利)는 미국에서 제일 큰 생필품 생산업체와 판매업체로서 줄곧 그들의 고품질 상품, 탁월한 브랜드 및 마케팅모델로 유명하다. 하지만 실질적으로 암웨이는 관리내공에서의 축적과 혁신이 매우 깊고 뛰어나다. 1995년 중국에 들어온 이래 암웨이(중국) 경영구역은 이미 전국 31개성에 분포되어 있고 혁신적으로 '직판+위탁판매+매장판매'라는 중국특색을 띤 복합적인 마케팅 모델을 채용하여 규모가 꽤 있는 전국적인 서비스네트워크를 형성했다. 암웨이(중국)연구개발센터는 다각도로 중국소비자를 위하여 더욱 많은 '맞춤제작'의 현지화 상품을 만드는데 주력했을 뿐만 아니라 직원에 대한 따뜻한 보살핌은 더욱 그가 연속 각종 최고 고용주 상을 받게 했으며 그들의 고참 직원에 대한 사랑도 있는 힘을 다했다. '우리는 생필품 생산과 판매기업일 뿐만 아니라 우리는 더욱 혁신적인 회사이며 상품, 운영모델 및 인력자원 등 방면에서 우리는 모두 혁신으로 발전을 이끌어나가도록 힘쓴다.' 암웨이(중국)일용품유한공사 대중화구역 인력자원 부총재 장옥주(張玉珠, LizaCheung)는 '우리는 인력자원은 혁신을 이루는 첫 번째 구동력임을 깊게 깨달았기에 우리는 진정으로 직원의 혁신을 불러일으키고 활력을 창조하는 것을 통하여 가치를 실현하는 것을 특별히 중요시한다. 비록 우리는 매우 많은 고용주브랜드상을 받았지만 그것은 단지 일종의 결과와 상징이며 더욱 중요한 것은 우리가 직원에게 실용적인 격려, 성장과 사랑을 주는 것이다.'라고 밝혔다.

혁신리더팀 구축, 혁신관리시스템 출범, 혁신교류플랫폼 및 혁신교육과정 유입 등 일련의 조치는 효율적으로 암웨이(중국)직원이 자체 구동식 혁신을 불러일으켰고 좋은 혁신 분위기를 만들었으며; 점진적인 교육프로젝트, 다원화 학습방법, 업무교대관리공구의 운용, 지역관리구조의 협동조합 등조치는 조직내부의 지식흐름을 실현했을 뿐만 아니라 동시에 직원이 교류 중 성장하고 기대에 달성하게 했다; '건강한 심신, 아름다운 인생'프로젝트의 유입, 다원화 소통경로의 구축, 복지형 전문적인 자문서비스- '직원보조계획'의 구매, 직원체육대회 및 자원자 프로젝트의 전개 등 제일 간단한 방식으로 직원에서 빛과 따스함을 주었으며 직원이 회사에서 설정한 목표를 받아들임과 동시에 회사가 언제나 부어주는 사랑을 느끼게 했다. '최고 고용주'의 칭호는 명실상부하며 격려, 성장과 사랑만이 직원이 오랜 기간 기업을 위하여 충성하게 하고 기업과 직원이 끝까지 함께 하게 하는 궁극적인 지침서다.

모든 기업은 모두 일정 비율의 고참 직원이 있으며 만약 업종, 기업특성 등 요소가 다르면 고참 직원의 비율차이도 매우 클 것이다. 고참 직원(현 기업에서 3년 이상 근무)이 전체직원의 60%이상인 기업을 안정적인 기업으로 간주한 것을 기준으로 관련 조사데이터에서 부동산건축 산업이 제일 안정적이고 다음으로 제조업, 서비스업과 첨단기술 산업으로 나타났다. 기업특성으로 볼 때 국유기업/국내상장 기업이 제일 안정적이고 고참 직원이 위주가 되는 기업이 반을 초과했으며 제일 활발한 것은 외상독자기업으로 겨우 10%좌우의 외상독자기업이 안정적이었다.

국유기업 '고참 직원 증후군'의 보편성과 대표성을 감안하여 본 문장에서는 '고참 직원'이 국유기업에서 제멋대로 하는 현상을 출발점으로 하여 고참 직원의 가치 및 격려실현의 효율적인 조치에 관심을 가지고 우수인력자원관리실천이 있는 민영 또는 외자기업의 방법을 참고하는 것을 통하여 국유기업 고참 직원의 관리에 맞춤형건의를 제시하는 것을 시도하고 옛날과 오늘을 융합하고 외국과 중국을 융합하여 국유기업 지도자의 사고를 불러일으킬 수 있기를 기대한다.

3.2

고참 직원의 가치-'구관이 명관이다'

　'노장이 나서면 두 사람 몫을 해낸다.' 한마디 속담이 세월의 세례를 거친 경험과 지혜에 대한 믿음과 기대를 털어놓았다. 경험은 많은 시도 후에 얻어낸 진수이며 지혜는 세상사를 꿰뚫는 진중과 침착이다. 노장이 이러하듯 고참 직원도 마찬가지다. 지식이 폭발하고 정조가 고도로 발달하며 신기술이 많은 이런 시대에서도 여전히 연마할 시간이 필요하고 큰 파도가 모래를 씻어내야 하는 것들이 있다.

　업무에 있어서 경험은 효율과 보장이며; 기업에게 있어서 경험은 무형의 자산이며; 신입사원에게 있어서 경험은 생동한 교과서이다. 풍부한 업무경험은 희귀한 자원이다. 반면에 경험과 익숙한 환경이 결합하면 어떤 수준에서 대체 불가한 자원이라고 말할 수 있으며 이 자원을 소유한다는 것은 채용과 신입사원교육의 원가를 절감하고 새로운 환경과 적응하는 불확실성을 피했다는 것을 의미한다. 경험의 중요성은 채용에서 일부분을 통해 전체를 짐작할 수 있다. 거의 모든 직위는 모두 'xx업무경험'이 있는 것을 요구하고 학교의 문을 나서지 않은 졸업생들도 제일 좋기는 여러 개 알바 경험이 있어야 한다. 최근 몇 년간 일본에서 젊은 기술인재들이 부족하여 대량으로 '은발족'(銀髮族)을 다시 초빙하는 현상도 경험의 중요성을 설명했다.

기업문화와 고참 직원은 신입사원의 미래 업무전개에 결정적인 작용을 하고 있다. 문화는 조직이 가치관과 행위기준을 전달하며 만약 그것을 줄곧 일종의 무형적인 역량으로 직원행위를 지도하고 규범화한다면 고참 직원은 강력한 유형적인 전시작용을 발휘하여 신입사원의 일거수일투족에 중요한 시범작용을 하고 있다. 기업문화의 힘은 거대하지만 그의 메신저는 직원이며 즉 기업의 고참 직원이 몸소 실천으로 신입사원에게 기업문화를 전파한다. 고참 직원이 부족한 기업은 문화침전이 부족하며 문화침전이 부족한 기업은 필연코 각종 환경에 대응하는 지식과 경험이 부족하여 사방이 위기일 것이다. 많은 기업의 흥성쇠락은 이미 이점을 증명했다. 하지만 물은 배를 띄울 수도 있고 엎을 수도 있다. 고참 직원의 문화전파가치의 효율적인 실현은 고참 직원의 존재보다 더욱 중요하며 오직 실제적으로 고참 직원의 수요를 존중하고 돌보아 '고참 직원 증후군'의 발생을 피해야만 고참 직원이 진정으로 문화전파자가 되게 할 수 있다.

하지만 고참 직원은 신입사원이 '고참'(老)으로 변해가는 위협을 직면하고 기업도 고참 직원이 '죽어'가는 (가치 약화, 즉 '고참 직원 증후군')문제를 직면한다. 그리하여 고참 직원의 가치를 명확히 할 필요가 있는 것 외에 더욱 중요한 것은 고참 직원의 가치실현의 방해요소 및 어떻게 고참 직원을 도와 마음을 다스리고 또한 기업에 대하여 지속적인 열정을 유지할 것을 인식하는 것이다.

3.3

고참 직원 증후군: '오랜 혼인의 복잡한 감정'-방해요소

3.3.1 열정이 식다 - 혁신이 부족하고 소극적이고 태만

고참 직원은 근무시간이 비교적 길어 사고방식과 업무방식이 모두 굳어져 일정한 직업 권태기가 생기기 마련이며 익숙하고 단일한 업무에 대하여 흔히 일을 대충하고 새로운 업무에 대하여 도전욕망이 부족하다. 오늘날 국유기업의 내·외부 환경은 언제나 변화가 발생한다. 하지만 고참 직원이 늘 가지고 있는 관념은 '작은 변화로 모든 변화에 대응하다', '쓸데없이 남의 일에 관여하지 않는 게 좋다'는 것이다. 거기에 연령의 증가와 결혼출산 후 모든 것이 안정되기를 바라는 마음이 더하여져 고참 직원은 일상적인 업무에 원동력이 부족하고 격정이 부족하며 열정이 부족하다. 이는 고참 직원의 자신가치의 발휘에 영향을 끼칠 수 있을 뿐만 아니라 동시에 젊은 직원에게도 부정적인 작용을 일으킬 것이다.

고참 직원의 문제는 평상적인 상태며 또 사물발전규율의 표현이다. 우리는 사랑과 혼인에서 기업과 고참 직원의 그림자를 어렴풋이 볼 수 있다. 연인은 초기에 만날 때 모두 제일 좋은 모습을 상대방에게 보여주려고 노력한다. 결혼 후 일상적인 삶이 꽃과 달빛을 대체하고 단순하고 낭만적인 공간이 가정의 사소한 일들로 채워지며 열정이 담담해지고 부족한 점이 보이면서 다툼이 갈수록 심해지며 심각할 때는 심지어 마지막에 이혼한다. 기업과 직원의 관계 또한 이와 무엇이 다를까, 쌍방향선택과 쌍방이 서로 사랑하는 것에서 퇴사와 이혼까지 이 과정은 얼마나 비슷한가. 이혼하지 않은 사람도 그때의 깊은 정과 넘치는 열정이 평범한 삶으로 돌아오고 매일 반복되는 일상의 삶에 묻히게 된다.

근무시간이 길어지고 주변이 익숙해지면 각종 문제는 쉽게 나타난다. 예를 들어 회사 내에서 패거리를 짓고 업무에서 진취적이지 않으며 일처리에서 사고가 굳어있고 태도에서 교만 하는 이런 딱지는 고참 직원에게 쉽게 붙여진다. 더욱이 그런 '선천적인 우세'가 있는 국유기업 고참 직원들 우리는 이런 것을 모두 통틀어 '고참 직원 증후군'이라 한다. 사실 많은 고참 직원의 연령이 그다지 많지 않다. 다만 장기간 근무한 환경과 이전에는 신선했던 업무방식에 습관 되어 그들은 진취심, 창조력은 일상 업무에 더 이상 의미가 없다고 여겨 그들은 더 이상 새로운 시도를 원하지 않고 더 이상 새로운 형식과 기존 형식을 바꾸기를 원하지 않으며 인위적으로 직업발전의 방해를 설치했다.

기업은 발전과정에서 일부 조절기를 겪는다. 어떤 직원은 기업과 함께 조정할 수 있으며 그들은 기업의 성장을 돕는 동시에 자신의 발전에도 양호한 기초를 다지지만 기업발전의 발걸음을 따라가지 못하는 고참 직원은 '기업증후군'의 중점적인 원인이 되었다.

이외에 더욱 골치 아픈 것은 일부 기업에서 고참 직원은 심리 안정감이 부족하여 그들은 젊고 활력적이며 보수가 더욱 높은 신입사원을 위협적으로 여길 것이고 심지어 멸시, 배척 또한 신입사원의 기를 죽일 것이다. 그 외에 고참 직원은 폼을 잡고 경력을 따지기 좋아하며 기업의 여러 방면에 대하여 속속들이 알고 있고 제멋대로 평가하여 매우 쉽게 속 내막을 잘 알지 못하는 신입사원은 판단이 흐리게 되고 적극성이 심하게 타격 받게 된다. 계속 이대로 나가면 고참 직원이 전파한 이런 '기업문화'는 필히 기업의 미래발전에 영향을 끼칠 것이다. 보다시피 고참 직원이 기업에서 제멋대로 행동하는 것은 관리자가 중시해야 할 문제다. 그러면 무슨 원인이 예전의 중견역량이 현재의 문제아로 되었을까? 많은 조사에서 '발전공간이 제한되고', '업무가 도전성이 떨어지며', '급여대우가 비교적 낮다'는 이 몇 가지 문제가 '고참 직원 증후군'이 발생한 주요원인이라고 밝혔다.

그리하여 기업이 해야 할 것은 바로 고참 직원 개개인의 다른 수요에 초점을 맞추어 '맞춤격려'를 해주는 것이며 또는 고참 직원에게 적합한 직업계획을 세워주거나 또는 고참 직원에게 도전성이 있고 또한 자존심을 잃지 않는 업무를 제공하거나 또는 고참 직원에서 일정한 물질격려를 제공하는 것이다. 마치 '군에 재물이 없으면 병사가 오지 않고; 군에 포상이 없으면 병사가 오지 않는다.'와 같다. 이런 조치를 통하여 직원의 심리상태를 개선하고 더 나아가 기업과 직원의 관계를 영원히 유지하게 한다.

언제나 열애의 느낌을 유지할 수 있는 사람은 없으며 또 매일 업무의 최상의 상태에 처해있는 사람도 없다. 삶은 궁극적으로 평범하게 되며 근무도 언젠가는 무미건조하게 변한다. 다른 것은 어떤 세심한 사람들은 여전히 상대방을 처음에 기쁘게 해주기를 원했던 사람으로 여기고 자그마한 낭만을 평범한 매일에 융합하여 같은 나날을 다채롭게 보낼 수 있게 한다.

근무도 이와 같으며 마치 어떤 인력자원경리가 예기한 것처럼: '모든 것은 마음의 문제다', '사랑할 줄 아는 사람만이 더욱 일을 잘 할 수 있다.' 우리는 사랑과 일이 얼마나 비슷한가를 발견할 수 있다. 만약 기업이 직원의 수요를 포착하여 초점을 맞추어 격려조치를 취할 수 있다면 직원은 더욱 높은 만족도 및 마음의 편안함이 있을 수 있으며 곽상(霍桑)이 실험한 결과에 따라 이 또한 효율적인 격려가 아닌가? 역사상 유명한 사례가 있다: 오기(吳起)가 장군일 때 사병들과 고락을 같이 했다. 사병 중 어떤 사람이 종기가 나자 오기는 입으로 고름을 빨아주었다. 사병의 어머니는 이 일을 알고 크게 울었다. 어떤 사람이: '당신 아들은 사병이고 장군이 직접 그를 위해 고름을 빨아주었는데 당신은 왜 우시오?' 라고 물었다.

어머니는: '그렇지 않아요. 예전에 오공이 그의 부친을 위해 고름을 빨아준 적이 있어요. 그래서 그의 부친은 작전 시에 뒤를 돌아보지 않고 목숨을 내걸었고 후에 전사하였어요. 오늘 오공이 또 나의 아들을 위해 고름을 빨아주니 나는 그가 어디서 전사할지 알 수 없어요. 그래서 울어요.'라고 말했다. 이 이야기로 사람의 마음을 사는 것이 얼마나 대담한 것인지 알 수 있다. 오직 이런 강한 의존관계가 지속적으로 실현되어야만 사병은 전투 중 장군을 위하여 목숨을 바칠 것이며 직원도 기업에서 끊임없이 가치를 창조할 것이다.

3.3.2 강노지말(强弩之末) - 패거리를 짓고 나이 대접을 받으려고 하다

국유기업에서 제일 죽을 지경인 것은 바로 '철밥통'이라고 부르는 제도이다. 직원은 일단 입사하면 이 큰 나무에 매달려 마치 안정제를 먹은 것처럼 매달마다 고정수입이 있고 생로병사도 모두 기업에서 부담한다.

이런 안일한 심리상태는 직원으로 하여금 태만하고 자포자기하며 심지어 마음대로 하는 마음이 생기게 한다. 국유기업에서 많은 직위는 모두 '사람으로 인해 일을 만들기'이다. 바로 허울뿐이며 실권이 없다. 이런 고참 직원은 예전에 기업과 고락을 함께 한 것을 믿고 가만히 앉아서 남이 거둔 성과를 누리고 비교적 높은 보수대우가 있을 뿐만 아니라 기분이 좋지 않을 때는 새로 들어온 직원에게 위세를 떨기도 하고 폼을 잡으며 입버릇은 바로 예전에 어떠어떠했는데…, 어떤 고참 직원은 서로 굴복하지 않고 또 패거리를 지어 작은 무리를 형성하여 임무 완성할 때 태만하지 않으면 앞장서서 홈집을 잡고 근본적으로 직업 위기감이라는 게 없다.

직원이 폼만 잡고 소극적이고 태만하며 나이 대접을 받으려고 하면 기업은 엄하게 벌해야 하지 않을까? 위 문장에서 고참 직원은 마찬가지로 개인발전, 업무내용, 업무특성 등 방면을 중요시한다고 밝혔었다. 그 부정적인 행위의 깊은 원인을 캐보면 그들의 직장편차행위는 마음내면 존재감의 부족에서 왔거나 그렇지 않으면 그의 조직에 기초한 자존감이 만족을 얻지 못했기 때문이다. 혼인한 한 쪽의 겉모습이 차가운 것을 다른 한 쪽의 따뜻함으로 녹여야 하는가? 멀리 피하는 것도 좋고 칼을 뽑고 활을 당겨도 좋고 호혜평등 시대에 사회호환의 각도에서 볼 때 사랑만이 이런 '강노지말'의 몸부림침을 개선할 수 있다.

3.3.3 원한이 쌓이고 고조되다- 진급이 어렵고 보수에 불만

기업에게 있어서 인원유동은 피할 수 없다. 합리적인 수준의 인원유동은 기업다원화의 발전에 유리하다. 하지만 어떻게 기업이 고생스럽게 교육한 고참 직원을 남게 할 것인가는 모든 인력자원경리들이 골치 아파하는 문제다. 거의 그들이 왜 이렇게 하는지 이해를 못하며 이 원인을 탐구하는 것은 더욱 말할 필요가 없다. 우리는 언제나 자기의 입장에 서서 타인의 의도를 추측하고 고참 직원이 안일한 둥지를 떠나고 싶어 하지 않는다고 여긴다. 하지만 사실은 고참 직원이 포기하지 못하는 것은 평범하고 흥미 없는 일이 아니라 밝은 비전이 있는 직업발전공간임을 밝혔다.

어떤 외자기업의 인력자원경리는: '사실 직원은 아이처럼 만족시키기 쉬우며 고참 직원은 자아가치의 실현이 더욱 필요하다. 사장이 조금만 더 신경 쓰고 어떨 때 위로의 한마디, 무심결에 한 칭찬이 직원이 열심히 일하려는 웅대한 뜻을 불러일으킬 수 있다.'라고 말했다. 잭 웰치(杰克 韋爾奇)는: '나의 경영이념은 모든 사람이 자기의 공헌을 느낄 수 있게 하고 이런 공헌이 보여 지고 만져지며 또 셀 수 있게 하는 것이다.'라고 말한 적이 있다. 비록 '선비는 지기를 위해 죽는다.'를 여기에서 사용하면 선정적인 혐의가 있지만 사실상 이렇게 하고 싶은 사람은 매우 많다. 자아가치의 인정은 사람들의 명예심을 제일 잘 깨운다. '그에게 높은 자리를 주고 그더러 그것을 위하여 노력하게 하라!' 하지만 많은 고참 직원은 직업발전의 걸림돌을 직면한다.

이런 걸림돌은 주로 두 가지 방면에서 온다: 한 가지 방면으로 인재교육과 인재최적화의 계획에서 비롯된다. 국유기업은 직원을 발탁할 때 왕왕 연령제한을 두어 이는 일부 능력이 있지만 연령이 좀 더 많은 직원이 더 나은 진급을 할 수 없게 되며; 다른 한 방면으로 고참 직원의 입사학력이 대부분 고등학교, 기술학교로 출발점이 비교적 낮기에 자신의 지식, 능력으로 더욱 높은 직무를 감당할 수 없으며 기타 고학력의 신입사원에 비하여 고참 직원은 진급할 기회를 잃어버린다. 이외에 고참 직원은 근무연령이 증가함에 따라 급여인상속도는 느려지고 근무경험의 성장속도는 급여인상속도보다 빠르며 거기에 최근 몇 년간 외자, 민영회사가 급속하게 발전함에 따라 취업기회가 끊임없이 증가하여 수입의 비교를 쉽게 할 수 있으며 고참 직원이 현재의 보수에 불만정서가 생기게 했다.

3.4

고참 직원의 '생기' 재현 : '열정이 사라지면 사랑을 어떻게 유지할 것인가'- 해결방법

　고참 직원은 국유기업을 위해 청춘을 바쳤으며 오늘날 기업과 함께 혼인의 황혼기에 들어서 젊을 때의 격정이 없어졌다. 어떻게 고참 직원과 기업 간의 사랑이 오래 동안 달콤하게 할 것인가? 국유기업은 비록 부담이 크고 모순이 많지만 민영기업과 비교했을 때 아직은 완전히 우세를 잃은 것이 아니다. 예를 들어 인재기초가 좋고 직원자질이 높으며; 규범화된 제도 운영전통이 있고; 국가가 정책방면에서 비교적 큰 지원을 하며; 경영자는 비교적 많은 자주권이 있다.

　앞에서도 비록 국유기업에 여러 가지 좋지 않은 현상이 존재하고 고참 직원이 인사관리에 일련의 문제를 가져오지만 우리는 고참 직원이 기업에 대하여 여전히 비교적 높은 가치를 가지고 있으며 그들에게 효율적인 격려를 하는 것은 국유기업이 반드시 직면하고 해결해야 할 중요한 문제라고 밝혔다. 많은 성공한 국유기업은 이미 고참 직원과 기업은 순차적이고 점진적인 변혁에서 조화롭게 공존할 수 있다고 증명했다. 국유기업이 생존하려면 발전해야 하고 충분한 경쟁력이 있어야 하는데 기업의 경쟁력은 직원이 창조하는 가치에서 온다. 현 단계에서 많은 국유기업은 효율적으로 그런 가치 있는 고참 직원을 격려하지 못하고 있다.

갈수록 험한 경쟁상황에서 고참 직원의 지식, 기능, 경험 나아가 정보는 모두 기업의 소중한 자원이며 그들의 안정성, 충성도와 책임감은 국유기업에게 있어서 더욱 중요하다. 고참 직원의 가치를 충분히 발굴하고 발휘하려면 국유기업의 정책결정자와 관리자의 인격매력, 격려메커니즘 및 관리수단을 의존해야 하며 본 문장에서는 이에 기초하여 몇 가지 국유기업의 고참 직원을 격려하는 조치를 제시하였으며 구체적으로 아래 5가지 방면을 포함한다.

3.4.1 신뢰 - 느슨함과 엄격함을 결합하고 중임을 맡긴다.

국유기업의 성공은 엄격한 관리제도에 있을 뿐만 아니라 전체직원의 참여의식과 자주관리수준에 더욱 있다. 고참 직원의 적극성을 충분히 발휘하려면 반드시 그들의 주인공지위를 중요시해야 한다. 기업은 응당 현대관리의식을 충분히 응용하고 사람을 근본으로 하며 직원대표회의의 작용을 충분히 발휘하여 고참 직원으로 하여금 직원대표의 심의권, 통과권, 결정권과 감독권 등을 행사할 수 있게 하여 고참 직원의 참정, 의정, 관리의 권리를 확보하고 또한 이것이 제도화하게 한다.

이래야만 고참 직원으로 하여금 주인공의 권리와 의무를 충분히 느끼고 적극적으로 기업을 위하여 고민하고 어려움을 해결하게 할 수 있다. 고참 직원은 기업의 관리기준, 서비스품질에 대하여 비교적 높은 인식과 요구가 있기에 고참 직원에 대하여 권리를 좀 더 많이 나누어주어 그들로 하여금 더욱 독립 자주적으로 업무를 대할 수 있게 하며 그들의 가치가 더욱 잘 드러나게 해야 한다. 동시에 기업은 고참 직원을 격려하여 지식의 전달과 공유를 진행하고 그들로 하여금 신입사원교육활동에 참여하게 하며 그들의 '빛'과 '열'을 충분히 발휘하게 해야 한다. 기업의 관리는 느슨함과 엄격함을 결합해야 하며 충분한 칭찬과 격려를 하여 고참 직원이 열의와 사기가 있게 해야 한다. 이것은 국유기업이 활기차게 발전하는 중요한 요소이다.

3.4.2 사랑 - 작은 일에 착안하고 정으로 마음을 움직이다

기업은 또 고참 직원의 개성적인 수요를 중요시해야 한다. 이는 국유기업의 리더가 고참 직원의 기업발전에 대한 의견과 건의를 진지하게 들어야 하는 것 외에 또 고참 직원의 어려움과 문제를 알아야 하며 고참 직원의 제일 큰 관심과 제일 직접적이며 제일 현실적인 이익문제를 선두에 놓고 고참 직원에게 더욱 많은 사랑을 주고 실질적인 일을 더욱 많이 하도록 요구했다. 비교적 높은 학력을 가진 고참 직원은 일반적으로 자아가치의 실현을 더욱 중요시하고 정신적인 방면의 만족을 더욱 중요시한다.

예를 들어 근무환경, 업무흥미, 근무조건 등이며 학력이 비교적 낮은 고참 직원은 반대로 기본적인 수요의 만족을 더욱 중요시하고 물질적인 이익에 더욱 마음을 둔다. 이 외에 소홀히 할 수 없는 것은 자체사상관념과 외부환경스트레스의 영향 하에 고참 직원은 소극적인 정서가 생기기 쉽다.

예를 들어 어떤 고참 직원은 자격을 자랑하기 좋아하며 신분을 내려놓지 못하고 언제나 '구관이 명관이다', 신입사원은 '나이가 어리면 일하는 것이 미덥지 못하다', '젖비린내가 아직 가시지 않았다'라고 여겼다. 그리하여 국유기업은 한 방면으로 응당 제때에 고참 직원의 정서변화를 알아야 하고 나쁜 감정에 대하여 적극적인 소통과 전환을 하여 그것이 가져오는 부정적인 영향을 줄어야 하며 다른 한 방면으로 응당 고참 직원과의 소통을 강화하고 효율적인 소통을 이용하여 거리를 줄이며 또한 노조조직의 협조 작용을 충분히 발휘하고 적극적으로 고참 직원의 기업발전에 대한 의견과 건의를 들어야 한다. '그대의 말을 들으니 10년 공부한 것보다 낫구나', 고참 직원의 풍부한 경험과 지혜는 기업의 깊게 묻힌 보물이다.

제4장

기업의 내부구조-외세를 물리치기 전에 필히 집안을 먼저 다스려야 한다

머리말

귀메이(國美) 통제권분쟁은 이미 일단락을 지었고 심지어 천천히 사람들에게 잊혀가고 있지만 이 '상업대작'에서 반영한 회사경영문제는 이렇게 잊혀 지거나 또는 가볍게 간단히 언급만 하고 지나가서는 안 되며 혹은 이 대작에서 반영된 기업내부구도에서 존재하는 문제는 우리가 반드시 깊게 생각해야 할 것이다. 황광유(黃光裕)는 귀메이의 창시자로서 한 걸음 한 걸음 온갖 궁리와 계략으로 기업의 대권을 자기 이름아래 두어 기업에서 '한 주 독주'의 제왕위세를 형성되었으며 이른바 '성공 역시 소하 덕택이고 실패 또한 소하 탓이다'였다. 그의 구도는 오히려 마지막에 자기가 계책에 빠졌으며 통제권이 진효(陳曉)에게 넘어간 후 그가 '제왕대권'을 얻게 되었고 따라서 한차례 '희극'이 벌어졌다. 회사경영은 일종의 제도안배이다.

그 목적은 기업에서 제일 주요이익주체간의 관계에 범위를 확정하고 요소 소유자간에 요소결합이 가져온 수익을 배분하며 소유권과 경영권이 분리되어 발생하는 대리문제 및 기업의 전략정책과 관리문제를 해결하기 위함에 있다. 간단히 말하면 회사경영의 제일 본질적인 기능은 대리문제를 해결하고 대소주주의 이익을 평등하게 보호하는 것이다, 즉 대리자가 소유자의 이익을 침범하는 것을 방지하고 또 대주주가 소주주의 이익을 침범하는 것을 방지하는 것이다. 한 개 회사가 만약 건전한 경영구조와 경영체제가 없다면 필연적인 결과는 바로 회사와 주주의 자산이 남용당하고 주주의 재산권은 보호를 받기 어려워지며 시장경제와 현대국가가 운행하는 기초가 약해지고 실물경제와 금융부분은 매우 큰 위험에 직면하게 된다. 회사경영은 회사의 '2차 창업'이 아니므로 응당 기업이 생김에 따라 점차적으로 형성되어야 한다. 그는 마치 사람의 유전자가 우리의 성장의 길을 통제하는 것처럼 비록 우리는 환경을 영향을 받아 일정한 변이와 조정이 발생하지만 전체적으로 봤을 때 우리는 생명을 얻는 그 순간 이미 형태가 완성된다. 회사경영은 바로 기업의 최초 구도다. 기업의 후천적인 환경이 매우 좋고 영양이 풍족하며 성장이 매우 빠를지라도 만약 유전자가 좋지 않다면 마지막에 한차례 큰 병으로 넘어질 것이며 기업성장이 빠를수록 넘어져 당한 상처는 더욱 깊다. 우리의 기업은 최초 설립할 때 언제나 제일 아름다운 동경을 하며 파트너도 서로 좋은 마음을 가진다.

하지만 '고난이 있으면 함께 지고 복이 있으면 함께 할 수 없다'는 것은 많은 사람들의 악몽이며 창업초기의 고난은 함께 버틸 수 있지만 기업이 응당 합리적인 경영구조가 있어야 함을 소홀히 하고 기업의 내부구도를 중시하지 않으면 마지막에는 어쩔 수 없이 '살벌한 전쟁'만 남는다. 우리나라의 매우 많은 기업은 바로 효율적인 회사경영구조와 경영체제가 부족하여 끝내 실패의 길을 걸었다. 이는 우리의 마음을 아프게 할뿐만 아니라 우리에게 살아있는 사례로 회사경영의 중요성을 이해하게 했다.

유명한 경제학자 오경련(吳敬璉)은 2002년의 '민영기업발전포럼'에서 중국의 회사경영은 많은 폐단이 존재하므로 반드시 체제를 완벽하게 하여 현대기업제도를 구축해야 한다고 밝혔다. 그는 중국의 회사경영은 6가지 큰 문제가 존대한다고 여겼다: 첫째는 불합리한 지분구조다. 국유지분과 국유법인지분은 전체 지분의 54%를 차지하며 두 번째 대주주의 지분량은 첫 번째 대주주와 현저하게 차이가 난다; 두 번째는 위탁투자기구와 상장회사와의 관계가 명확하지 않아 모회사가 완전 털리게 된 상장회사의 추문들이 자주 발생 한다; 셋째는 다단식 법인제로서 자금 분산, 내부이익충돌, 이익이 주는 병폐가 존재 한다.

넷째는 이사회, 감사회가 결함이 존재한다; 다섯째는 이사회와 집행부서간의 관계가 순탄하지 않으며 이사회와 집행부서가 매우 중복되어 내부 사람이 통제하는 것을 초래했다; 여섯째는 회사집행기구에 폐단이 있다. 비록 이것은 오교수가 십여 년 전에 제출한 문제이지만 오늘날을 돌아보면 많은 경영문제로 인하여 수렁에 빠진 기업들이 아직도 여전히 이 '6개 마수'에서 벗어나지 못하고 있다. 이른바 '외부와 싸우려면 먼저 내부를 안정시켜야 한다.' 기업은 양호한 발전을 하고 사업이 확장하려면 반드시 먼저 내부를 분포해야 한다. 어떤 좋은 경영구조는 기업발전에 반드시 필요한 전제조건이다.

우리나라 회사경영구조에서 존재하는 주요문제

4.2.1 강소양광(江蘇陽光)이 탈취당한 경로 - 피라미드식의 지분구조

강소양광그룹회사, 강음시신교정(江陰市新橋精)모직공장, 강음시공조제
진설비공장, 강음시석유기계공장, 강음시욱청(郁靑)의류공장 등 5개
법인은 1994년 2월 18일 함께 출자하여 강음시양광유한공사를 설립
하였다. 1998년 9월 강소양광유한공사는 강소양광주식유한공사로
변경하였으며 또한 1999년 9월에 상장하였고 주식명칭은 '강소양광'이며
주식코드는 600220이었다. 2002isus 5월 강소양광은 민영화로 바꾸었고
민영화후에 강소양광의 제일 대주주는 양광그룹이었으며 실제 통제인은
자연인 육극평(陸克平)이었다. 양광그룹은 2005년〈포보스〉대륙부호
순위88위인 육극평이 통제하의 기업이고 우리나라에서 생산규모가
제일 크고 스타일유형이 제일 많으며 상품품질이 제일 높은 모직원단 및
의류생산기지였고 생산규모는 세계 3위였다.(강소양광의 지분지배권체인은
도표 4-1에서 표시한 것처럼 도표 중의 백분율 수치는 각각 2003년, 2004년,
2005년, 2006년 각 주요 주주가 보유한 지분 액)

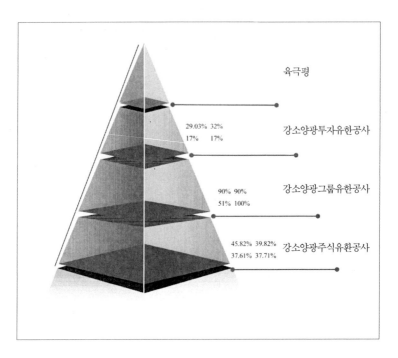

육극평

강소양광투자유한공사

29.03% 32%
17%   17%

강소양광그룹유한공사

90%   90%
51%   100%

강소양광주식유환공사

45.82% 39.82%
37.61% 37.71%

도표 4-1 강소양광의 통제권 사슬

위 도표에서 강소양광주식유한공사의 통제권체인은 실질적으로 피라미드식의 구조이며 회사의 지분지배권과 현금 흐름권의 분리를 조성했음을 볼 수 있다. 즉 최종 통제인의 상장회사의 계량화된 통제권과 향유한 계량화된 현금 흐름권이 맞지 않는 것이다. 대주주가 만약 비교적 큰 통제권을 가지고 있다면 우세지위를 이용하여 자신의 이익을 도모할 수 있다; 그러나 현금 흐름권은 주주가 경영 중 얻을 수 있는 이윤을 나타냈다.

만약 통제인의 통제권이 현금 흐름권보다 크고 그가 통제권을 이용하여 상장회사의 자원을 움직여 얻은 개인이익이 그가 현금 흐름권의 존재로 인해 손실된 공유수익보다 크다. 그리하여 통제인은 상장회사의 자원을 움직이고 약탈을 실시하게 되는 동기가 생기게 된다. 따라서 통제권과 현금흐름권의 분리는 통제인이 상장회사의 자원을 움직이는 동기를 증가하게 한다. 이를 바탕으로 우리는 강소양광주식유한공사의 통제권과 현금 흐름권의 분리 상황을 계산해낼 수 있다. (표 4-1 참조)

표 4-1 통제인이 강소양광 및 양광그룹중의 통제권과 현금 흐름권

년도	강소양광			양광그룹		
	통제권	현금 흐름권	절대치 차이	통제권	현금 흐름권	절대치차이
2003	29.03%	29.03%x90% x45.82%=11.97%	17.06%	29.03%	29.03%x90% =26.13%	2.90%
2004	32%	32%x90% x39.32%=11.32%	20.68%	32%	32%x90% =28.80%	3.20%
2005	17%	17%x51%x37.61% =3.26%	13.74%	17%	17%x51% =8.67%	8.33%
2006	17%	17%x100%x37.71% =6.41%	10.59%	17%	17%x100% =17%	0.00%

위 표에서 최종통제인 육극평이 강소양광에서의 통제권과 현금흐름권의 분리수준이 매우 높으며 최고질내치의 차이가 20.68%에 달하고 이는 최종통제인이 '자금전용술'을 이용하여 상장회사의 자원을 자기의 주머니로 옮기도록 촉진하는 충분한 유혹성이 있다는 것을 볼 수 있다.

사실상 육극평은 자금점용, 특수 관계자 교역, 자산치환 등 수단을 통하여 끊임없이 상장회사의 이익을 자기의 주머니로 보냈다. 예를 들어 강소양광 2005년도 보고에서 폭로한 대외담보상황에서 볼 때 제일 대주주 양광그룹은 상장회사의 담보를 의존하여 1165만 달러의 자금을 획득했다.

그 외에 강소양광의 구매업무는 관련기업에 대량으로 의존하고 판매 업무는 주로 시장으로 향했다. 이런 업무구조는 강소양광이 관련기업의 이익에 편리를 제공했고 이런 관련기업은 모두 지분지배 주주와 밀접한 관계가 있었다. 더욱 언급할 할 필요가 있는 것은 특수 관계자교역을 피하기 위해 강소양광의 최종통제인은 계열회사인 화박방직(華博紡織)을 다른 5개 법인기업에 팔고 나서 2004년 8월에 강소양광은 자기가 보유한 90%의 양광치업지분과 화학방직100%의 지분에 대하여 자산치환을 하였다. 그때 강소양광은 '다원화경영전략을 적당하게 실시하여 회사를 위하여 새로운 이익성장점을 배양함으로 단일 업종에 과도하게 의존하는 경영위험을 해결하자'라는 것을 이유로 2003년 5월 22일에 양광치업을 인수했다. 양광치업을 인수 후 그에 대하여 3억 위안을 증자하고 또한 연속 대량의 자금을 주입하여 그가 신속하게 총자산이 12억 정도 되는 큰 회사로 확장되게 되었다.

하지만 이번 자산치환을 실시할 때 양광치업은 원시원가를 가격책정의 근거로 하여 거우 2.78억 위안의 가치를 매겼다; 하지만 화학방직의 장부상 순 자산은 2.27억 위안이고 교역은 액면이 2.8억 위안까지 초과했다. 이렇게 수억 원의 자금은 조용히 이전되고 최종통제권을 쥔 육극평이 상장회사에서 진행한 자금전용조종은 강소양 광의 실적이 끊임없이 하락하고 순 자산이익이 2003년의 9.74%에서 2006년의 3.54%까지 하락했다.

위의 사례에서 피라미드식의 지분구조는 통제권과 현금흐름권의 심각한 분리를 초래하며 따라서 일련의 대리문제가 발생할 수 있음을 볼 수 있다. 하지만 피라미드식의 지분구조자체는 어떠한 잘못도 존재하지 않으며 기업이 유사한 구조안배를 취하는 것을 금지할 법률도 없다. 따라서 이런 기업에 대하여 내부 제도설계는 매우 중요하다. 먼저 내부주주간의 상호제약과 균형의 관계를 중시해야 한다. 중국 상장회사에서 실제 통제인 외에 기타 대주주의 지분보유비율은 보편적으로 비교적 낮고 이사회, 감사회, 고급관리인의 선출과 초빙에 대하여 큰 발언권이 없으므로 기타 대주주의 상호제약과 균형능력의 부족함을 초래하고 따라서 상장회사의 중대한 행위가 통제인에게 조종당하게 했다.

예를 들어 강소양광의 사례에서 두 번째 대주주 성은투자(盛銀投資)의 지분비율은 제일 높은 해에도 8%가 안 되었으며 두 번째에서 다섯 번째 대주주의 지분비율의 합계가 최고일 때 겨우 18%좌우로 양광그룹이 차지한 지분 액의 절반도 안 되었다. 만약 주주권으로 평가한다면 그들은 모두 발언권이 없으며 제일 대주주와 상호제약과 균형을 형성할 수 없다. 그리하여 피라미드식의 지분구조의 기업에게 있어서 중대한 정책결정방면에서 대주주가 몰래 결정하게 할 수 없다. 이외에 기업은 또 독립적인 이사제도를 완벽히 해야 하며 또한 지배주주는 독립이사후보의 지명권이 없음을 규정해야 한다.

이사회는 독립이사후보 지명을 결정할 때 지배주주와 관련관계가 있는 이사는 해당 결의에 대하어 표결권을 행사할 수 없으며 독립이사가 소액주주의 이익을 충분히 대표하도록 보장해야 한다.

4.2.2 동북고속-'삼각형' 경영구조의 패국

1998년 흑룡강(黑龍江)성고속도로회사 (현재 흑룡강성고속도로 그룹회사로 명칭을 바꾸었고 용고그룹이라 약칭), 길림(吉林)성고속도로회사(현재 길림성 고속도로그룹유한공사로 명칭을 바꾸었고 길고그룹이라 약칭), 화건(華建)교통경제개발중심(화건교통이랑 약칭) 3개 기업은 함께 발기하여 ST동북고를 설립하고 그 후에 회사는 순리롭게 주식을 발행하여 상장했다. 3대 주주의 지분비율은 각각: 용고그룹 26.91%, 길고그룹22.29%, 화건그룹17.92(회사 2007년도 재무재표)(도표 4-2 참조)이었다.

이사회에서 3대 주주는 각각 4명, 3명과 2명의 이사를 파견하였다. 이러한 3대주주의 지분보유비율이 비슷하고 이사회자리 비율도 비슷한 안배는 '회사경영의 본보기'로서 '어느 양쪽의 합보다 큰 합은 없는 전형적인 3각형구조'는 중국회사에서 자주 보이는 '일주독대'의 위험을 피할 수 있다고 여겼다. 하지만 2010년 2월 동북고속은 분리되는 운명을 맞게 되고 흑룡강교통발전주식유한공사(용강교통龍江交通)와 길림고속도로유한공사(길림고속吉林高速)로 분리되었다; 분리후의 동복고속은 상장을 중지하고 법에 따라 법인자격을 해산 또한 말소했다.

동북고속은 2007년 7월에 우리나라에서 첫 번째로 회사경영문제로 인하여 ST당한 상장회사이며 오늘날 또 상하이선전(滬深)두 도시에서 처음으로 분리 후 다시 조합하여 상장한 회사로 되었으며 이는 사람들로 하여금 회사 설립초기에 완벽하고 안정적인 '삼각형'경영구조가 왜 회사를 이렇게 불안정하게 했는지 탄식하게 하였다. 회사는 한동안 회사경영구조의 완벽한 본보기로 불렸는데 어찌하여 3대주주는 마지막에 이야기를

'삼국지'(三國演義)로 벌려 놓았을까? 동북고속과 가까운 어떤 인사는: '사실 동북고속상장을 한 날부터 오늘날 분할의 씨앗을 심었다.'고 말했다.

왜냐하면 길림 방면은 상장회사에서 좋은 자산은 모두 길림 경내에 있는데 상장 후 회사가 모집한 자금의 많은 부분을 흑룡강 방면에서 가져갔다고 생각했기 때문에 '길림 방면은 줄곧 흑룡강 방면이 지분지배권을 가진데 대하여 불평이 컸다.' 그리하여 동북고속의 3대주주는 줄곧 통제권을 위하여 암투를 벌였다. 이는 주주권제약균형의 의미를 잃게 했을 뿐만 아니라 또한 이사회운영이 규범화되지 않고 관리자의 감독이 소홀하게 하였다.

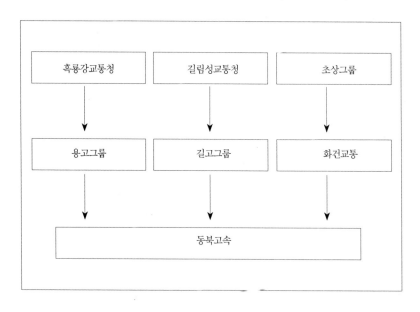

도표 4-2 회사와 실제 통제인사이의 재산권 및 통제관계도

분석을 통하여 필자는 동북고속이 분할된 것에 아래 3가지 주요 원인이 있다고 여겼다. 먼저, 주주간의 자원쟁탈은 고층관리자간의 모순을 불러일으켰다. 회사설립 시 흑룡강교통청에서 장효광(張曉光)을 파견하여 동사장을 맡게 하고 길림고속 방면에서 총 경리를 파견하며 화건 중심에서 감사회 주석을 파견했다. 다시 말해서 이사회자리배치에서 주요 고층관리자 직위안배에 이르기까지 모두 주주가 협상하여 결정했으며 그들은 각각 각자 주주의 이익을 대표했다. 그리하여 이런 관리자들이 회사관리 과정에서 자기가 대표하는 주주의 이익을 과다하게 고려하고 전체적인 이익을 소홀히 하도록 하였으며 이 또한 더 나아가서 3대 주주간의 모순을 깊게 했다.

다음, 이사회는 유명무실했다. 주주가 직접적으로 회사의 고층관리자를 안배했기에 전적으로 관리자들을 임명하고 감독 관리해야 하는 이사회는 유명무실했으며 동북고속의 이사회는 대주주가 파견한 동사장을 관여할 수 없고 두 번째와 세 번째 대주주는 첫 번째 대주주에 대하여 제약작용을 하지 못했으며 관리자의 '내부자 통제'가 통제력을 잃은 것은 필연적으로 되었다.

2002년 년 말에 동북고속은 4억 위안 대출자금을 횡령하여 투기한 것을 폭로하였고 2005년 초에 또 2.9억 위안 자금 분실을 폭로하였으며 뒤이어 동사장 장효광은 체포되었다. 장효광은 자신의 이익을 위하여 회사의 이익을 희생하였으며 또한 그의 대외투자결정이 매번 실패하여 대주주의 관리자에 대한 불신을 증가하였다. 장효광이 용강고속에서 왔기에 이는 길고그룹, 화건교통과 용고그룹간의 분기와 충돌을 더욱 가속화시켰다.

마지막에 관리자들과 대주주 사이에 모순이 존재했다. 2007년 5월 동북고속은 2006년도 주주대회를 열었으며 3대 주주는 동시에 이사회에서 제출한 〈2006년도 보고 및 개요〉, 〈2006년도 재무결산보고〉, 〈2007년도 재무예산보고〉 3가지 의안을 부결했다. 이치대로 말하자면 이 3가지 의안은 모두 3대 주주가 안배한 관리대표가 제출한 것이므로 단체부결을 당할 이유가 없었다. 하지만 사실은 관리자와 대주주간에도 심각한 모순이 나타났음을 밝혔다. 의안이 부결된 후 동북고속은 아무런 조치도 취하지 않았다. 증권 감독회의 관련요구에 따라 회사주식은 2007년 7월 3일부터 기타 특별처리를 받아야 하며 동북고속은 상하이선전 두 도시에서 처음으로 회사경영으로 인해 ST당한 상장회사가 되었다. 위에 사례에서 우리는 동북고속은 '일주독대'의 결과는 없었지만 '일주독대'하에 대주주가 상장회사의 이익을 침범하는 위해가 없어진 것이 아니라 상장회사에 대하여 진정으로 책임을 지는 대주주가 없어졌음을 볼 수 있다. 대주주간에 상호 제약하는 것이 꼭 효과적인 경영구조라고 할 수 없다. 이것만으로는 부족하며 기타 경영체제의 협조가 있어야 한다. 동북고속에 대주주와 관리자간의 대항이 나타난 것은 주요하게 각 주주 간에 합력이 이루어지지 않고 각자 이익을 추구하며 모두 회사에서 자기의 대변인을 안배하여 주주로 하여금 직접적으로 관리자의 직위에 개입하게 했으며 주주회, 이사회와 관리자간의 권력구분이 명확하지 못함을 초래했다. 사실상 주주는 주주회를 통하여 이사를 초빙하거나 해임하며 이사는 이사회를 통하여 동사장을 포함한 모든 회사 관리자의 직무를 설치하고 초빙하며 해임하는 것이 주식회사의 경영의 기본규칙이다.

주주는 주주회를 통하여 이사에 대하여 임명하거나 해임할 수 있으며 이사는 관리자에 대하여 조정을 진행할 권리가 있다. 이사회의 중심주의의 수권원칙에 근거하여 주주는 회사 정관을 통하여 보류한 권력을 명확히 하는 것 외에 모두 이사회의 권력이며 관리자의 권력은 완전하게 이사회에서 나오는 것이다. 동북고속의 사례에서 관리자들은 이사회의 결정을 무시하는 것은 주요하게 관리자가 주주에서 왔으며 주주의 대변인이고 각종 권한과 책임이 명확하지 않아 주주, 이사회와 관리자 사이의 혼란을 초래했다.

4.2.3 궈메이 지분지배권 다툼-슈퍼이사회의 폐단

궈메이의 지분지배권 다툼은 중국회사의 경영에서 이정표 같은 사건이라고 할 수 있다. 왜냐하면 이전에 우리가 고려하는 것은 모두 어떻게 대주주의 권력을 상호 제약하여 균형을 이루게 할 것인가, 어떤 제도설계가 대주주로 하여금 소액주주의 이익을 침범하지 않게 할 것인가, 또한 일제히 관리자와 대주주간에 이익의 일치성이 존재하고 관리자는 대주주를 위하여 봉사한다고 여겼기 때문이다. 하지만 궈메이의 다툼을 통하여 우리는 대주주와 관리자간에도 이익충돌이 존재하며 어떤 상황에서는 대주주의 이익보호를 강조해야 함을 발견했다.

궈메이의 지배권다툼의 사건은 2008년 연말로 거슬러 올라갈 수 있다. 당시에 황광유는 경제범죄의 혐의를 받아 구속되어 조사를 받고 있었고 진효가 위험한 시기에 임명을 받아서 궈메이 이사회 주석을 맡았다. 황광유 구속사건이 궈메이의 정상발전에 영향을 끼치지 않게 하기 위하여 진효는 궈메이의 '황광유부재화'에 줄곧 힘썼다. 궈메이 전자에서는 '관리자주주권격려계획'을 출시하여 궈메이 고층관리자 105명이 혜택을 받았으며 목적은 전체 궈메이 고층관리자의 지지를 얻기 위해서였다. 그

중에 황광유가 추천한 4명의 이사도 모두 격려의 열에 들어있었다. 이로써 진효는 각 관리자의 지지를 성공적으로 얻었다.

황광유가 구속된 후 궈메이는 수동적으로 되고 자금줄은 끊어질 위험에 직면했다. 채무위기를 극복하기 위하여 진효는 미국 베인 앤드 컴퍼니(貝恩)를 궈메이에 끌어들이는 것을 주도하여 베인 앤드 컴퍼니에 18억 홍콩달러의 전환가능채권을 발행하고 또한 '베인 앤드 컴퍼니의 3명의 이사회 당선을 확보한다'는 조항을 부가했다. 하지만 2010년 5월의 궈메이전자 연도주주회의에서 지분보유비율이 33.98%에 달하는 황광유는 베인 앤드 컴퍼니의 3명의 이사당선의 조항을 부결하여 궈메이 전자 대주주와 관리자의 모순이 공개화 되게 하였다.

2010년 8월 4일 황광유는 임시주주회의를 열어 진효의 이사국주석직무를 해직하고 동시에 이사회의 주식을 추가 발행히는 일반적인 수권을 거둬들일 것을 요구했다. 진효를 리더로 하는 이사회는 즉각 반격을 하였고 그가 2008년 1월 22일에서 2월 5일간에 회사지분을 인수하는 중에 '회사이사의 신탁책임 및 신임행위를 위반'했다는 이유로 황광유를 법정에 호소했다. 진효와 황광유는 이로써 철저히 결렬되었다.

2010년 9월 22일 베인 앤드 컴퍼니의 전환가능채권이 완성되어 정식으로 궈메이의 두 번째 대주주가 외었으며 이로부터 궈메이의 제일 대주주 황광유 부부의 기존 지분보유는 33.98%에서 30.67%로 떨어졌다.

9월 28일 궈메이 이사회는 특별주주회의를 열었고 황광유의 제안은 궈메이 지분을 배부, 발행과 매매하는 일반적인 수권을 철수하는 것을 통과한 외에 진효직무를 해직하는 등 4가지 제안은 모두 부결되었다.

10월말 황광유 가족은 강경한 태도로 진효는 반드시 떠나야 한다고 밝혔다. 하지만 11월 10일 궈메이는 대외적으로 진황담판은 처음으로 화해를 하였고 또한 주효춘(鄒曉春)을 상임이사로 황연홍(黃燕虹)을 비상임이사로 위임했다는 공고를 발표하였다. 끝내 황광유는 이사회에서 자기가 신임하는 2명의 대표가 생겼다.

2011년 3월 9일 궈메이 전자는 공고를 발표하여 진효는 궈메이에서 물러나고 후임자는 전 대중전자(大中電器)의 동사장 장대중(張大中)이라고 밝혔다. 이로써 들끓었던 궈메이의 통제권 다툼은 끝내 막을 내렸다.

2006년 3월전에 황광유는 궈메이 전자의 50%이상의 지분을 줄곧 보유하고 있어 절대적인 지배지위에 있었기에 자기의 기업통제권 문제에 대하여 걱정하지 않았다. 하지만 황광유는 2006년 3월부터 시작하여 대폭적으로 그의 궈메이 전자 지분을 줄여 2008년 4월에 그의 지분보유비율은 35%까지 하락했다. 주주회는 2/3이상의 표결권통과를 해야 하는 규정에 따라 황광유의 지분보유율이 33.34%보다 높으면 한 표의 부결권이 있다. 황광유는 이사회의 통제에 대하여 그의 지분보유율의 하락에 따라 약해졌지만 처음부터 마지막까지 그는 줄곧 궈메이 전자의 제일대주주의 신분을 유지했다. 하지만 베인 앤드 컴퍼니의 채권전환이 완성되어 정식으로 궈메이의 두 번째 대주주가 되었을 때 궈메이의 제일대주주 황광유 부부의 기존의 지분은 33.98%에서 30.67%까지 떨어졌다.

그리하여 황광유는 다음날 신속하게 대응을 하였고 대주주는 공개시장을 통하여 궈메이 지분을 추가 매입하여 황광유가 보유한 궈메이 지분이 35.98%까지 증가되게 하였다. 궈메이 전자이사회가 '회사지분을 20% 배부, 발행 및 매매하는 일반적인 수권'을 가지고 있기에 이는 만약 진효가 주주회의 전에 20%의 지분 추가매입을 결정하면 황광유의 지분은 필히 대폭 희석될 것임을 의미했다. 비록 특별주주회의에서 황광유의 제안 중에 궈메이 지분을 배부, 발행과 매매하는 일반적인 수권을 철수하는 것이 통과를 한 것 외에 진효의 직무를 해직하는 등 4개 제안이 모두 부결되었지만 황광유는 관건적인 승리를 얻었으며 자기의 지분이 희석될 것을 걱정하지 않아도 되었다.

위에서 예기한 사례에서 궈메이 다툼의 본질은 바로 대주주가 이사회통제를 통하여 관리자와 궈메이 전자를 통제하기를 희망하고 관리자는 이사회통제를 통하여 대주주의 통제에서 벗어나고 또한 궈메이 전자를 통제하기를 희망하는 것임을 볼 수 있다. 하지만 궈메이의 발전역사를 펼쳐보면 통제권다툼은 황광유 자신이 심은 악과이며 그는 그가 구축한 기형적인 경영구조에서 왔음을 이해할 수 있다. 황광유는 전에 줄곧 이사회를 통제했었다.

그리하여 2006년 주주회의에서 그는 회사정관을 수정하고 궈메이 전자 이사회는 수시로 이사를 임명할 수 있으며 주주회의에서 설치한 이사 인원수의 제한을 받을 필요가 없다; 궈메이 전자 이사회는 각종 방식으로 지분을 추가매입, 되사기 할 수 있고 지분제공, 전환가능채권발행, 관리자와 직원선물옵션, 지분격려실시를 포함하며 그리고 이미 발행한 지분을 되사기 할 수 있다; 이사회는 각종 중대한 계약을 체결할 수 있으며 이사회 임원의 '중대한 이익과 관련되는' 계약을 포함한다. 이로써 황광유는 슈퍼이사회를 만들었고 심지어 주주의 제한을 벗어나 그는 이사회만 설립하였고 감사회를 안배하지 않았다. 황광유는 전에 이사회를 단단히 통제하였고 강대한 이사회는 그의 대변인에 지나지 않았다. 하지만 그는 자기가 위기에 빠질 것이고 그리고 이사회 전체가 창을 거꾸로 겨누어 자기의 대립되는 측에 설

것이라 생각지 못했다. 그리하여 이런 한차례 '희극'이 벌어졌다.

귀메이의 사례를 통하여 기업경영구조안배의 중요성을 깨달을 수 있다. 양호한 경영구조는 대주주의 '일주독대'로 회사의 이익에 손해를 입히는 것을 방지해야 할뿐만 아니라 또 이사회권력이 팽창하여 주주의 이익을 침범하는 것을 방지해야 한다. 즉 이익 각 방면의 상호제약과 균형을 실현하여 완벽한 경영구조를 형성하는 것이다.

현대 회사의 경영정신은 주주회, 이사회, 감사회의 권력상호제약체제를 구축하여 이런 경영구조 하에 이사회는 주주의 위탁을 받아 회사법, 회사정관의 규정에 따라 회사의 관리를 행사하고 감사회의 감독을 받으며 주주에 대하여 신탁책임을 지는 것이다. 이외에 독립이사의 설치는 장식품이 아니며 그것을 실질적으로 이용해야 한다. 하지만 귀메이 통제권의 다툼과정에서 볼 때 이사회의 1/3을 차지하는 독립이사는 어떠한 작용도 하지 못했고 각 독립이사는 발언권이 없으며 다만 자기의 상임이사를 따라 행사하고 독립성을 가지지 못했다. 사실상 독립이사의 독립성은 권력상호제약의 관건적인 일환이며 그가 회사경영구조의 장식품으로 되게 하지 말아야 한다.

4.2.4 쌍휘발전(双匯發展)의안 부결- 내부통제와 기관투자가의 대항

2006년 정휘(鼎暉)투자, 골드만 삭스(高盛)가 상장회사 쌍휘발전의 대주주 쌍휘그룹을 인수한 이래 그룹과 상장회사간의 관련교역, 관리자 이익충돌의 쟁의는 끊임없이 귓가에 맴돌았다. 2009년 상반년 쌍휘발전은 주주가 모르는 상황에서 10개 회사의 소수 지분 우선 인수권을 포기하고 또한 이것을 그룹회사의 지배주주 羅特克斯에게 양도했다. 이 행동은 2009년 3월 3일의 임시주주회의에서 폭로되었고 펀드매니저의 압도적인 반대를 당했으며 당일 심의한 〈홍콩 화무(華懋)그룹유한공사 등 소수 주주의 지분양도에 관한 의안〉은 회의에 참석한 주주의 높은 득표의 부결을 당했다.

펀드회사의 이번 '전면적인 폭발'은 쌍휘발전의 '선 처리 후 보고'때문이었다. 쌍휘발전의 2월 11일 공고에 근거하여 이번 지분양도에 관련된 루하(漯河)화무쌍휘화학공업포장회사 등 10개 회사는 모두 쌍휘발전의 관련기업이며 쌍휘발전 동사장 장준걸(張俊杰), 쌍휘그룹 동사장 만융(万隆)은 각각 10개 회사의 법인대표를 맡았다.

이 10개 회사의 2008년 순 이익은 적지 않았으며 순 자산수익률은 10%~25%사이었다. 홍콩 화무그룹, 홍콩동야무역회사(香港東亞貿易公司), 대만동유전자회사(台湾東裕電器公司)등 주주는 보유하고 있는 지분을 양도하려는 마음이 있었고 쌍휘발전은 위의 주주권에 대하여 우선인수권이 있었다. 하지만 수상쩍은 것은 쌍휘발전의 이사회임원은 일제히 위의 주주권에 대한 우선인수권을 포기하는 것에 찬성하였다.

이유는 두 가지가 있었다: 첫째는 회사가 주주권을 인수 후 위의 중외합자기업의 성질이 바뀌고 기업은 관세와 소득세를 추가 납부해야 하는 문제에 직면하며; 둘째는 루허시 정부의 관련 문건에서는 만약 홍콩羅特克斯회사 또는 기타 외자기업이 양도받아 기업의 주이외합자의 성질을 유지하면 새로운 프로젝트 건설 또는 중대한 기술개조를 할 시에 루허시 인민정부는 계속 정책혜택을 줄 것이라고 밝혔다. 더욱 이상한 것은 공고에서는 羅特克斯회사에서 위의 주주권을 인수하는 것에 동의하며 또한 위의 주주권양도는 이미 2009년 상반기에 완성되었고 주가양도총액은 6.15억 위안이라고 밝혔다. 쌍위발전이 이번 주주회의를 개최한 것은 1년 전에 끝낸 거래를 위해 '준생증'(准生証)을 보완하여 그것이 합법화되게 하려는 게 분명했다. 이사회와 관리자의 이런 '선 처리 후 보고'의 행위는 주주회의를 유밀무실하게 했을 뿐만 아니라 상장회사와 중소주주의 이익에 손해를 끼치는 혐의도 있다.

어떤 기금회사의 연구원은: '기금이 단체로 반대하는 것은 주요하게 쌍휘발전의 대주주가 유통주식 주주의 이익을 침해할까 걱정하기 때문이다. 원인은 주요하게 3가지이다: 첫째는 쌍휘관리자는 곡선관리자구매(MBO)전과가 있다; 둘째는 이번 주주권양도과정에서 일부 이익이 정리되지 않았다; 셋째는 지분을 비교적 많이 보유한 몇몇 기금은 쌍휘발전의 방대한 관련교역에 대하여 불만을 표했다.'라고 말했다.

관리자곡선MBO의 '전과'는 2009년 쌍휘발전의 고층관리곡선MBO를 일컫는다. 전에 매체에서 이미 쌍휘의 고위층관리자가 복잡한 주주권구조 및 거래를 통하여 한걸음씩 상장회사에 대한 지분비율을 확장했다고 보도했었다. 뒤이어 회사는 공고를 발표해 회사 101명 직원의 RiseGrand 회사에 대한 지분보유비율을 공포했다.

RiseGrand 회사는 HeroicZone이라는 회사를 통해 ShineC의 지분을 31.82% 보유하였고 ShineC는 바로 쌍휘의 실질적인 통제인 羅特克斯의 지배주주다. 쌍휘발전의 방대한 관련거래에 대하여 회사의 재무재표에서 볼 수 있듯이 2009년 전 3분기에 쌍휘발전은 상품판매로 19.87억 위안의 관련거래가 발생하였고 동종거래의 8.28%를 차지했으며; 물품구매로 발생한 관련거래는 더욱 높아 119.28억 위안에 달하여 동종거래의 60.13%를 차지했다. 쌍휘의 사례에서 기관투자가가 적극적으로 회사경영에 참여함을 볼 수 있다. 이는 중소투자자의 회사경영에서 존재하는 부족함을 메울 수 있을 뿐만 아니라 더욱 쉽게 연합하여 중소주주의 이익에 손해를 끼치는 행위에 대하여 제지를 할 수 있다. 예를 들어 쌍휘회사, 홍콩羅特克斯회사는 100%쌍휘그룹 지배를 통하여 간접적으로 쌍휘발전의 30.27%의 지분을 보유했으며 거기에 직접적으로 21.18%의 지분을 보유하고 있어 쌍휘발전의 지분을 총 51.45% 지배했다; 대중 주주는 48.55%의 지분을 보유하고 있지만 그 중에서 제일 큰 지분비율이 5%를 초과하지 않았다. 쌍휘발전의 지분구조는 전형적인 '일주독대'였고 이런 지분구조 앞에서 대중주주는 발언권이 전혀 없었으며 다행히 대중지분이 기관투자가에게 장악되어 있어 모으기 쉬웠고 그들이 더욱 많은 발언권을 가지는데 도움이 될 수 있었다. 이외에 기관투자가는 더욱 전문적인 수준을 가졌고 더욱 이성적이어서 관리자 또는 이사회의 정책에 대하여 더욱 잘 감독할 수 있다.

위에 몇 가지 사례에서 볼 때 우리나라 상장회사의 경영에 주요하게 존재하는 문제는: 주주권이 너무 집중되어 있고 대주주는 소액주주의 이익을 침범하며 이사회는 독립성이 강하지 않고 또한 인원구성이 합리적이지 않으며 감사회의 감독 작용이 유명무실하다. 주주권이 너무 집중되면 대주주가 기술적인 조작을 통하여 주주회의와 이사회의 정책 및 경영권을 농단하고 이사회와 관리자를 그의 꼭두각시로 만들며 또한 터널발굴을 진행하여 중소주주의 이익에 손해를 끼치고 상장회사의 발전을 방해하는데 편리하게 했다. 이사회의 독립성 약함은 그가 대주주의 전달기계가 되게 했으며 기업 관리감독의 수권작용을 발휘하지 못하게 했다. 다른 한 방면으로 이사회인원은 대부분 주주가 파견한 '측근'으로 기업을 관리하는 능력들이 없기에 기업의 발전에 관한 결정을 잘 할 수 없다.

감사회는 더욱 직권이 없는 설치로서 이사에 대하여 임명과 해임을 할 수 없으며 또 회사 및 주주권익을 위해하는 행위를 발견했을 때 그것에 대하여 제약을 할 수 있는 법률보장이 없어서 감사회는 아무런 위협력이 없게끔 만들었다.

우리나라 기업관리구조를 개선하는 대책

위에 분석에 근거하여 필자가 주요하게 관심을 두는 것은 기업내부의 제도안배와 인원설치이고 회사경영의 외부요소가 아니므로 따라서 권력제약균형, 자본구조안배, 인원안배 등 방면에서 아래와 같은 대책을 제시했다.

4.3.1 권력제약균형- 독립적인 이사, 감사회의 중요성

'일주독대' 또는 피라미드식의 주주권구조가 비록 완벽한 경영구조는 아니지만 그 존재는 위법이 아니며 이러한 주주권구조의 운행의 관건은 권력에 대한 제약균형메커니즘에 있다. 한 가지 효과적인 방법은 이사회의 독립성을 강화하는 것이다. Jenson은 1993년에 이미 효율적인 이사회는 비교적 작은 규모를 유지해야 하며 CEO가 유일한 내부이사 외에 그 외는 모두 외부이사여야 하며 다시 말해 우리가 말하는 독립이사는 회사주주에서 독립할 뿐만 아니라 또한 회사내부에서 재직하지 않으며 회사 또는 회사경영관리자와 중요한 업무연락 또는 전문적인 연락이 없고 회사사무에 대하여 독립적인 판단을 하는 이사라고 제기했다.

독립이사를 설치하는 논리적인 사고방식은 회사내부의 각종 이익분쟁을 해결하기 위하여 조정인 한 명을 유입해야 하며 이 조정인이 기업의 내부 사람이면 안 된다. 그렇지 않을 경우에 공정성이 없다.

이 배역은 회사외부에서 유입해야 하며 역사적으로 회사 및 관계자들과 아무런 거래관계가 없어야 하고 고층관리자 또는 어떠한 주주들과도 아무런 특수 관계를 구축하거나 존재해서는 안 되며 그리하여 비교적 공정하고 객관적인 결정을 내릴 수 있고 또한 자기의 결정에서 이익을 획득하지 않을 거라고 보증해야 한다. 규정에 근거하여 독립이사는 관련거래의 적정성과 절차합법성, 회계정책의 건전성, 중대사항의 영향 및 기업의 지속가능발전능력에 대하여 정확한 판단을 해야 한다. 진정으로 위에서 말한 직책을 이행하려면 독립이사는 전문적인 재무회계지식이 있어야 할뿐만 아니라 또한 반드시 동종 산업 및 회사자체의 경영상황을 잘 알아야 하며 심지어 상당히 풍부한 기업관리경험이 있어야 하므로 외부이사의 안배에서 응당 전문기술인원을 최대한 선택해야 한다. 예를 들어 변호사, 회계사, 대학교수 또는 회사에서 필요한 기술의 전문인재, 이외에 우리는 독립이사는 응당 모든 주주에 대하여 책임을 지거나 또는 중소주주의 권익을 보호해야 한다고 여겨서는 안 된다. 마치 궈메이 사례에서 나타난 상황처럼 어떨 때에는 대주주의 권익도 손해를 당할 수 있다. 그리하여 필자는 독립이사는 모든 주주에 대하여 책임을 질 필요가 없으며 그가 존재하는 목적도 주주권익의 최대화가 아니라 회사권익의 최대화이며 회사의 각도에서 정책결정에 대하여 책임을 져야 한다고 여겼다.

물론 우리는 감사회의 작용을 소홀히 해서도 안 된다. 현대회사의 경영정신은 주주회, 이사회와 감사회의 권력제약균형메커니즘을 구축하는 것이며 주주회의는 회사의 권력기구이고 이사회는 회사의 경영정책결정기구이며 감사회는 감독기구이다. 이런 경영구조 하에 이사회는 주주의 위탁을 받아 회사법, 회사정관의 규정에 따라 회사에 대한 관리를 실시하고 감사회의 감독을 받으며 주주에 대하여 신탁책임을 진다. 독립이사도 회사행위에 대하여 감독을 해야 하지만 그것과 감사회의 감독은 어느 정도 차이가 존재한다. 독립이사가 이사회의 정책결정토론에 참여하는 것은 내부감독에 속하며 기업이 정책결정에 대하여 투표하는 것은 사전감독에 속한다. 감사회는 주요하게 회사행위의 합법성에 대하여 감독을 하며 정책결정의 제정에 참여하지 않는 것은 일의 중간과 사후감독에 속하며 완전한 외부감독이다. 그리하여 감사회의 독립성을 더욱 보장하여 감사회가 조직설계합법성의 장식품에 그치는 것이 아니라 더욱 큰 발언권이 있게 해야 한다.

4.3.2 자본구조안배- 채권융자의 경영수단

기업은 지분융자 외에 채권융자도 취할 수 있다. 채권융자는 관리자가 채무만기상환과 이자지불의 스트레스에 직면하게 하고 그가 열심히 일하도록 강압할 수 있다. 다른 한 방면으로 현재의 채권융자는 대부분 은행 등 금융기구에서 조달한 것이다. 이런 기구는 기업의 경영능력, 이윤능력, 관리능력 등에 대히여 요구가 매우 높으므로 정기적으로 기업에 대하여 관련평가를 하여 외부감독자의 역할을 맡았으며 또한 권위력을 가지고 있어 내부인의 행위를 제약할 수 있다. 그리하여 적당한 빛은 채무 레버리지 효과를 얻을 수 있을 뿐만 아니라 또 기업을 도와 회사경영을 완벽하게 하고 행위의 합법성을 증가시킬 수 있다.

4.3.3 대주주와 기관투자가

1. 대주주의 작용

어느 정도에서 볼 때 관리자에 대한 감독은 '공공재화'의 특성을 가지고 있어 어떠한 주주든 기업성과의 향상을 위하여 지불한 노력은 기타 주주에게 지분비율에 따라 나누어지게 됨으로 소액주주의 '공짜로 차를 타는' 상황이 존재한다. 지분이 비교적 분산된 기업 또는 몇몇 대주주의 지분비율이 비슷하여 제약균형이 형성된 기업에 대하여 예를 들어 동북고속처럼 각 주주의 책임에 대한 회피가 나타나게 마련이고 대주주의 감독역할을 맡기를 원하지 않는 것은 어떠한 주주도 혼자 노력하여 그 성과를 나누기를 원하지 않기 때문이다. 그리하여 통제권을 행사하는 원가가 이것으로 인하여 얻은 기업성과 향상의 수익보다 낮을 때 주주의 감독은 비로소 유효하다. 하지만 앞 문장에서 분석한 것처럼 이기적인 것이 그가 자기를 위하여 사리를 도모하며 기타 주주의 이익을 희생함에도 불구하고 관련거래, '터널굴착'등을 촉구하게 하는 지배주주의 경영에도 문제가 있다. 그리하여 필자는 회사경영의 각종 설치 사이에 교호작용이 있어야 하며 방법의 한 방면만 중요시하고 다른 기타 방면을 소홀히 해서는 안 되며 응당 각 방면을 균형 시켜야 한다고 강조하고 싶다. 대주주가 통제하는 양면성은 제도설계의 중요성을 더욱 강조했다.

2. 기관투자자의 작용

1980년부터 구미선진자본시장에서의 기관투자가는 발전하여 강대해지기 시작했고 지분시장지위의 상승은 기관투자가가 더욱 회사경영참여에 기울이게 했으며 전형적인 것은 텍사코(德士古)사건으로 '기관투자가적극주의'의 시작을 상징했다. 기관투자가는 자본시장의 주요참여자이며 기관지분보유는 한 가지 효율적인 회사경영메커니즘이다. 기관투자가는 특히 절대적인 수익을 목표로 하는 기관투자가는 상장회사의 경영에서 중요한 감독역할을 맡고 있으며 그의 적극적인 행위의 동기는 주요하게 지분규모효과, 자금과 정보의 우세, 및 절대적인 수익선호 등을 포함하며 이는 기관투자가가 적극적으로 상장회사경영에 참여하는 것을 원하게 하며 상장회사의 경영수준을 향상시키고 이윤이 지속적으로 증가하게 한다. 기관투자가의 적극주의가 회사 경영에 대하여 발생하는 실질적인 효과로 말하면 대리문제를 완화시키고 회사성과와 가치를 향상시키는 것이 제일 중요한 두 가지 표현이다. 하지만 법률법규가 완벽하지 못하고 오늘날 우리나라 기관투자가규모가 비교적 작으며 거기에 기관투자가의 행위단기화 등 원인으로 인하여 기관투자가의 회사경영효과는 아직 발휘를 하지 못했다. 우리나라 자본시장 및 관련 법률법규가 점차적으로 완벽해짐에 따라 기관투자가의 기업에서의 지위는 갈수록 중요해졌으며 그들은 더욱 적극적으로 회사경영에 들어올 것이다.

예를 들어 거리(格力)전자의 2011년 연도주주회의의 이사회 교체선거는 유통지분의 주주 예일대학교(耶魯大學)재단과 붕화(基金)펀드가 연합하여 추천한 이사가 높은 득표로 이사회에 들어왔으며 기관투자자는 진정으로 자기 손에 있는 패를 이용하여 상장회사의 중요한 결의를 바꾸었고 펀드는 회사의 경영에 참여하고자 하는 의지가   아니라 회사경영의 개혁에서 작용을 발휘할 수 있음을 밝혔다. 또 앞 문장에서 말했던 쌍휘 사건처럼 기관투자가는 관리자행위를 감독하는 과정에서 매우 큰 작용을 하고 있음을 표명했다. 그리하여 기업은 기관투자가를 적당이 유입하여 자기가 효과적으로 경영하는 저울추를 증가할 수 있다.

4.4

결론

　회사경영이 현대기업제도 중에서 제일 중요한 조직구조를 결정하는 것이 이미 회사발전을 억제하는 큰 요소가 되었다. 양호한 회사경영구조는 회사의 건전하고 안전하며 고효율적인 운영에 영향이 비교적 클 뿐만 아니라 회사 외의 기타 사람에게도 상응하는 영향을 끼치고 회사의 운영에도 메커니즘 우세를 가져올 수 있으며 회사주주 또는 타인을 위하여 안정적인 경제이익을 보장할 수 있다. 회사경영은 우리나라 회사발전에서 없어서는 안 되는 일환이며 회사의 영혼이고 또한 회사발전을 추진하는 원동력이다. 경영구조의 균형을 이루고 각자가 해야 할 직책을 책임져 이익균형을 이루는 것은 각 나라 회사법이 추구하는 목표다. '외부를 물리치려면 반드시 먼저 내부를 안정시켜야 한다.' 내부경영구조를 완벽히 하는 것은 기업의 존망에 관계된다. 각 기업이 직면한 상황이 다르므로 적당한 경영구조안배도 어느 정도 다르다. 기업은 응당 임기응변의 생각으로 자기의 구조를 설치해야 하며 동시에 각 경영방식간의 쌍방향성을 주의하여 '먼저 내부를 안정하다'는 사상으로 안정적인 발전을 찾아야 하다

제5장

다양화한 기업관리,
새로운 형태의 조합원제도

머리말

2014년 9월 19일 알리바바(阿里巴巴)(아래에 알리라고 약칭)는 뉴욕증권거래소에서 상장하여 전 세계의 주목을 끌었다. 사람들이 관심을 기울인 것은 알리가 처음으로 공개적으로 주식을 모집한 융자액이 250억 달러에 달하여 전 세계 역사상 규모가제일 큰 IPO가 된 것 때문만이 아니라 또 알리의 조합원제도 때문이었다. 모두들 알다시피 알리는 원래 중국 홍콩에서 상장하려고 했지만 마윈(馬云)등 관리자가 회사통제권을 유지하기 위하여 설계한 동업 조합제도는 홍콩자본시장 '동일한 주식 동일한 권리'(同股同權)의 이념과 충돌이 생겨서 알리바바는 미국으로 바꾸었다. 비록 현재 알리의 IPO는 홍콩에서 제동이 걸렸고 또한 외부의 평가불일치와 어떤 말이 옳은지 판단할 수 없는 상황을 만났지만 부정할 수 없는 것은 알리바바가 이번에 내놓은 조합원제도는 아마도 상업역사상의 '파병지거'(破冰之擧)일 것이다.

제도에서 관념으로 또 관성적 사유까지 마치 마윈이 지난 십여 년 간 연속 타파하고 세계를 향해 증명한 것과 같다. 알리뿐만 아니라 완커(万科), 벽계원(碧 桂園)등 부동산개발기업도 잇달아 전환하여 조합원제도를 추진하기 시작하였다. 알리바바와 완커, 전자는 네트워크신형산업을 대표하고 후자는 부동산전통산업을 대표한다. 양자는 마치 교차함이 없는 것 같지만 우연히 일치하게 양자의 고도로 시장화한 기업은 모두 조합원제도를 실행하였으며 이는 조합원제도가 중국에서 확실하게 불이 붙게 하였다.

알리바바의 조합원 제도

　알리의 홍콩에서의 상장이 실패한 직접적인 원인은 홍콩에서 조합원제도를 받아들이지 않았기 때문이다. 그것은 '이중주식제도로서 동일한 주식 다른 권리'이며 홍콩자본시장의 '동일한 주식 동일한 권리'의 이념을 위배했다고 여겼다. 이른바 이중주식제도'는 상장회사가 회사정관에서 창시자가 보유하고 있는 주식은 매 주당 가격이 공공주식과 일치하며 하지만 그의 투표권은 자연적으로 공공주식의 10배임을 일컫는 것이다. 이렇게 창시자는 지분비율에서 절반이 안 되거나 심지어 1/3이 안되지만 보유하고 있는 투표권은 여전히 반을 넘어 회사를 단단히 통제하였다.

　이런 이중주식제도는 네트워크회사 구글(google)에서 먼저 채용하였으며 그들이 외부투자자에게 발행한 A주식은 1표의 투표권이 있고 관리자가 가지고 있는 B주식은 10표의 투표권이 있었으며 페치(佩奇)와 브린(布林)은 2010년에 주식을 팔기 전에 회사의 B주식 5770만주 -약 18%의 유통주식과 59%의 투표권을 가지고 있었다. 후에 이런 구조는 바이두(百度), 페이스북 등 회사들이 따라 했고 미국에서 상장하는 과학기술회사들의 흔한 지분구조가 되었으며 이로서 창시자의 회사에서의 통제권을 보증하였다.

　하지만 알리의 동업조합제도를 자세히 분석해보면 확실히 정부 측에서 예기한 것처럼 이중주식제도가 아니었다. 알리바바의 고층동업조합제도는 사실상 바로 회사정관에서 설치한 이사 인선을 지명하는 특수조항이었다. 즉 일부 '조합원'이라고 불리는 사람들이 이사회중의 대부분 이사 인선을 지명하는 것이며 지분비율에 따라 이사지명권을 나누는 게 아니었다.

알리그룹이 조합원제도를 실천한 것은 2009년에 시작했다. 2009년 9월 알리그룹 10주년 즈음 회사를 창립한 '18나한'은 창시자신분을 버리고 정식으로 조합원제도를 시도하기 시작하였다. 규정에 근거하여 마윈과 채숭신(蔡崇信)을 영구조합원으로 하고 기타 조합원은 알리바바 또는 관련회사를 떠났다. 즉 조합원에서 '퇴직'하였다.

사실 마윈은 일찍이 2007년 알리가 홍콩에서 상장한 후부터 벌써 회사미래의 관리구조를 고민하기 시작했으며 네크워크 회사가 아닌 두 개 기업이 마윈에게 영감을 주었는데 한집은 골드만 삭스였고 다른 한집은 컨설팅회사 맥킨지이었으며 그들은 조합원경영방식을 취했다. 기타 영감은 고대 로마제국의' 원로원'(元老院)경영방식에서 왔다. 고대로마의 원로원은 심의 단체이며 사회문제의 인도자, 변호자와 수호자였다. 원로원은 초기에 100명의 가족 지도자를 포함했으며 어르신으로 불리었고 나중에 300명까지 증가했다. 알리가 네트워크서비스업종에서 영원히 지속 발전하는 동력을 유지하고 기업의 개방, 혁신을 보증하며 또한 책임감당과 장기적인 발전을 추앙하는 문화가 차세대 관리자에서 지속되게 하기 위하여 마윈은 원로원경영방식 하에 자기의 조합원관리집행위원회를 설계하였다.

제일 젊은 세대가 집행과 업무를 책임지고; 전략정책위원회대표는 중간 세대가 전략을 책임지며; 조합원은 알리가 정의한 가치 전승자로서 이사회임원의 임무 등 중대한 사항을 결정한다. 알리가 상장할 때 폭로한 조합원구성에서 볼 때 창시자는 회사와 함께 성장한 관리자 및 외부에서 유입한 전문관리인재는 대략 2:4:4의 비율이었다. 18명 창시자중에서 마윈, 채숭신과 팽뢰(彭蕾)등 7명은 조합원단체에 들어갔고; 2004년 전에 회사에 입사하여 회사에서 양육해낸 조합원은 모두 12명(현임CEO 육조희陸兆禧포함); 그 외에 또 수석운영관(COO)장용(張勇), 수석재무관(CFO) 무위(武衛), 수석기술관(CTO)왕건(王堅)등 11명이 조합원은 2004년 후에 회사에 입사했으며 사회에서 유입한 고층관리자로서 재무, 법무와 기술 등 각 전문영역에 연관되었다. 조합원은 현재 총 30명이며 조합원위원회는 마윈, 채숭신, 육조희, 팽뢰와 증명(曾鳴) 5명으로 구성되었고 조합원지명을 책임지고 조합원복지 등 사항을 관리한다. 알리 조합원은 매년 한번 선발하며 75%의 현임 조합원이 투표하여 통과해야 한다. 전체적으로 볼 때 알리의 조합원제도는 두 가지 문제를 해결하려고 시도했다: 첫째는 만약 창시자가 없어지면 어떻게 회사문화의 지속적인 발전을 유지할 것인가; 둘째는 안정적인 관리체계는 내부분열로 인하여 회사발전에 영향을 끼치지 않는다.

5.2.1 기업발전과 문화전승

  알리의 조합원제도의 실제 모델은 두 개의 금융상장기업 -골드만 삭스와 컨설팅 회사 맨킨지였으며 두 기업은 모두 조합원의 경영구조를 취했다. 마윈은 이 제도는 골드만 삭스와 매킨지의 안정적이고 빠른 발전과 독립자주의 문화를 보증했다고 여겼다. 마윈 등 창시자의 이념은 골드만삭스와 맥킨지의 형식을 모방하여 관리자를 3개 경사도로 나누어

회사운영을 추진했다: 신입사원은 구체적인 집행을 책임지고; 중간층은 전략관리를 책임지며; 창시자는 주요하게 인재선발과 기업발전방향을 주시했다. 이 경사도설계 및 대응한 직책에 근거하여 반드시 한 가지 메커니즘이 존재하여 창시자와 관리자의 부여 받은 회사통제력을 확보해야 하는데 이것이 바로 알리 조합원제도의 영감과 동기이다.

이 목적을 해결하기 위하여 마윈은 2013년 9월 10일에 전체직원에게 보내는 공개서신을 보냈다. 편지에서 조합원제도의 목적은 회사운영을 통하여 사명의 전승을 실현하고 알리가 조직 있는 상업회사에서 생태사상이 있는 사회기업으로 변하게 하는데 있으며 이 회사를 통제하는 사람은 반드시 알리의 사명문화를 전승하는 조합원이어야 한다고 밝혔다. 채숭신도 전에 알리그룹의 목적은 문화보장메커니즘을 구축하고 완벽하게 하여 이 회사가 지속적으로 건강하게 발전하고 어떠한 창시자의 수명보다도 훨씬 초월하게 하며 '우리는 회사의 102년간 지속적인 발전을 보장하는 메커니즘을 찾고 있다'고 말했었다. 하지만 회사의 102년간 지속적인 발전을 보장하는 관건은 회사의 기업문화이며 '고객제일, 직원 두 번째, 주주 세 번째' '육맥신검'(六脉神劍), '구양진경'(九陽眞經) 및 '102년의 회사'등을 포함한다.

조합원선발제도의 설계자체가 알리가 의식적으로 조합원경영을 핵심으로 하는 통일되고 발전하는 기업문화를 관철하고 있음을 반영했다. 알리의 조합원자격요구는: 1) 조합원은 반드시 알리에서 근무 만 5년이 되어야 한다; 2) 조합원은 반드시 회사지분을 보유하고 있어야 하며 또한 판매제한요구가 있다; 3) 재임조합원이 조합원위원회에 지명추천을 하며 조합원위원회에서 그의 선거참여에 동의할 것인지 심사 한다; 4) 1인 1표의 기초에서 75%를 초과한 조합원이 투표하여 그의 참여에 동의하며 조합원의 선거와 파면은 주주회의의 심의 또는 통과를 거칠 필요가 없다. 그 외에 조합원으로 되려면 또 두개의 탄력적인 기준에 부합되어야 한다: 회사발전에 대하여 적극적인 공헌이 있다; 기업문화를 고도로 인정하고 회사의 사명, 비전과 가치관을 위하여 최선을 다할 것을 동의한다.

5.2.2 통제권보증

알리의 조합원제도의 제일 직접적이고 제일 현실적인 작용은 창시자 및 관리자가 회사에 대한 통제를 강화하고 공고히 하는 것이다. '알리조합원제도의 한 가지 중요한 혁신은 조합원이 이사회 위에 있고 조합원이 대다수의 이사를 지명하며 지분비율에 따라 이사지명권을 배분하는 것이 아니다. 이러면 극단적인 상황에서 조합원이 가지고 있는 지분이 0일지라도 여전히 이사회를 통제할 수 있으며 따라서 회사의 운영정책결정권을 가질 수 있다.' 녕향동(宁向東)교수는 이렇게 알리의 조합원제도를 평가했다.

마윈이 이처럼 회사의 통제권문제를 중시하는 것은 '뱀에게 한 번 물렸기 때문'이다. 2004년 전에 마윈과 그의 팀은 줄곧 모두 그룹의 '통치자'이었다. 하지만 2005년 알리가 이베이(ｅＢａｙ)와 경쟁에서 자금이 급하게 필요하여 야호(雅虎)더러 알리에 들어오게 했으며 야호와 협의규정을 체결했다: 2010년 10월부터 시작하여 야호의 투표권은 39%까지 증가하고 마윈 및 그 팀의 투표권은 35.7%에서 31.7%까지 하락하며 소프트뱅크의 지분과 투표권은 모두 29.3% 유지한다. 만약 마윈 및 그 관리팀이 행동을 취하지 않았으면 2010년 10월 이후 일리바바의 실제 통제자는 야호로 바뀌었을 것이다. '입구의 야만인'이 고객에서 주인으로 되는 것을 막고 알리의 통제권을 빼앗아오기 위하여 마윈은 3단계를 생각해냈다: 첫 번째, 2011년 3월 마윈은 몰래 알리페이의 전이를 완성하였다. 두 번째, 소프트 뱅크와 손정의(孫正義)를 자기편으로 끌어들여 그들이 알리페이 전이문제에서 한눈을 감아주게 하였다. 세 번째, 야호를 전부 인수하는 것을 통하여 대량의 사모펀드를 끌어들여 이로써 정면 반격을 진행했다. 끝내 2012년 5월 마윈은 63억 달러와 8억 달러를 초과하지 않은 새로 증가한 알리그룹 우선주로 알리바바의 '자유'를 바꾸었다.

하지만 오늘날 마윈의 지분은 겨우 7%밖에 안 되며 알리를 통제할 수 없어서 마윈은 제도설계로 바꾸어 자기의 팀이 이사회를 단단히 통제하게 하였다. 이사회는 회사의 구체적인 경영의 정책결정 중심과 통제관리자로써 회사의 발전경로와 전체적인 계획을 결정하고 있지만 CEO, 총경리 등을 리더로 하는 고급관리자는 이사회에 대하여 책임지고 이사회에게 업무를 보고한다. 그리하여 이사회는 회사경영의 중요한 부서로서 직접적으로 회사자체를 통제하고 주주는 투표권행사, 알 권리 등 권리를 의존하거나 또는 '발로 투표'하는 방식을 취하여 이사회를 바꾸거나 영향을 끼치며 이것을 빌려 간접적으로 회사를 통제하는 효과를 실현한다.

이사회를 중심으로 하는 회사경영형식 하에 이사회를 통제한 것은 회사를 통제한 것임을 의미한다. 이사회를 통제하는 제일 주요방식은 이사의 지명권과 임명권을 얻어서 자기의 대변인을 안배하여 이사회에 들어가 하여 회사를 통제 관리하는 것이다. 알리의 조합원제도는 아래 두 가지 조치를 확정했다: 첫째, 제도는 알리의 조합원은 이사회 반수이상

이사의 지명권을 가지며 또한 부결된 상황에서 다시 을방이사를 지명할 수 있도록 규정하였으며 따라서 그가 대다수의 신임이사 후보자를 통제할 수 있도록 확보하고 기타 주주의 권력을 제한하는 첫 번째 장벽을 구성하였다. 두 번째, 일단 창시자와 관리자가 기타주주와(특히 대주주)의 모순이 격화되면 기타 주주는 반복적으로 그들의 투표권을 이용하여 주주회의에서 조합원이 지명한 이사를 부결할 수 있다. 그리하여 제도는 조합원에게 임시이사를 임명하는 권력을 부여하였고 주주가 동의를 하 든 안 하든 간에 조합원이 지명한 이사는 모두 이사회에 들어갈 수 있으며 그들의 반수를 초과한 통제권을 보증할 수 있다. 이 제도설계를 통하여 주주의 부결권은 실질적으로 실권을 잃었고 주주회의에서의 이사선출은 실질적으로 주주대표를 안배하여 소수이사로서 이사회운영에 참여하는 것이었으며 조합원은 성공적으로 이사회를 통제하는 방식을 통하여 회사통제권을 얻었다. 알리 조합원의 명단 및 직무는 도표 5-1을 참조할 수 있다

표 5-1 알리조합원 명단 및 직무

성명	직무
TimothYA. Steinert	알리바바그룹 총 법률고문
채숭신	알리바바 이사국 부주석
채경현(蔡景現)	예명 다융(多隆), 알리운 고급연구원
증명	알리바바그룹 총 참모장
정립(程立)	예명 노소(魯肅), 푸르덴셜 파이넨셜(준비중) 수석기술관(CTO)
대산(戴珊)	예명 소전(蘇荃), 알리바바그룹 수석 고객담당관(CCO)
판치명(樊治銘)	예명 목화리(木華黎), 푸르덴셜 파이넨셜 (준비중) 국내사업군 총재
방영신(方永新)	알리바바그룹 인력자원 총감독
호효명(胡曉明)	예명 손권(孫權), 푸르덴셜 파이넨셜 (준비중) 부 총재
강붕(姜鵬)	예명 삼풍(三丰), 알리바바그룹 부 수석기술관
장방(蔣芳)	예명 장방 (蔣方), 알리바바그룹 청렴부와 인력자원부 부총재
김건항(金建杭)	알리바바그룹 베테랑 부총재
정현동(井賢棟)	예명 왕안석 (王安石), 푸르덴셜 파이넨셜(준비중) 수석 재무관(CFO)
우진비(劉振飛)	알리바바그룹 기술보장, 안전기술상품부 부총재

육조희	예명 테무진 (鐵木眞), 알리바바그룹 수석집행관(CEO)
마윈	예명 풍청양(風淸揚), 알리바바 이사국 주석
이행군(倪行軍)	예명 묘인풍(苗人鳳), 푸르덴셜 파이넨셜 (준비중) 업종상품부 연구원
팽뢰	알리바바그룹 수석인재관 (CPO) , 푸르덴셜 파이넨셜 (준비중)수석집행관(CEO) 겸임
팽익첩(彭翼捷)	예명 익첩(翼捷), 푸르덴셜 파이넨셜 (준비중) 국제사업부 부총재 소효봉(邵曉鋒)예명 곽정(郭靖), 알리바바그룹 수석 경영위험전문관리자 (CRO)
동문홍(童文紅)	루키웹 수석운영관 (COO)
왕견(王堅)	알리바바그룹 수석 기술관 (CTO)
왕수(王帥)	예명 본뢰수 (奔雷手), 알리바바그룹 수석 시장관리관 (CMO)
오민지(吳敏芝)	알리바바그룹 베테랑 부총재
오영명(吳泳銘)	예명 동서(東邪) , 알비바바그룹 베테랑 부총재
무위(武衛)	알리바바그룹 수석 재무관 (CFO)
유사영(俞思瑛)	알리바바그룹 법무부 부총재
장건봉(張建鋒)	예명 행전(行癲), 타오바오 총재
장용(張勇)	예명 소요자(逍遙子), 알리바바그룹 수석 운영관 (COO)
장우(張宇)	예명 어언(語嫣), 알비바바그룹 기업발전부 부총재

부동산기업의 조합원제도

5.3.1 완커의 사업조합원제도와 주식, 프로젝트 영합

외부에게 간단하게 폭리를 취하는 것으로 여겨지는 부동산업은 2014년에 일련의 변혁을 맞이했다. 변혁의 근원은 아마도 바로 '불나지왕'(不拿地王), 관례대로 패를 던지지 않는 완커일 것이다. 완커 총재 유량(郁亮)은 완커의 봄례회에서 기업내부에서 '사업파트너'를 추천하는 것을 계획한다고 밝혔다. 이는 우리나라 부동산개발 산업이 처음으로 조합원제도를 내놓는 것이다. 일반적으로 조합원제도는 예전에 전문성, 독립성 수준이 높은 업종에서 많이 사용했다. 예를 들어 변호사사무소, 회계사사무소 등 완커의 시도가 일단 성공하면 국내 부동산기업의 변혁을 이끌 것이라는 것에 조금도 의심할 바가 없었다.

유량의 사고의 방향은 완커를 '인터넷화'하는 것이다. 하지만 모두들 알다시피 부동산업이 인터넷화 한다는 것은 그렇게 쉬운 일이 아니다. 왜냐면 부동산은 제일 전통적인 산업으로서 자금밀집, 요식구조, 전업주의 및 정교화 관리를 따진다고 여기기 때문이다. 대세적으로 유량의 말로 하면: '황금시대에서부터 백은시대까지', 필연코 한계효율의 점차적인 감소가 발생할 것이며; 실질적인 수요에서 볼 때 '갈수록 고객이 어디에 있는지 알 수 없다'; 업종의 경기가 떨어지면 필연코 기업내부에서 일부'이심'(离心)현상이 나타나는 것을 초래한다. 네트워크가 가져오는 초조한 시대에 어떻게 '통제력을 잃은' 사고방식을 구체적인 방안으로 전환할 것인가… 완커의 혁신은 이 일련의 '언어환경'을 벗어날 수 없었다.

전체적으로 완커는 아래의 경영 어려움에 직면했다:) 지분이 고도로 분산되었다. 제일 대주주 화윤그룹(華潤集團)은 재무투자자로서 지분지율이 15%가 안 되었고 또한 회사경영에 간섭하지 않았으며 회사주주권 의미에서의 실질적인 통제인 공석을 초래했다. 2) 회사경영층의 지분보유비율이 매우 낮다. 왕석(王石), 유량 등 고층관리자를 포함한 관리자의 지분보유량은 완커의 제일 큰 개인 주주 유원생(劉元生)보다 못 미쳤다(1.21%). 이리하여 관리자와 주주이익의 분할을 초래했다.

3) 오늘날 경영층의 보수는 그들의 관리 성과와 비교했을 때 낮은 편이며 부동산업의 소홀한 관리시대가 끝남에 따라 부동산기업은 갈수록 경영층의 정교화관리의 능력에 의존하게 되었으며 어떻게 관리자에 대하여 격려와 만류를 할 것인가 하는 이것은 반드시 해결해야 하는 문제다.

유량은 해결방안을 내놨다: 사업조합원제도다. 조금도 의심할 바 없이 이는 아마도 완커의 30년 이래 제일 도전적인 변혁방책일 것이다. 2014년 3월초 완커는 처음으로 '사업조합원'을 제기하였고 또한 뒤이어 3개월 안에 잇달아 '주식영합제도'와 '프로젝트영합제도'를 구축하였다. 이른바 '주식영합'은 완커의 사업조합원이 경제이윤보너스계좌중의 모든 권익을 통일하여 영안(盈安)파트너에게 위탁하여 자금관리를 진행하며 또한 융자지렛대로 융자한 자금을 사용하여 완커의 주식을 구매하는 것이다. 목적으로 예기하면 이 계획은 주요하게 주주권의미에서의 실질적인 통제인

공석 문제를 해결하고 관리자의 통제권을 공고히 하며 따라서 일정한 정도에서 인수가능성을 낮추기 위함이었다. 이른바 '프로젝트영합'은 진행하는 프로젝트와 회사에 대하여 실질적인 자금을 투입하여 '함께 묶이길 원한다'는 약속을 주는 것이다. 이익이 묶여지고 새로운 메커니즘의 구동 하에 기존의 직업매니저의 세이프 포맷, 책임권력화와 전문화의 상투적인 틀을 깨뜨릴 수 있다. 피라미드식의 조직구조에서 수평화구조로 바뀌었다. 조합원은 근무수익(급여), 프로젝트 수익(프로젝트영합 이윤배분)과 지분수익(주식이윤 배분)을 누릴 수 있다.

완커는 주식영합의 방식을 취했다. 다시 말해 그들의 내부직원들은 자기의 경제이윤보너스를 완커사업 조합원단체를 대표하는 영안조합의 일반 조합원에게 위탁하여 투자관리를 진행했다. 그리고 영안조합은 중고시장에서 완커 A주를 구매했다. 이러한 방법은 '일석4조'라 할 수 있으며 효과적으로 아래 문제를 해결할 수 있다.

첫째, 영안조합을 통하여 통제권이 회사내부에서 장악하게 했고 완커는 이 단체기관을 통하여 분산된 주식을 모을 수 있으며 이리하여 경영층의 통제권을 공고히 할 수 있을 뿐만 아니라 또 주주권 의미에서의 실질적인 통제인 공석문제를 해결할 수도 있으며 악의적으로 막을 수 있다- 입구의 야만인을 막을 수 있다.

둘째, 경영자의 보너스를 지분으로 모으는 것을 통하여 대규모적으로 직업매니저가 주주신분으로 바뀌는 것을 부추겼다. 이리하여 매니저의 이익을 회사와 외부주주의 이익과 함께 묶어 매니저가 파트너의 마음가짐을 형성하게 하고 따라서 일정한 정도에서 대리문제를 해결했다.

세 번째, 직원을 진정으로 주주로 변화시켜 단기적인 복지를 누리는 것이 아니라 장기적인 투자를 진행하게 했다. 이리하여 직원의 이익을 기업의 이익과 묶어서 직원의 격려 문제를 효과적으로 해결하였다.

넷째, 시가 관리, 영안조합은 그들의 주가가 하락했을 때 주가안정의 작용을 하였다. 주식영합만으로는 부족하다. 프로젝트영합과 주식영합이 함께 나아가고 직원이 '창업자'가 되며 관리자를 재차 기업이익과 묶어 양자가 상호 협동해야 한다. 완커의 향후 모든 새 프로젝트에 대하여 프로젝트현지회사의 관리자와 이 프로젝트 관리자는 반드시 회사와 함께 투자해야 하고 회사이사, 감사, 고층관리자 이외의 기타 직원은 자원적으로 투자에 참여할 수 있다. 이 방안에 근거하여 직원의 초기영합투자액은 프로젝트자금 최고치의5%를 초과하지 않는다. 완커는 또 영합프로젝트에 대하여 따로 양수영합을 안배했다. 프로젝트현지회사의 투자자는 시장기준대출이율을 지불 후 프로젝트자금 최고치 5%를 초과하지 않는 몫을 양도받는 것을 선택할 수 있다.(주요 내용 도표5-1 참조)

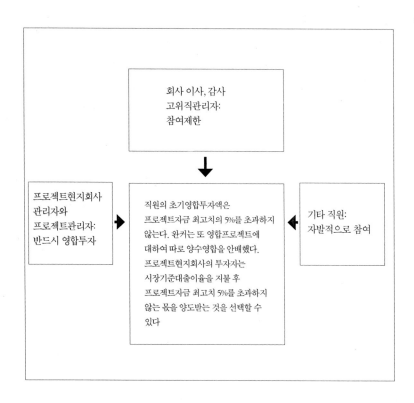

도표 5-1 완커 투자자의 다른 책략

완커영합은 대지확보, 설계, 공정, 분양 등 다른 부서를 하나하나 서로 다른 프로젝트팀으로 통합하여 마치 인터넷회사처럼 더 이상 부서 파이프라인의 방식이 아니라 하나하나 프로젝트의 방식을 통하여 '하나'로 통합하는 것을 의미하며 광주(广州)완커는 이런 방식을 '일단체'(壹團隊)라고 불렀으며 프로젝트 리더는 어느 부서에서 세우고 다른 부서의 사람들과 협조하여 이 프로젝트를 완성한다. 물론 다른 부서의 사람들은 동시에 기타 프로젝트가 있을 수 있고 또 기타 일단체에 가입할 수도 있으며 오직 일단체의 리더는 유일한 것이고 처음부터 마지막까지 기타 프로젝트팀에 가입하지 않는다.

일선에 있는 회사의 프로젝트영합에서 존재할 수 있는 단기투기주의 경향을 없애기 위하여 예를 들어 그들은 자신감 있고 단기에 효과를 볼 수 있는 프로젝트영합을 선별하거나 또는 일부 이익수송 등을 진행한다.

완커는 관리자에게 모든 프로젝트에 대하여 모두 투자할 것을 요구하고 본부에서 부결권을 가지고 있으며 어느 관리자의 파트너자격을 취소할 수 있고 또한 지분보유방면에서 결정권을 가지고 있다.

다시 말해 프로젝트영합에서 발생할 수 있는 투기주의는 한 방면으로는 본부의 심사를 받아야 하고 다른 한 방면으로는 완커의 주식에 작용하여 주주가 이것 때문에 값을 지불한다. 주식영합은 장기적인 평가메커니즘에 대등하며 프로젝트영합의 장기적인 이익에 대하여 균형을 이루어야 한다.

이렇게 모든 프로젝트는 직원투자의 창업프로젝트가 되며 프로젝트 성과와 직원이익을 직접적으로 연결할 뿐만 아니라 직원의 업무열정을 불러일으킬 수 있으며 직원의 잠재력을 최대한 발휘하고 기업의 혁신에도 큰 이익이 되었다. 기업의 각 프로젝트가 직원이 투자하는 창업프로젝트로

될 때 기업이 많은 소형조직의 집합이 되게 할 수 있으며 소형조직은 융통성이 있어 외부의 변화에 신속하게 반응할 수 있고 또한 가장 혁신성을 가지고 있다. 유량은: 사업파트너는 지역회사의 각종 혁신 또는 마이크로 이노베이션을 고속으로 구동하고 있다고 밝혔다.

예를 들어 완커는 최근 타오바오와 손을 잡고 타오바오 소비액으로 대등한 완커의 주택구매혜택을 교환하는 활동을 출시하여 한 달 동안 타오바오를 통해 분양한 주택총액은 13억 위안을 초과했으며 구매자가 누린 공제받은 혜택은 4평균 4.2만 위안이었다. 전체적으로 완커의 사업조합원제도는 기업조직의 중심화, 엘리트화, 전문화를 완성할 수 있고 진정으로 견고한 이익공동체를 만들 수 있으며 관리자가 '공동창업, 함께 누림, 공동책임'을 할 수 있게 하고 직원이 더욱 책임성 있고 환경에 더욱 민감하게 했다.

완커의 사업조합원제도의 분석에서 완커의 방법은 경영권과 소유권을 점차적으로 합병하였음을 볼 수 있다. 오늘날 영안파트너는 누계 31.3억 위안을 투자하여 완커 A주를 추가 보유하여 총 3.59억 주 주식을 보유하였고 회사 총 지분의 3.26%를 차지하며 또한 계속 A주를 추가로 보유할 것이라고 표명했다. 내부기관을 설립하는 것을 통하여 회사주식을 보유하고 상장회사는 통제권시장이 가져오는 일부 불확실성을 회피하며 따라서 외부에 대하여 통제를 진행한다. 하지만 기업주주권집중으로 인하여 생긴 내부통제문제에 대하여 완커는 일정한 제약균형메커니즘을 구축하여 주식영합과 프로젝트영합을 통하여 관리자를 기업의 단체이익과 묶고 또한 주식영합과 프로젝트영합의 제약균형을 이루게 했으며 회사경영의 위탁-대리 중 존재하는 도덕문제 및 일부 작은 주주의 '얻어타는' 문제를 효과적으로 해결하였다. 이 논리에 따라 유량은 '사업조합원 2.0 또는

3.0판본'을 제기하였으며 그는 향후에 프로젝트영합을 확대하여 산업사슬 상 하류도 합작파트너로 바꾸며 신형부동산생태시스템을 구축할 수 있다고 생각했다. 만약 시공회사도 사업조합원으로 될 수 있다면 시공과 자재를 빼돌리는 문제는 아마도 근본적으로 근절될 것이며 공정품질도 보증을 받을 수 있을 것이다. 이렇게 하면 산업사슬의 이익관계자도 사업조합원으로 발전시켜 한 개 회사로부터 출발하여 그것을 플랫폼으로 하여 내부혁신을 하는 것과 같다. 혁신의 최종결과는 생태체계를 새롭게 구성하는 것이며 이렇게 하면 더욱 큰 범위의 회사경영 문제를 해결할 수 있다.

5.3.2 벽계원의 '성과공유' 와 '일심동체' 의 계획

비록 완커와 비교했을 때 벽계원은 요란스럽게 조합원계획을 출시하지 않았지만 2012년 말 벽계원은 조용히 '성과공유' 계획을 내놓았으며 고액의 보너스와 분권화를 통하여 회사와 직원이 함께 이익공유, 위험분담을 실현하게 했고 회사의 2013년도 판매액 천억 위안을 돌파하는 것을 추진했다. 벽계원의 성과공유메커니즘은: 지역과 프로젝트회사가 부지를 확보했을 때 목표이윤율, 판매액 등 데이터에 근거하여 의향부지의 투자금액을 역으로 추산하여 경매에 붙여 경매할 수 있어야 하며 아니면 포기해야 한다; 프로젝트경영관리자는 마지막에 프로젝트자금회수속도와 창출한 순 이윤에 근거하여 보너스를 받는다. 순 이윤이 높을수록 자금회수는 더욱 빠르고 보너스도 더욱 많으며 현금장려 외에 상을 받은 프로젝트는 또 주식보너스를 받을 수 있다. 이 부분의 보너스는 직접적으로 벽계원 그룹의 주식구매 계획 하에 직원이 주식을 구매할 때 지불해야 하는 원가상쇄로 한다고 규정했다. '성과공유'는 본질상 그룹지분구조의 중대한 조정에 연관되지 않는 상황에서 프로젝트 측면 또는 지역측면에서 파트너 또는 파트너와 비슷한 신분으로 중요인재가 더욱 많은 수익을 얻는 상황에서 기업을 위하여 더욱 많은 이윤을 모색하여 직원과 주주이익의 공영을 실현하는 것이다. 프로젝트는 명확한 현금회수요구가 있으므로 프로젝트회사가 이윤을 확보하기 위하여 그룹회사의 자금줄의 안전을 모르는 척하는 현상이 나타날 수 없다.

이 계획은 벽계원의 최근 2년간의 규모 확장을 위하여 강력한 동력을 제공하였다. 하지만 부동산업이 '황금시대'에서 '백은시대'로 과도함에 따라 이 격려메커니즘의 단점이 나타나기 시작했다: 규정에 따라 새로운 프로젝트는 어떠한 원인이든 평가기간 내에 적자가 나타나면 적자액의 20%는 지역의 총재 및 프로젝트 총경리가 부담한다; 만약 1년 안에 머니플로가 제대로 돌아오지 못하면 해당 평가단원은 '성과공유'계획에 참여하는 자격을 상실한다; 만약 '성과공유'계획에 참여한 프로젝트가 마지막에 보너스를 얻지 못하면 상황에 따라 지역 및 프로젝트관리자에 대하여 처벌을 한다. 엄격한 상벌제도는 프로젝트가 비교적 높은 경영위험을 부담해야 함을 의미하고 이는 프로젝트가 안정을 추구하기 위하여 새로운 발전기회를 상실할 수 있음을 의미한다. 그리하여 2014년 9월부터 벽계원 그룹은 새로운 '조합원제'설계업무소조를 설립하였으며 연구를 거쳐 새로운 '일심동체'계획을 제시했다: 2014년 10월부터 새로운 프로젝트는 모두 영합메커니즘을 채택한다. 즉 프로젝트가 내부 심사를 거쳐 확정된 후 그룹투자비율은 85%이상이고 직원은 15%보다

낮은 지분비율을 투자할 수 있으며 공동으로 프로젝트합자회사를
구성한다.(상세요구는 도표 5-2 참조)

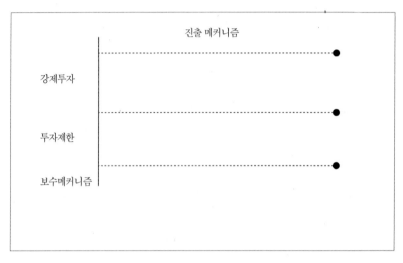

도표 5-2 벽계원의 '일심동체' 계획

위 도표에서 볼 수 있듯이 벽계원의 '일심동체'계획은 완커의 사업조합
원제도와 일정한 차이가 존재하며 프로젝트참여, 정보공시, 투자참여인원,
영합방식 및 한도, 회수메커니즘, 이윤분배와 원금반환조건 및
퇴출메커니즘방면에서 모두 차이가 존재한다. (표 5-2 참조)

표 5-2   완커와 벽계원의 비교

완커부동산	대상: 고층관리자, 핵심구성원
	내용: 그룹측면에서 사업조합원의 경제이윤보너스 계좌중의 모든
	권익을 심천영안컨설팅에게 위탁하여 투자관리를 진행한다.
	융자를 유입하여 투자진행을 포함하며 일반
	조합원측면에서 완커의 프로젝트에 투자하여 수익을 얻을 수 있다.
벽계원	대상: 벽계원 직원
	내용: '일심동체' 직원격려계획은 그룹직원이 주주가 되어
	프로젝트 개발에 투자하는데 초점을 맞추었다. 조합원요구에
	부합되는 직원은 프로젝트의 주식을 구매할 수 있으며 얼마 후에
	프로젝트 이윤이 충분할 때 이윤배분을 받을 수 있다.

벽계원의 개혁은 시대에 따라 변화한다고 할 수 있다. 부동산업이 정상적으로 회복됨에 따라 산업의 총 이익률은 이미 평균화로 향했고 주택상품은 생활방식화로 향했다. 예전에 '황금시대'하에 부동산업은 일단 부지만 확보되고 충분한 자금이 있어서 시공을 빨리 하고 분양을 빨리 하면 비교적 높은 수익을 얻을 수 있었다; 하지만 곧 다가오는 '백은시대'에서 부동산기업은 반드시 시장을 세분화하여 최고의 가성비 상품 및 제일 우수한 차별화 상품을 찾아야 하며 서비스와 상업형식을 연장해야 경쟁력을 유지할 수 있다. 이러한 배경 하에 어떻게 지역과 지방회사를 강하게 하는 것과 지방회사의 경영활력을 불러일으키려고 하는 것은 최근 몇 년간 모든 규모 있는 부동산기업이 직면한 공동의 도전이다.

이리하여 벽계원은 2013년부터 점차적으로 지역회사에게 권력을 넘겨주어 지역회사의 부지확보, 개발, 분양의 권력을 증가하였으며 본부는 진일보로 규모를 줄이고 서비스와 감독기능을 강조하였다.

'일심동체'계획의 출시는 벽계원 본부의 아래로 권력을 넘겨주는 사상과 일맥상통했다. 벽계원의 이 계획은 '기업관리수단과 직원이 기업발전성과를 공유하는 것과의 결합이며 직원의 주인공 의식을 강화할 수 있고 진정으로 직원이 주인이 되는 것을 실현할 수 있다고 여겼다. '일심동체'계획과 또 함께 추진한 것은 그룹이 진일보 적으로 정리를 하고 있는 '본부- 지역- 프로젝트' 3단계 통제관리시스템이다. 각 지역에 대하여 최적화한 통합을 진행하고 모든 지역회사는 실질적이고 강하게 되어야 하며 상대적으로 독립된 경영실체가 되어야 한다. 오늘날 벽계원 아래에 광청(广淸)지역, 상위천간(湘渝川贛)지역, 강중(江中)지역, 동북지역, 웨민(粤闽)지역, 쑤완(蘇皖)지역 등 6개 1급 지역회사와 25개 지역회사로 구분하여 '광동성 내, 국내, 해외' 삼분천하의 구도를 형성하였다. 규모의 진일보적인 확대를 실현하려면 지역을 강하게 하는 것은 벽계원의 필연적인 선택이다.

벽계원의 '일심동체'계획을 자세히 분석해보면 직원으로 하여금 위험을 함께 부담하고 수익을 함께 누리는 것 외에 더욱 중요한 의미가 있다. 먼저, 기업은 사람에 대한 관리를 더욱 중시한다. 관리자에게 있어서 그는 더 이상 단순한 직업매니저가 아니라 프로젝트의 주인이 되었으며 그리하여 직원은 프로젝트에 대하여 인정을 하고 기업에 대하여 주인공의식이 있으며 이는 기업이 인재를 잡아두기에 쉬워진다. 다음, 기업의 투자위험에 대한 통제가 더욱 강력해진다. 모든 프로젝트는 모두 직원이 참여하고 또한 위험을 공동 부담하며 투자결정을 할 때 직원은 더욱 조심한다. 이외에 이윤환원메커니즘은 모두가 프로젝트의 이윤 문제에 더욱 관심을 가지게 했다. 마지막에 회사의 마케팅은 '전원참여'가 되었다. 모든 직원은 모두 프로젝트에 참여할 수 있으며 직원이 프로젝트의 주주가 되었을 때 자연적으로 온 힘을 다하여 프로젝트의 마케팅에 뛰어들게 된다. 미래프로젝트의 마케팅은 마케팅부문만의 일이 아니라 또한 공정의 일이며 재무의 일이고 심지어 행정의 일이다.

5.3.3 금지(金地) - 펀드와 결맹

기업의 발전에 있어서 융자와 자본운영능력은 매우 중요하며 그리고 부동산업은 자금 밀집형 업종으로 오늘날 역시 경쟁의 백열화 단계에 들어갔으며 이는 기업이 자기의 자금실력을 더욱 중시하도록 요구했다.

금지는 일찍이 2006년부터 부동산금융업무를 탐색하기 시작하였으며 회사는 중국부동산시장투자에만 집중하는 온성투 (穩盛投資)관리유한공사를 출자 설립하여 제일 처음으로 금융 업무에 발을 내딛은 부동산기업중의 하나가 되었으며 또한 금융을 기업의 두 번째 중요한 업무로 확정했다. 온성투자는 부동산금융방면에서 행동이 빈번하였다: 2008년 온성투자가 UBS(스위스은행)와 설립한 달러펀드(UG펀드)는 국내의 첫 번째 표준화 부동산펀드가 되었다; 2009년 평안신탁(平安信托)과 합작하여 부동산신탁상품을 발행했다; 2010년 온성투자는 인민폐 펀드업무를 확장하기 시작하여 중국부동산펀드의 풋대가 되었다.

오늘날 온성투자는 이미 중국부동산펀드의 선도기업으로 성장했으며 홍콩, 북경, 상해, 천진에 모두 지사를 설치하였고 50여명의 전문적인 관리자가 있으며 산하에 달러펀드 한 개와 여러 개의 인민폐 펀드를 관리하고 있다. 2012년 온성투자는 누계 투자액이 70억 위안을 초과했으며 2013년 누계 총자산관리규모는 105억 위안에 달했다. 오늘날 국내 대부분 부동산펀드는 채권을 하지만 금지는 주식을 하며 유한조합을 실행했다(천진금지온영天津金地穩盈주식투자펀드를 사례로 했으며 표 5-3. 도표5-3과 5-4 참조). 회사는 주식모집으로 얻은 자금을 자기의 프로젝트에 투자하여 자금 압박을 완화시켰으며 이렇게 펀드를 유입하여 프로젝트개발에 참여하고 파트너와 공영을 실현하였다.

금지회사는 오늘날 많은 펀드는 프로젝트펀드라고 여겼고 자기는 앞으로 진일보로 엄브렐러펀드를 하려고 생각했다. 이런 펀드는 구체적인 한 개 펀드가 아니고 동일한 펀드발기인이 발기하고 관리하는 여러 개 펀드이며 투자자는 참여하려면 반드시 '입장권'이 있어야 하고 입장 후 펀드 내에서 다양한 선택을 할 수 있으며 이렇게 투자자의 투자융통성은 증가하였다.

표 5-3 　　　　 '천진금지온영주식투자펀드'의 개요

펀드명칭	천진온영주식투자펀드 조합기업(유한조합)
자금모집규모	1기 모집규모: 1.8억 위안(이미 입금완료) 2기 모집계획 규모: 2억 위안
투자기한:	최장 5년, 2010년부터 점차적으로 투자를 회수하기 시작하며 2014년 년 말에 70% 원금을 회수할 예정임
LP2 예정수익률	년 수익률 31.34%, 5년 누적 순 수익은 156.7%에 달하고 이윤은 상한가 및 최저한도 수익이 없음.
후보 프로젝트	금지그룹 무한 '난비계안'(武漢 '瀾菲溪岸') 프로젝트
퇴출경로	조합기업은 프로젝트회사에서 퇴출 후 〈유한조합기업협의〉등 법률 문서의 약정에 따라 조합원에게 투자이익과 원금을 배분하며 신탁계획은 탈퇴하고 또한 수익자에게 신탁이익을 분배해야 한다.
프로젝트 현황	토지비용 이미 지불 완료했고 현재 시공 중이며 2011년 1분기 부터 분양예정

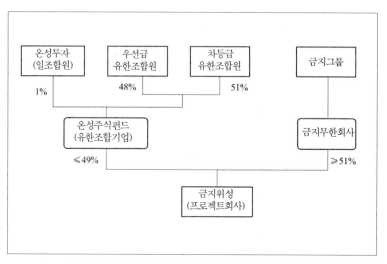

도표 5-3 펀드구조도

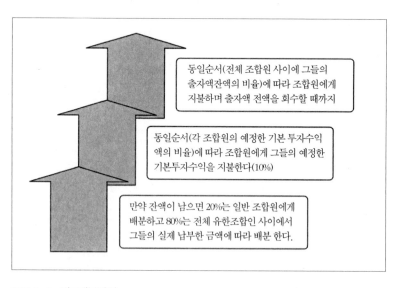

도표 5-4 펀드배분방식

금지의 행위로 볼 때 펀드를 유입하고 펀드와 동맹을 결성하여 공동으로 프로젝트를 개발하는 것은 부동산의 자금에 대한 수요를 만족시켰을 뿐만 아니라 펀드가 프로젝트를 겨냥하여 자금을 모집하면 펀드조합원은 프로젝트의 주인이 되고 자연적으로 프로젝트를 널리 알리는데 참여하며 또 프로젝트의 위험, 진척, 품질 등에 대하여 통제를 하고 회사의 또 다른 경영역량을 형성하여 회사의 발전에 유익하다. 이외에 프로젝트는 이윤공유, 위험공동부담을 실현하고 최종적으로 공영을 실현한다.

결론

본 문은 기업이 혁신적으로 조합원제도를 이용하여 회사경영을 진행하는 형식에 대하여 정리를 하였다. 그룹의 주도하에 조합원제도는 끊임없이 추진되고 각 기업은 제도실시에서 각자 달랐다: 알리의 조합원제도형식은 주요하게 회사의 문화전승을 보증하고 회사관리자가 기업통제권에 대한 장악에 이용했으며 이사회고정을 통하여 회사발전의 안정성을 유지하고 조합원의 매년 선정은 직원에게 일정한 격려작용을 하였으며 인재를 기업에 잡아두었다.

완커의 사업조합원제도는 주식영합과 프로젝트영합을 취했으며 관리자가 프로젝트의 소유자가 되게 하고 직원이 프로젝트의 주주가 되게 하며 효율적인 격려를 할 수 있을 뿐만 아니라 또한 회사프로젝트의 위험을 더욱 잘 장악하고 전체 직원의 마케팅을 실현할 수 있다. 벽계원의 '성과공유'계획과 '일심동체'계획은 주요하게 직원을 격려하며 직원과 함께 위험을 부담하고 수익을 공유하며 부동산을 중자산운영관리형식에서 경자산인 인원관리를 주로 하는 운영형식으로 바꾸기 위함이다. 금지는 펀드와 결맹하여 효율적으로 부동산의 자금에 대한 수요문제를 해결하였고 또한 외부의 효율적인 경영을 유입하였으며 회사가 지속적으로 발전하는데 더욱 유리했다.

각각의 조합원제도를 살펴보면 그들의 목적은 모두 '사람'에 대한 격려, '고용'을 '소유'로 바꾸어 직원의 잠재력을 불러일으키며 인재를 잡는데 있다. 현재는 지식경제의 시대이다. '사람'은 확실하게 중요하며 어떻게 인력자원을 잘 이용하는가는 기업이 끊임없이 탐색해야 할 명제다.

제6장

니체의 강력한 의지가
기업에 대한 계시-Uber사례

니체의 강력한 의지

'강력한 의지'는 니체 철학의 핵심사상중의 하나이다. 니체는 강력한 의지가 묘사한 것은 일종의 생산력이며 그는 창조할 수 있을 뿐만 아니라 또 창조력이 있는 사상을 실천에 옮길 수 있다고 여겼다. 강력한 의지의 사상의 생활은 태어나서부터 존재하는 본질이 있으며 이런 본질은 추리의 형식을 초월하여 생활보다 높은 어떤 곳에서 얻은 것이 아니며 다시 말해 생활의 본질은 어떤 허무적인 것을 가리키는 게 아니고 생명의 의미는 어떤 허무한 것을 가리키는 게 아니며 어떤 허무한 신의 지배를 받는 것이 아니고 실질적인 생활이라고 여겼다. 이런 실질적인 생활, 이런 생활이 태어나서부터 존재하는 본질은 우리가 다양한 형식의 인생이 어떻게 나타나고 또한 합법성을 얻는 것인지 보게 하였다. 각종 생명의 형식은 이른바 동물인, 사회인, 이성인 그리고 도덕인 등을 포함하여 인류의 생명을 나타냈을 뿐만 아니라 그들은 모두 권력에 대한 추구로 모인 것이다. 인류의 생명은 생명의 진리 및 생명이 생존하는 규범 등을 포함하여 모두 생명변화의 형식 일뿐이다. 이에 따라 니체는 새로운 존재관을 창건하였으며 존재는 바로 생성이다.

니체의 존재 즉 생성은 몇 개의 고정개념형식 위의 대립적인 인생관, 그런 고정개념은 주체와 객체, 인과 과 등을 포함한 서방의 사상관과 다르다 -

니체는 진일보 적으로 바로 그런 세계의 언어를 묘사하는데 사용한 것이 서방사상의 이원성을 초래했다고 여겼다. 마치 니체가 〈우상의 황혼〉에서 예시한 것처럼: '우리는 하나님을 벗어나지 못했다. 왜냐면 우리는 여전히 문법을 믿고 있기 때문이다.' 다시 말해 언어는 우리의 사상을 제한했다. 왜냐면 일반적인 문법은 모두 주어와 목적어를 강조하기 때문이다. 주로 주어는 통상 '나'로 표현하고 '나'의 사상 및 생각을 표현하고 핵심은 이 동작의 주체인 '사람'에게 있다. 그러나 목적어가 대신 지칭하는 것은 외부의 세계다. 하지만 '동사', '명사' 등의 구분은 우리가 운동과 변화를 인류주체에서 발생한 체험으로 보게 했다.

즉 나의 의식은 자주적으로 변화가 생기고 더 나아가 나의 의식이 투사된 외계사물도 변화가 발생하였으며 이렇게 인류의 '자아'와 '의지'는 존재의 원인이 되었고 생명운동 후 나타난 효과가 아니었다. 하지만 '자아', '의지'는 모두 생명운동의 2급 효과이며 생명의 운동으로 인하여 생명이 끊임없이 생기고 '자아' 의미가 생기게 되었으며 '자아'가 의식이 생기게 되었다. 다시 말해 '자아', '의지'는 원래 아무런 의미도 없다. 하지만 생명의 운동, 소조와 구성을 통하여 '자아'와 '의지'는 나타났다. 다시 말해 '자아'는 생명운명을 통하여 구성되었으며 그리고 생명의 운동은: 권력과 통제에 대한 끊임없는 추구다.

이것으로 볼 수 있듯이 니체는 의식과 정신을 존재하는 최고의 가치로 여기는 것을 반대하였다. 그는 생명의 완전체는 강력의지가 창조한 역장이며 인류의 의식은 그 중의 한 개 산물일 뿐이라고 여겼다. 생명의 의미는 이른바 최고의 정신을 추구하는 것이 아니라 힘의 성장 및 '점용, 통치성장, 더욱 강하게 변한 의지'(〈강력한 의지〉, 니체, 1968:367)이다.

니체는 생명의 제일 기본적인 구동력은 힘의 누적 및 비교적 강한 의지가 비교적 약한 의지를 통치하는 데 있으며 또한 그것을 극복하는 반항력에 있다고 여겼다. 다시 말해 생명은 본래 아무런 의미도 존재하지 않으며 그의 존재는 바로 무한대로 힘의 누적을 추구하는 것이며 그리고 힘의 누적은 더욱 강한 의지에게 정복되는 것을 반항하는 것이 필요하다. 이것으로 볼 때 우리가 말하는 '지식은 바로 힘이다'는 정확하지 않으며 지식은 힘의 원인이 아니고 응당 힘의 결과여야 한다. 우리는 강력한 의지가 있고 우리는 현실을 창조할 수 있으며 또한 자기가 창조한 현실을 타인에게 강요하여 타인이 '지식'을 받아들이게 하기 때문에 이렇게 우리는 비로소 박식하게 되었다. '모든 생명의 핵심문제는 바로 반항의 수준과 고급역량의 수준이다'(〈강력한 의지〉, 니체, 1968:337). 하지만 강력한 의지의 끊임없는 반항투쟁은 생명의 힘을 강화하였다.

강력한 의지는 오직 반항을 통하여 자기를 증명할 수 있다; 그리하여 그는 끊임없이 그를 반항하는 힘을 찾는다. - 이것이 바로 세포질이 그의 위족시의 원시동기를 연장하는 것이다(세포질은 그의 위족이 세포 밖을 향하여 연장하는 것을 통하여 영양분을 찾는다). 점유와 동화는 모두 정복의 욕망이고 소조와 리모델링의 과정이며 영향 받은 것이 침범자의 역량범위 안에 완전히 들어올 때까지이며, 그 힘이 따라서 함께 성장한다(〈강력한 의지〉, 니체, 1968: 346). '하지만 강력한 의지가 자기를 나타내는 방식은 서로 다른 종류의 생명경계를 정의하고 그들이 나타낸 힘을 평가하며 또한 그들이 어떤 수준에서 피차 서로 자기의 영역 내에 동화되는지 확정하는 것이다.' 이로써 '주체'는 의미를 잃었고 그는 더 이상 확정된 범위가 없으며 언제나 변화하면서 끊임없이 외부를 자기의 영역 안에 동화시킨다고 볼 수 있다. 주체 '원자'가 없다. 주체의 범위는 끊임없이 성장하거나 줄어들며 시스템의 중심은 끊임없이 변화하고; 만약 그가 그의 품질을 조직하지 못하면 그는 두 개 부분으로 분열된다. 이외에 그는 약한 주체를 그의 기능으로 완전하게 바꿀 수 있으며 또한 일정한 수준에서 그것으로 새로운 완전체를 형성할 수 있다. '물질'이 없으며 어떤 것은 다만 자신이 더욱 큰 힘을 추구하는 것이며 그는 자기를 '보존'하고 싶어 하지만 간접적인 방식을 통하여 실현할 수밖에 없다(그는 자기를 초월하고 싶어한다). (〈강력한 의지〉, 니체, 1968:270) 전체적으로 볼 때 니체의 강력한 의지는 주요하게 아래 몇 가지 함의를 표현했다.

1) 우리가 응당 어떻게 살아가야 하는지를 지도하는 틀에 잡힌 규범은 아무것도 존재하지 않는다. 삶은 이른바 정신구원을 추구하기 위한 것도 아니다. 삶은 실질적인 존재이며 모든 사람들의 권력의지에 의존하여 끊임없이 동태적으로 형성된다; 다시 말해 생명의 본질은 실질적인 삶 속에서 힘의 증강을 추구하는데 있다.

2) 생명의 형식은 생명의 규범과 생명의 도덕 등을 포함하여 모두 생명이 권력과 힘에 대한 추구에서 생기는 것이다; 다시 말해 생명에 대한 구분 및 생명의 어떤 구속은 생명이 나서부터 있는 것이 아니고 강력한 의지가 있는 자의 사상의 표현이며 그들이 생명에 강요한 각종 제약이다.

이것은 마치 인류가 추구하는 소위 지식처럼 지식은 힘이 생기는 원인이 아니고 힘이 표현하는 결과이며 강력한 의지가 있는 사람이 어떤 인식을 지식으로 바꾸고 또한 의지가 약한 사람들에게 인정하도록 강요하여 그들의 박식하다는 것을 나타낸다.

3) 생명은 멈춰있는 것이 아니며 모순위치에 처한 힘들이 상호작용하여 끊임없이 생성되는 것이다. 생명의 표현은 강력한 의지의 작용이 끊임없이 그를 동화하려는 힘을 극복하고 또한 자기를 보존하려고 노력하며 더 나아가 자기를 초월하는데 있다. 그리하여 주체인 '나'는 의미가 없게 되고 그는 우리의 사고방식을 방해할 수 있다. 왜냐하면 '나'를 통하여 우리의 시각을 제한하고 모든 것을 '나'로 보게 하며 정체성을 소홀히 했기 때문이다. 생명은 끊임없이 생성되는 것이며 강력한 의지가 있는 생명은 끊임없이 바깥세상을 자기의 영역 중에 동화하여 자기가 새로운 생명을 얻게 한다.

위 분석에서 우리는 볼 수 있듯이 니체가 창도하는 것은 일종의 적극적인 인생관이며 강력한 의지를 가지고 있는 생명은 겨우 동화된 자로 되는 것에 만족하지 않고 그는 이미 구성된 세상에 대하여 반항을 할 것이며 세상이 그의 의지대로 구성되게 한다. 그는 끊임없이 흡수를 하여 최대 에너지를 얻을 것이며 어쩌면 처음에는 단지 자기를 보존하기 위해서이지만 나중에 그는 자기를 초월하였고 심지어 자기의 한계를 흐릿하게 하였으며 더 나아가 세상이 되었다. 니체의 이런 인생관은 단독적인 개인- '나'가 창도해야 할뿐만 아니라 우리도 적극적으로 자기에게 속하는 인생을 구성해야 하며 겨우 세상에 동화된 자가 아니라 자기의 노력을 통하여 최대에너지를 얻어 '귀족식의 자유'를 가져야 하고 낮은 층에 있는 속박 자가 아니라 이로부터 적극성을 얻어야 한다.

니체의 관점은 기업의 발전에도 적용된다. 기업은 한 개 생명으로서 수동적으로 기타 강력한 의지가 있는 생명으로 구성된 세상에 대응하고 규범에 인해 속박될 것인가 아니면 용감하게 자기를 지키고 자기를 보존하며 자기의 세상을 구성하여 바깥세상을 자기의 시스템 안에 동화시켜 생명의 더욱 높은 형식의 발전을 얻을 것인가? 본문에서는 우버의 발전에 대한 분석을 통하여 그는 강력한 의지를 가지고 있는 생명이며 거대한 생명력과 무한한 잠재력을 가지고 있다고 여겼다. 이에 따라 기업은 이미 구성된 환경에 수동적으로 대응해서는 안 되며 강력한 의지의 생명을 가지고 있다고 자랑하며 자기의 세계를 만들기 위해 노력하고 따라서 최대가치를 얻어야 한다.

6.2

우버-나를 무너뜨리지 못하면
나에게 동화되는 것을 선택하라

　　오늘날 우버는 전 세계 58개 나라 311개 도시에서 업무를 전개하고 있다. 우버가 전 세계에서 활약하고 있는 기사의 수는 2015년 초 16만 명을 초과했다. 2015년 초의 최근의 융자를 회사에서 400억 달러 평가했다. 5월분 회사에서 새로운 융자를 진행했고 평가액은 500억 달러에 달했으며 전 세계에서 제일 가치 있는 개인과학기술회사로 되었다. 이전에 오직 페이스북 회사의 상장 전 평가액이 500억 달러에 달했었다. 우버의 2015년 매출액은 100억 달러에 달할 것이며 평균 대략 80%의 기사수입을 공제한 후 회사 순 수익은 대략 20억 달러이다. 택시소프트웨어 하나가 놀랍게도 평가액이 500억 달러에 달하다니 그는 도대체 어떤 남다른 것이 있는가?

　　우버의 전신은 우버Cab이며 2009년에 설립하였고 주요 업무는 방치된 택시자원을 통합하여 소비자에게 렌탈 서비스를 제공하는 것이다. 2015년 5월이 되기까지 우버Cab는 미국 운행관리부에게 2만 달러의 벌금을 당했다. 이유는 택시회사의 관련된 허가증이 없기 때문이었다. 그때야 우버Cab는 전형을 하기 시작했다. 우버Cab는 후에 우버로 이름을 바꾸었고 또한 첨단택시시장에 집중하기 시작했다. 고객은 우버의 소프트웨어에 들어가 행선목적지를 입력하고 링컨리무진, 캐딜락리무진 등 고급차에서 필요한

232　중국기업성장조사연구보고 2016

좌석을 선택하기만 하면 조금 후에 바로 하얀 장갑을 낀 기사가 예절 바르게 그를 위하여 서비스를 제공한다. 2011년 1월 바로 설립 6개월 후 우버는 이미 6000명 고객을 보유하였고 2만 마일의 여정을 완성하였다.

2013년 7월 우버는 '아이스크림 배달'서비스를 출시하고 잇달아 또 뉴욕에서 햄턴(漢普頓斯)까지의 헬리콥터+개인차량 렌탈 서비스를 출시하였으며 또 국가 고양이 기념일 이날에 고양이 배달서비스를 올렸다. 이 일련의 신기한 업무들은 우버가 다양한 서비스플랫폼으로 변하기 시작함을 밝혔다. 잇달아 우버는 유럽과 아시아에서도 시작했다. 비록 가는 길이 험난했고 가는 나라마다 거의 모두 '때려잡자는 소리'가 높았지만 모두 그의 빠른 확장의 발걸음을 막지 못했고 각종 '봉쇄'도 그가 전 세계적으로 제일 가치 있는 창업회사가 되는 것을 방해하지 못했다.

6.3

우버의 전 세계 '금지'역정

1. 우버는 미국본토에서 지방정부의 배척을 당했다.

우버는 미국본토에서도 편안한 생활을 하지 못했다. 미국의 일부 도시와 지역 예를 들어 마이애미(邁阿密), 올랜도(奧蘭多), 버지니아(弗吉尼亞) 등 곳에서 우버가 제공하는 서비스는 법률이 허락하지 않는 것이다. 하지만 우버의 시장책략은: 한 도시에 가면 감독기관의 인 허가를 받았든 안 받았든 일단 먼저 운영한다. 일정한 수준까지 확장되고 감독기관에서 조사와 감독관리를 시작할 때 방대한 홍보팀을 이용하여 유세를 진행한다.

2014년 6월 로스앤젤레스 의회의 3명의 의원이 캘리포니아 의회에 관련된 법률을 빨리 출범하여 우버, 리프트(Ｌｙｆｔ)이런 렌탈회사에 대하여 관리를 하라고 호소했다. 이유는 현행 법률이 이런 유형의 회사에 대하여 관리를 할 수 없을 뿐만 아니라 우버, 리프트 이런 회사는 비 공정한 경쟁수단을 이용하여 전통적인 택시서비스회사를 불리한 환경에 처하게 했기 때문이다.

2. 우버는 중국 대만(台湾)에서 '무허가' 또는 '금지'를 당했다.

2014년 12월 22일 중국대만 교통부문에서 우버가 택시서비스 '위법'경영 혐의가 있다고 밝혔다. 우버는 무허가경영혐의로 300여만 대만달러의 벌금을 당했으며 우버는 이미 15만 대만달러의 벌금을 지불했고 남은 벌금에 대하여 이 회사는 법정에서 항소할 계획이었다.

3. '강간사건'으로 우버가 인도에서 금지 당하게 되었다.

2014년 12월초 인도의 부녀 한 명이 그가 우버 택시를 이용하여 집으로 가는 도중에 그 차 기사에게 강간을 당했다고 밝혔으며 잇달아 인도 수도 뉴델리(新德里)는 우버가 그곳에서 운영하는 것을 금지한다고 결정하였다. 우버는 인도는 이전에 상업운수허가증에 대하여 배경심사를 해야 한다는 명확한 규정이 없었지만 그 회사는 인도정부와 협조하여 이 방면의 문제를 해결하겠다고 밝혔다.

4. 송사문제로 우버는 스페인(西班牙)에서 금지를 당하게 되었다.

스페인 마드리드(馬德里)상부법정에서는 최신 판정을 하였다- 우버가 현지 택시동업연맹과 소송이 끝나지 않음을 감안하여 모든 법률분쟁이 해결되고 또한 우버가 계속 경영하는 권리를 부여 받기까지 잠시 앞자의 그 나라 시장운영을 금지한다.

5. 번호판과 보험문제로 우버는 태국(泰國)에서 운영이 어렵게 되었다.

태국 방콕(曼谷)의 교통관리부서는 우버회사가 기사의 관리등록 및 상업보험 등 문제가 있다 여기고 법령을 반포하여 우버가 즉각 업무를 멈추도록 요구했다.

6. 네델란드(荷蘭)는 우버의 업무전개를 금지하였다.

네델란드 민사법정은 오래 전에 우버 기사가 반드시 택시허가증을 받아야 한다는 결과에 대하여 지지를 하였고 만약 우버가 계속 그 나라에서 경영을 하면 바로 고액의 벌금을 내릴 것이라고 강조했다.

7. 부정당한 경쟁은 우버가 독일(德國)에서 전면적으로 금지 당하게 하였다.

프랑크푸르트(法蘭克福)의 법원은 우버가 현지 택시업에 대하여 부정당한 경쟁을 하였음을 발견하였다. 그 법원은 우버의 일부 기사들은 필요한 번호판과 보험이 없으며 또한 선택성 오더를 받는 문제가 존재한다고 지적했다. 독일법률의 규정에 따라 택시는 반드시 모든 사람들의 승차요구를 들어줘야 하며 승차거부를 할 수 없다. 그리하여 법원은 금지령을 발표하여 독일에서 우버를 금지하였다.

8. 한국은 우버가 렌탈서비스를 자체로 만들도록 결정하게 했다.

서울시정부는 한국법률은 미등록한 개인 또는 택시가 비용을 받는 운수서비스를 제공하는 것을 금지하므로 우버는 불법이라고 밝혔다. 정부는 빠른 시일에 앱을 출시하여 합법적인 택시를 위하여 우버와 유사한 서비스를 제공하겠다고 표명했다.

9. 우버는 법률법규를 위반하였기에 일본에 들어가기 어렵게 되었다

우버가 일본후쿠오카(福岡)에서 시범 운영한 합승서비스는 법률법규를 위반하여 금지를 당했다.

10. 우버가 중국대륙에 들어오자 많은 도시들은 그에 대하여 조사를
    진행했다.

　2015년 4월 30일 우버광주(广州)회사는 광주시 공상, 시위, 공안부문의
연합조사를 받았는데 그 이유는 불법경영혐의를 받았기 때문이다. 5월
6일 성도(成都)인환(仁恒)에 위치한 우버회사 성도본부는 관련부문의
방문조사를 받았으며 이유는 우버가 완벽한 종업수속을 했는지 여부를
조사하는 것이었다. 전체적으로 각 지역정부의 우버에 대한 고발은
주요하게 아래 몇 가지 원인이 있다: 1) 우버 기사는 택시허가를 따지
않았으며 불법경영혐의가 있다; 2) 개인 또는 렌탈차량은 현지 정부부문에서
등록하지 않았다; 3) 우버 기사는 관리등록 및 상업보험 등이 부족하다; 4)
안전위험은 법률분쟁을 일으킬 수 있다.

　비록 우버가 전진한 길은 평탄하지 않고 각 나라에서의 발전이 험난했지만
이렇게 급진적인 창업회사에 대한 자본시장의 사랑을 가로막지 못했다.
2014년 12월 바이두는 수억 달러로 전략적으로 우버의 주주가 되었다. 같은
달 우버는 12억 달러의 융자를 했다고 선포하고 평가액은 400억 달러에
달했으며 심지어 테슬라(特斯拉)와 트위터(Ｔｗｉｔｔｅｒ)를 초과했다.
이런 확장속도와 자금 흡수 능력에 대하여 일부 과학기술평론은 2014년을
우버의 해로 칭했다. 2015년 우버는 새로운 융자를 전개하였으며 그
평가액은 500억 달러에 달했다.

우버의 반항

  우버는 비록 연속 저지를 당했지만 그의 확장의 발걸음을 늦추지 않았다. 우버는 정부와 맞설 결심을 오래 전에 내렸다. 우버의 창업자 캘러닉(卡蘭尼克)은 지난 몇 년 동안 끊임없이 각 지방정부와 택시업에 심각한 보호주의가 있다고 지적했다. 반격이 더욱 맹렬하게 하기 위하여 그는 또 후자에게 '경쟁을 두려워하고 신기술을 거절'하는 모자를 씌웠다. 예를 들어 우버가 한국에서 금지를 당하고 또한 합법적인 경로를 찾는데 실패한 후 우버는 공개적으로 '서울시정부는 아직도 과거에서 산다'고 조롱했으며 또한 서울에서 공짜로 합승서비스를 제공한다고 선포하였다.

  미국 캔자스 주에서 새로 입법한 엄격한 관리감독을 당한 후 우버는 현지정부의 정책은 '반과기'(反科技)라고 강력하게 비난했다. 네델란드에서 법원이 우버의 합승서비스를 금지한다고 판결한 후 우버는 계속 서비스를 제공할 것이라고 응답했다. 캘러닉은 전에 어떤 연회에서: '우리는 지금 한차례 정치운동을 겪고 있으며 참가자는 바로 우버이고 상대는 바로 사람을 질리게 하는 택시라고 하는 자다.'라고 말했었다.

  캘러닉은 일부러 사람을 놀라게 하고 두렵게 하는 것이 아니었다. 그는 이미 우버의 확장을 정부와의 대결로 보고 있었다. 지난 2년간 우버는 50개 주에서 161명의 웅변가를 고용하였고 심지어 거금을 들여 전 구글의 공공정책주관 라헬.웨스턴((RachelWhetstone)과 오바마 경선 팀의 지낭인 다이애 비드 플러프를 고용했다. 전자는 워싱턴 내부인사이며 전에 재정부에 근무한 적이 있었다. 공공정책 유세에서 우버는 여러 가지로 동시에 진행했다. 일부 정부부문의 경고와 위협을 당한 지역에서 우버는 고객에게 편지를 써서 그들이 현지의 정치인물과 연락하여 우버의 발전을 지지하게 해줄 것을 바랐다. 예를 들어 이전에 미국 버지니아 주에서 현지 차량관리국이 우버에게 서비스를 중지할 것을 요구하자 잇달아 우버는 수백 명의 고객을 선동하여 이 정부기관에 대하여 고발을 하였다. 이와 동시에 우버는 또 유세 팀을 파견하여 버지니아 주 주장비서를 만나게 했다.

끝내 운영금지 발표 48시간 안에 버지니아 주의 교통과 차량을 책임지는 최고 관원이 차량관리국에 지시를 내려 우버의 업무를 금지하지 못하게 하였다. 또 다른 사례는 우버가 오타와(渥太華)시정부문의 금지령에 대한 반항이다. 우버가 오타와에 들어간 지 일주일 만에 정부는 우버가 상업허가증이 없고 상업운전자격이 있는 기사를 고용하지 않았기에 택시운영법규를 위반했다고 선포했으며 또한 집법인원을 파견하여 잠복할 것이라고 선포했다. 며칠 후 그들은 성공적으로 두 명의 기사를 붙잡았고 두 기사에게 650달러(캐나다)의 벌금을 물렸다. 이 일은 바로 현지의 핫뉴스가 되었으며 우버는 벌금은 낼 수 있지만 끝까지 기사들을 지지한다고 밝히고 또한 SNS에서 '우버 구원'계좌를 개설하였다.

때마침 시장대선 때여서 민중들은 후보자에게 압력을 가하여 그가 우버의 합법을 인정하도록 요구하고 또한 매체를 통하여 모든 받은 답신을 공개하였다. 또 어떤 사람은 사람들을 조직하여 여러 차례 나누어 현지의 의원을 만나 엄숙하게 우버를 지지한다는 태도를 전달했다.

시장 선거일 날 우버는 모든 투표소에 가는 시민들은 모두 공짜로 그들의 차량을 사용할 수 있다고 선포했다. 이는 교통원가를 낮췄을 뿐만 아니라 또 더욱 많은 사람들이 투표선거에 참여할 수 있게 했다. 그리하여 시장대선 후 우버에 대한 공격은 그렇게 호되지 않게 되었다. 이 외에 우버는 시장 활동에서 매우 뛰어났다. 예를 들어 앞에서 말했던 것처럼 아이스크림배달, 야옹이 배달 등을 통하여 지명도를 확대하였다. 그는 또 공공사무와 자선에 관련된 활동을 전개하여 더욱 큰 여론의 지지를 얻었다. 이런 활동들은 모두 우버의 이념에 부합되었다: '우리는 과학기술회사이지 택시회사가 아니다', '우리는 도구를 이용하여 꼭 승객만이 아니라 어떠한 물건도 운반한다', 따라서 우버는 자기와 전통택시회사를 구분하게 하였다.

중국에서는 중국의 특수한 나라정세 때문에 우버는 다른 방법을 택하였으며 더 이상 강경하게 대항하지 않고 오히려 온순한 협조를 선택하였다. 우버는 성도에서 검사를 받은 후 정부 웨이보(블로그)에서 성명을 발표하여 성도시 여러 부문의 관련된 영도들과 적극적이고 효율적인 대화를 진행하여 '더욱 규범화되고 더욱 완벽화'한 이루었다고 강조하였다. 캘러닉은 중국에서 매체의 인터뷰를 받을 때 : '우리는 중국 도시들의 이 몇 년간의 성장과 진보는 전 세계에서도 제일 빠른 것임을 보았다.

모든 도시의 시장은 무엇이 이 도시에 제일 좋은 것인지를 매우 잘 안다. 우리는 줄곧 전문차량을 이야기했고 정부는 왜 전용차에 관심을 기울일까, 핵심은 바로 전문차량의 안전문제를 우려하는 것이다. 현재 비록 정확한 법규정책 또는 관리감독 메커니즘이 부족하지만 우버는 정부와 합작하기를 매우 원하며 무엇이 더욱 규범화된 방식인지 탐색하고 존재하는 안전문제를 해결하며 위험과 우려가 따라서 사라지게 하겠다.'라고 밝힌 적이 있다.

이는 우버가 차분하게 정부와 협상을 진행하기를 원하며 예전의 반역의 '말썽꾸러기'의 형상을 바꾸고 중국정부와 합작하여 전용차가 합법화되게 하는 것을 선택했음을 표명한다.

우버 성공원인

6.5.1 핵심 경쟁우세

1. 정확한 계산법

우버는 한 가지 계산법을 독점 개발하였다. 이 계산법의 핵심은 Travelling-salesman Prob-lem- 어떻게 셀 수 없이 많은 이동하는 점들을 제일 짧은 선으로 연결할 수 있을까, 이다. 이렇게 하면 차수요량, 차량의 배급과 위치에 대하여 정확한 파악을 할 수 있고 어느 때에 몇 개의 차량을 안배하여 길에서 달리게 해야 하는지 계산해낼 수 있으며 한 개 도시에서 최소의 차량을 배치할 수 있고 효율적으로 고객의 수요를 만족시킬 수 있다. 우버는 동태적인 가격책정 전략을 취하였다. 그 근거는 할증계산법이고 핵심은 시장의 조절기능을 발휘하는 것이다. 할증이 의거하는 것은 공급과 수요의 동태적인 균형이며 할증계수는 일정한 구역 내에서 고객이 발송한 수요와 기사수량의 비율에 따라 확정하는 것이다.

이외에 우버는 자동 매칭 계산법을 취하여 '오더 빼앗기'가 아니라 '오더 파견'을 취하였다. 고객이 주문하면 시스템은 고객수요를 제일 가까운 기사에게 지정하여 자동 정합하게 하며 오더를 빼앗을 필요가 없게 하여 사회통합자원의 이용효율의 최대화를 실현하였다.

2. 높은 이윤율

우버는 사람들이 차량을 빨리 탈 수 있게 하였다. 고객이 급하게 차량이 필요하지만 차량을 잡을 수 없는 상황에서 그들은 흔히 높은 가격을 지불하기를 원하며 이것이 바로 시장의 기본규칙이다. 우버는 그에게 제공하는 렌탈서비스에 대하여 가격정찰권리가 있고 시장의 수요상황에 따라 적당한 시기에 자기의 가격을 조절할 수 있으며 따라서 진일보 적으로 이윤율을 향상시킬 수 있다.

6.5.2 우버의 상업형식 혁신

1. 고효율과 투명성

우버는 플랫폼을 제공하여 실시간으로 개인차량기사와 고객의 정보를 제공하고 또한 그들을 서로 매칭시키며 고객이 예약차량의 실시간 지리위치정보를 볼 수 있게 했다. 이런 위치추적, 발굴, 매칭, 이동인터넷기술은 외출의 효율을 크게 향상시켰으며 또한 효과적으로 서비스 제공 측과 수요 측간의 정보 불일치를 감소시켰다.

2. 노동력 충족

모든 개인차량주인은 모두 우버의 잠재적인 고용인이다. 우버는 고객에게 편의를 제공했을 뿐만 아니라 사회자원이 그들이 가지고 있는 가치를 충분하게 발휘하게 했다- 방치된 개인차량이 시장에 영입되고 차주는 유연한 노동시간을 얻을 수 있게 했다. 우버가 제공하는 이런 탄력적인 선택가능한 근무방식은 문턱이 매우 낮고 또한 출근제고와 노동계약의 구속을 받지 않아 근무하는 직원들로 하여금 더욱 자유롭고 편안하게 느끼게 하였다.

3. 모호한 시장경계

캘러닉은 우버를 '생활방식과 운송방식의 교차점'으로 비교하였으며 그는 '이른바 인터넷 생활방식은 바로 클릭이고 그리고 실현이다'라고 생각했다. 그는: '우버가 현실세계의 생활방식이 되려면 그것은 바로 클릭이고 그리고 실현이다. 5분 안에 우리는 사람들을 각 곳으로 운송할 수 있다; 같은 5분 안에 우리는 다른 방식을 이용하여 기타 물건을 운송할 수 있다.'라고 밝혔다. 우버는 더욱 넓은 상업시각을 제공하였으며 그의 중점은 운송에 있는 것이 아니라 방치된 자원의 이용이었다. 그는 자기의 시장경계를 모호하게 했고 끊임없이 전통업종에 대하여 도전을 하였다. 어떤 투자자와 전문가에 대한 조사에서 나타내듯이 요식업, 교통과 호텔업을 뒤이어 마트쇼핑, 소매, 가사도우미, 비즈니스와 오락은 우버의 형식에 의하여 변하게 가능성이 제일 많은 업종이며 그 핵심은 바로 제일 빠른 속도, 제일 합리적인 방식으로 고객수요를 제때에 배달하는 것이다.

위의 분석에 근거하여 우버의 성공은 그의 훌륭한 기술, 혁신적인 상업형식과 시장에 대한 선견지명에 있으며 그의 제일 핵심적인 가치는 공유경제가 힘을 발휘하게 함에 있다. 펭귄 ACOOO(아쿠오)는 그의 연구보고 〈우버와 그의 복제자들이 당신에게 알려준다: 어떻게 또 하나의 우버를 만들 것인가?〉에서 우버의 더욱 큰 가치와 성공의 비결은 그가 진정으로 공유경제가 가지고 있는 전복시키는 에너지를 방출하였고 사람들의 물건소유권에 대한 개념을 변화시켰으며 정보와 물품과 서비스가 유동하게 하였고 또한 '중심컨트롤+수요에 따라 배분'의 방식을 통하여 효율을 현저하게 향상시켰다고 정리하였다.

6.6

우버의 강력의지

위 문장에서의 우버에 대한 소개에서 볼 수 있듯이 우버는 외부의 규칙에 따르는 세속적인 기업이 아니며 반대로 그는 끊임없이 정부의 마지노선에 도전하는 말썽꾸러기이었다. 매번 한 도시에 들어갈 때마다 그는 정부의 관련정책을 무시하고 정부가 금지령을 내리기를 기다렸다가 많은 사람들을 파견하여 유세를 진행하였으며 또한 민중과 매체의 힘을 연합하여 정부에 압력을 가했다. 정부의 탄압을 받을 때 오히려 그의 지명도를 더욱 향상시켰고 정부가 그를 위하여 '약 마케팅'을 한 것 같이 되었으며 이는 우버의 강대한 생명력을 충분히 나타냈다. 니체의 강력한 의지의 개념에 근거하여 먼저 우버는 창립부터 지금까지 줄곧 세상이 그를 동화시키는 게 아니라 온갖 방법을 다 동원하여 자기의 힘을 확대하였고 자기의 방식으로 세상을 변화시키려고 했다.

그는 정부와의 타협을 거절하고 택시회사 등 이익단체에 머리를 거절했다. 우버는 싸움을 좋아했으며 그는 심지어 샌프란시스코 마켓 스트리트에 위치한 새로운 사무실을 '전쟁 상황실'이라고 명명했다.

창립인 캘러닉은 자기의 적에 대한 경멸을 숨기지 않았고 심지어 대부분 정부사람들은 식견이 부족하다고 여겼으며 그리하여 그들과 만나는 것을 거절했다. 그는 자기가 담판을 거절하는 태도는 고의적으로 협조하지 않는 것이 아니라 논리적으로 부합되는 선택이라고 여겼다. '핵심적인 원칙에서 공감대를 이루는 것은 타협의 전제다. 만약 이 전제가 없으면 반드시 이른바 '원칙적인 대항'을 해야 한다. 그는: '그리하여 우리가 하는 일은 필연코 일부 사람들을 노하게 할 것이다.'라고 말했다. 샌프란시스코의 택시기사협회 회장 배리. 베리(巴里 科倫戈爾德)는 우버를 평가할 때: '나는 그를 강도자본가로 본다. 그는 처음부터 불법운영이었고 어떠한 규칙도 지키지 않았으며 부정당 경쟁을 진행하였다. 그는 이런 방식을 통하여 규모를 확대하였으며 어쨌든 그는 규칙을 무시할 충분한 돈이 있다.'라고 말했다.

다음, 생명에 대한 구분 및 생명의 어떤 구속은 나서부터 있는 것이 아니며 경력한 의지자의 사상의 표현이고 그들이 생명에 강요한 각종 제약이다. 우버는 이점을 깊게 알고 있으며 그의 합법적이지 않고 규정에 맞지 않는 것은 일부 다른 생명의 구성일 뿐이다. 그리하여 우버는 자기의 청사진, 자기의 세계를 구축하고 자기의 규정을 확정하였다. 기타 세계의 규칙이 그의 발전을 촉진하는 것이면 그는 이용하고; 만약 그의 성장을 제약하는 것이면 그는 거들떠보지도 않았다. 안전문제에 대하여 엄숙하게 대하고 번호판, 관련 수속 등 문제에 대해서는 상대하지 않았으며 적당한 시기에 반격을 진행하였다. 2013년 9월 미국 캘리포니아 주의 공공사업위원회는 일제히 투표하여 영구적인 입법을 하였고 우버와 같은 서비스업체를 위하여 새로운 명사·'교통-인터넷회사'를 창건하였으며 이는 미국 캘리포니아 주가 첫 번째 사법적으로 이런 유형의 서비스를 인정하는 지역이 되게 하였다.

마지막으로 강력한 의지가 있는 생명은 주체인 '나'에 만족하지 않으며 오히려 '나'를 모호하게 하여 주변의 세계를 자기의 영역 중에 동화하려고 하였다. 다시 말해 자기의 세계가 확장되게 하고 더욱 많은 생명이 이 세계의 규칙에 따르게 하며 점차적으로 없어진 '나'는 바로 세계지식의 창조자이다. 우버는 공유경제의 위력을 최대한으로 발휘하여 더욱 많은 생명이 그에게 다가오게 했다. 구글, 바이두 같은 기관이 들어오거나 아니면 그의 빠르게 성장하는 고객 수든 혹은 그의 지사에서 가입을 기다리고 있는 개인차주든 모두 우버의 강대한 동화역량을 나타냈다. 이와 동시에 우버는 또 초강력 흡수 능력을 발휘하여 구글, 바이두의 기술이든 아니면 중국의 특유한 오더 상황이든 혹은 잇달아 전개한 현지화 전략이든 모두 우버의 능력은 멈춘 것이 아니라 그의 생명처럼 동태적인 결과임을 뚜렷이 나타냈다.

종합적으로 볼 때 필자는 우버는 강력한 의지를 가진 생명이라고 이야기했다. 주요하게 그는 운명이라 여기지 않았고 규칙을 믿지 않았으며 기타 생명이 설치한 규칙을 위하여 자기의 생명을 포기하지 않았다; 그는 힘의 확장을 추구하고 확장하는 동시에 자기의 세계를 구축하였으며 합법성을 창조하였다; 그는 주체인 '나'를 소홀히 하고 주변의 세계를 자기의 세계 안에 동화시키고 또 자기의 규칙에 따르게 하려고 노력하였으며 진일보 적으로 자기를 강하게 하고 기타 세계의 힘에 반항하며 따라서 자아를 보존하였기 때문이다.

결론과 계시

많은 평론들은 우버는 뒤집어엎은 혁신역량이라고 여겼으며 필자는 매우 찬성한다. 그는 새로운 세계를 창조하였으며 이 세계에서 '공유'는 주요 선율이고 이전의 규칙은 공허한 것이다. 우버의 성공은 기술의 우세에 있고 상업형식의 혁신에 있으며 '공유경제'에 있다. 하지만 필자는 우버의 혁신이 더욱 중요한 원인은 그가 강력한 의지를 가진 생명이기 때문이라고 여긴다.

그는 싸우기 좋아하고 굴복하지 않으며 '귀족식의 자유'를 가지고 있다; 그는 공허한 것을 추구하지 않고 자기의 세계를 구축하는 것만 강조하며 자기의 힘을 강하게 하였다. 이런 정신은 바로 현재 기업이 필요한 것이다.

많은 기업은 합작을 강조하고 '경쟁' 또는 '싸우기 좋아하는' 것으로 한 기업을 형용하는 것은 그 기업에 대한 비하라고 여겼으며 변증법에서 사물발전의 근본은 자신의 모순에 있고 모순 지간의 동태적인 대항은 사물발전의 발전을 촉진한다는 것을 잊었다. 다시 말해 경쟁이 사물의 본질이고 합작은 단지 예외일 뿐이다. 기업은 경쟁이 필요하며 필자가 여기에서 강조하는 것은 단지 기업과 기업 간의 경쟁이 아니라 또 기업과 정부간, 기입과 내충간의 경쟁 등을 포함하고 규칙에 의하여 속박당하는 것이 아니라 응당 경쟁 속에서 자기의 세력범위를 확장해야 하는 것이다.

물론 여기의 규칙은 그런 환경에 적응하지 못하여 기업의 발전을 제약하는 규칙을 포함하며 그런 도덕원칙 위에 건립된 법률을 대신 지칭하는 것은 아니다. 물론 기업은 외부와 대항할 때 자기의 힘이 무한적이지 아니라는 것을 알아야 하며 외부의 힘을 빌고 동화된 힘을 이용해야 하며 다시 말해 주체인 '나'를 약화시켜야 한다. 이 세계는 '자아'가 없으며 일단 '자아'를 없애면 기업은 '나'의 시각에 국한되지 않으며 전체적으로 세계를 바라볼 수 있고 자원도 더욱 풍부해지며 힘도 더욱 강대해진다. 왜냐면 모든 것이 나의 것이고 나는 모든 것에 달려있기 때문이다. 우버처럼 그는 '나'에 집착하지 않았고 그리하여 고객은 정부의 힘을 억제하는 칩이 되었다.

물론 기업이 자기의 세계를 구축하고 자유를 얻으려면 전제는 일정한 힘이 있어야 하고 자아의식이 있어야 한다. 이는 기업은 반드시 자기의 특색이 있어야 하고 좋은 자산이 있어야 함을 밝혔다. 모든 기업이 자기의 세계를 구축할 수 있는 게 아니며 마치 모든 사람이 자아로 살아가 는 게 아닌 것처럼 심지어 자아로 살아가는 사람은 몇 없으며 대부분 기타 경력한 의지의 생명 하에 꼭두각시다. 니체는 자아로 살아낸 것은 그가 사상이 있었기 때문이고; 반 고흐는 자아로 살아낸 것은 그가 예술의 타고난 소질이 있었기 때문이며; 나폴레옹이 자아로 살아낸 것은 그가 야심이 있었기 때문이다. 기업이 자아를 내세우려면 반드시 자기의 특색이 있어야 한다. 우버는 싸우기 좋아하는 성격이 있고 혁신적인 상업형식이 있으며 훌륭한 기술이 있기 때문에 그는 자아로 살아낼 자격이 있다.

미국잡지〈배너티 페어〉(名利場)는 이렇게 우버의 창립자인 캘러닉을 평가했다: '어떨 때는 특히 전쟁을 준비할 때 캘러닉은 얼굴은 마치 주먹 같다. 이런 상황에서 그의 눈은 가늘게 뜨고 콧구멍은 확장되며 입은

치켜들고 전체 얼굴은 마치 때리려고 하는 움켜쥔 주먹 같다. 심지어 그는 해군해병대병사스타일의 머리카락이 모두 일어선다. 이 38세의 기업가는 적의 상황에 부딪치면 '화가 머리끝까지 치밀어 오른다'라는 단어로 그를 묘사할 수 있다. 이는 캘러닉의 싸우기 좋아하는 이미지를 잘 부각시켰으며 또 우버의 처세 이미지로 나타냈다. 마치 이극강(李克强)총리가 말한: '법은 금하면 된다' 처럼 큰 도덕환경에서 기본원칙을 위반하지 않으면 기업은 담대하게 혁신을 할 수 있으며 그를 제약하는 세계와 전투를 진행할 수 있다. 생명력이 넘치는 기업은 반드시 싸우기 좋아하는 정신이 있어야 한다. 기업이 자아를 유지하려면 반드시 외부와 대항을 해야 하며 아니면 기타 강력한 의지에게 동화된다. 현재 생태시스템, 협동합작 등 이념의 창도 하에 '싸우기 좋아하는'것은 마치 폄의어가 된 것 같지만 자세히 분석해보면 오늘날 이른바 '경합'은 경생이 앞에 합작이 뒤에 있는 것이 아닌가? 경쟁은 기업이 전투를 해야 함을 의미하며 전투는 자아를 보존하기 위함이고 더욱 많은 권력과 힘을 추구하기 위함이다.

제7장

지식은 바로 권력이다. 권력창조란 무엇인가?
-디디콰이에서 발표한 업종기준을 사례로

지식과 권력

　프랜시스 베이컨의 명언 중에 : 아는 것이 힘이다. 중국 사람들은 대부분: 지식은 바로 힘이다. 라고 번역한다. 이 말은 많은 중국 사람들에게 분발하여 공부해야 하고 노력하여 지식을 배워야 하며 힘을 얻어야 한다고 용기를 북돋우었다. 이런 번역은 틀리지 않다. 마치 이가성(李嘉誠)이 자서술에서 말한 것처럼 지금까지도 그는 매일 저녁 책을 읽는 습관을 가지고 있다.

　왜냐면 지식은 당신에게 재부를 가져다 줄 수 없을 수도 있지만 당신이 더욱 많은 기회를 가지게 한다. 다시 말해 지식은 자기의 힘으로 될 수 있다. 필자는 위에 대하여 매우 찬성한다. 하지만 '힘'의 또 다른 번역은 - '권력'이다. 즉 지식은 바로 권력이다. 하지만 '권력'을 이야기할 때 많은 사람들은 거시적으로 이해하여 권력을 국가의 통치도구로 여기고 통치계급이 착취와 압박을 진행하는 폭력과 강제로 여기며 일부 사람들 또는 어떤 조직, 그룹영향, 통제, 기타 사람이나 조직을 지배, 그룹의 능력과 힘으로 여긴다.

　권력이론의 역사변천에서 보면 플라톤(柏拉圖)의 〈이상국〉(理想國), 아리스토텔레스(亞里士多德)의 정치학에서 근대 계몽사상가 홉스(霍布斯), 루소(盧梭)의 사회계약이론까지 또다시 마르크스(馬克思)주의의 국가학설 등 모두 통치권에 대한 문제 특히 국가권력의 문제에 제일 관심을 가졌다.

누가 통치권을 장악하고 어떻게 통치권을 운영하며 어떻게 통치권을 보호하고 공고히 하며 누구에게 통치권을 시행하는 등 문제는 줄곧 권력이론의 핵심내용이며 서방정치이론의 '패권주의 발언'이 되었다.

하지만 프랑스의 철학자 푸코(福柯)는 권력은 두 가지 유형으로 구분할 수 있다고 여겼다: 한 가지 유형은 위에서 말한 것처럼 주권의 권력이고; 다른 한 가지 유형은 감시의 권력이다. 주권은 거시적인 권력에 속하고 감시의 권력은 미시적인 범위에 속한다. 이런 미시적인 권력운영은 권력의 주체와 권력의 객체를 구분하기 매우 어렵다. 왜냐하면 모든 사람은 주체이자 객체이기 때문이다. 그는 사회의 정상적인 질서와 계약을 지키는 일원이면서 동시에 또 이런 감시권력의 구속을 받고 만들어지는 개인이다. 푸코는 권력은 일종의 내적인 관계라고 강조하였다. 권력은 네트워크형식으로 운영되며 이 시스템에서 개인은 유동할 뿐만 아니라 또한 언제나 복종의 지위에 처해있으며 또 동시에 권력을 운영하고 있다.

현대사회에서 권력은 거대한 무소 부재한 망을 구성하여 어떤 사람도 이 네트워크를 벗어나지 못한다. 이 망은 바로 현실에서의 정치, 경제, 문화 등 많은 요소간의 복잡한 관계 및 이런 관계의 움직임이다. 현대사회에서 이런 권력을 전통적인 군주의 권력과 비교했을 때 이미 사람들을 놀라게 하는 폭력도 없고 의식화한 행위도 없으며 완전하게 자동적으로 움직이는 기율과 규범으로 나타나는 형식으로 변하였고 또한 모든 영역에 나타났다.

그리하여 푸코에게 말하자면 성, 군영, 정신병원, 감옥 심지어 각각의 과학의 형성은 모두 이런 권력의 움직임을 나타냈다. 이런 권력은 모세혈관 형이고 그는 일상의 사회실천에서 사회기체의 모든 말단에 작용한다. 이런 모세혈관 형은 앞에서 서술한 특징에 의하여 결정되는 것이다. 권력은 일종의 관계이고 일종의 네트워크이며 그는 사회의 모든 미세한 부위와 영역에 들어갈 것이다. 위의 해석이 너무 추상적일 수도 있다. 우리는 푸코의 〈감시와 처벌〉(規訓与懲罰)이라는 책에서 묘사한 현대감옥의 형성을 사례로 설명할 수 있다. 1757년 3월 2일 데미언(達米安)은 국왕시해를 도모한 죄로 '파리성당의 대문 앞에서 공개적으로 죄를 자백하라'는 명령을 받았다. 그곳에서 그는 제일 참혹한 육체의 고통을 받았다. '그곳에 형틀을 세우고 빨갛게 태운 펜치로 그의 가슴과 사지의 살을 찢고 유황으로 그의 흉기를 들었던 오른 손을 태웠으며 또 녹은 납액, 펄펄 끓는 로진, 초와 유황으로 찢어진 상처에 부었고 그리고 말 네 마리로 사지를 찢은 후 마지막에 시체를 태워서 뿌렸다.' 뒤이어 푸코는 책에서 80년 후 레온. 포체(列昂 福歇)가 위의 동일한 유형의 범인을 겨냥하여 제정한 '파리소년범 구치소'의 규정을 열거했고 안에는 범인의 기상, 식사, 기도, 노동, 학습 등 상세한 안배를 포함한 하루의 일과를 상세하게 규정하였다.

겨우 80년을 사이에 두고 동일한 범죄에 대하여 처리하는 방식이 이렇게 많이 달랐다. 앞에 처벌은 단지 육체에 대한 괴롭힘이지만 오늘은 주요하게 범죄에 대하여 감시를 하며 정신적으로 작용한다. 이런 변화는 지식의 확장 때문이다. 예전에 범인에 대한 심판은 어떠했는가 생각해보자. 단지 법관의 정죄가 필요할 뿐이다. 하지만 오늘날 먼저 경찰이 증거를 확보해야 하고 다음에 변호사의 변호가 필요하며 심지어 범죄자에 대하여 적합한 징계를 할 수 있는 범죄자의 심리건강을 증명하는 정신과 의사의 감정이 필요하거나 또는 범죄자의 건강상황을 증명하는 병원의 보고가 필요하다.

오늘날 범죄자의 정죄는 단지 법관 한 사람의 권력이 아니며 권력은 창조한 일련의 '사람'에 관한 지식으로 인하여 확대되고 경찰, 변호사, 정신과

의사, 정신병원 등은 모두 심판의 권력체계에 들어간다. 감시의 조항은 증가되었고 지켜야 할 규칙은 더욱 많아졌다. 예전에 건강은 단만 신체의 건강을 의미했지만 오늘날은 사람들의 신체에 관심을 가질 뿐만 아니라 사람들의 사상에도 관심을 가진다. 우리는 사회에서 건강한 사람으로 여겨지려면 우리의 신체를 단련해야 할뿐만 아니라 자기의 사상의식에도 항상 관심을 기울여 사회제도의 규칙에 부합되어야 한다. 아니면 사회에서 단절될 수 있다. 푸코의 이론은 비관적인 것처럼 보인다. 사람들은 모두 규칙의 속박 속에 갇혀있고 사회에서의 개인은 피차 상대방을 '주목'하면서 사람들이 규칙에 따라 일을 하도록 핍박한다. 하지만 푸코는 이것은 사회가 존재하는 필연적인 방식으로서 사람들은 벗어날 수 없으며 사람들은 반드시 모세혈관 같은 미시적인 권력 안에서 이리저리 혼들려야 한다고 밝혔다.

권력의 발생과정을 자세히 보면 그는 지식과 결맹한 것이며 양자는 마침 서로 포함되어있다. 과학적인 언어는 완전히 배척과 명령을 통하여 자신을 구성하는 것이다; 지식의 생성과 증명은 반드시 사회 권력의 네트워크가 되는 지식단체를 의지해야 한다; 사회 권력은 우리의 사이코패스를 만들었고 사이코패스는 우리가 어떤 문제에 대하여 흥미를 가지는지 또한 어떤 각도에서 문제를 분석하고 해결하는가를 결정하였다. 권력의 운영은 지식에 의지하여 유지해야 한다.

지식의 참여가 없으면 어떤 권력은 운영할 수 없다고 말할 수 있다. 이는 지식을 장악한 사람이 사실상 바로 권력을 장악한 사람임을 나타낸다. 현대사회에서 이섬은 유독 뚜렷하게 표현되었다. 각 업종은 모두 전문가급의 권위적인 인물이 규범을 제정하고 사물을 관리하며 권력의 운영을 유지한다. 공장의 관리는 전문가가 있어야 하고 생산은 전문적인 노동자가 있어야 하며 병원, 학교는 전문가가 관리하고 운영해야 하며 감옥에서 범인에 대한 교육은 전문가의 지도가 있어야 하는 등등. 전문가가 된 것은 그들이 전문적인 지식과 기술을 가지고 있었기 때문이다.

무엇이 지식인가? 푸코는 지식을 말의 실천으로 정의를 내렸다. 그는 '지식은 어떤 말의 실천으로 그의 규칙에 따라 구성된 것이며 어떤 과학 설립에 없어서는 안 될 성분이다'; '지식은 서로 다른 대상들이 구성한 범위이며 그들은 과학의 지위를 얻을 수 있거나 또는 얻을 수 없다'; '지식은 하나의 공간이며 그가 자기 말에서 언급된 대상을 예기하기 편리하도록 주체는 한 자리를 차지할 수 있다'; '지식은 또 진술의 병렬과 종속의 범위이며 개념은 이 범위 안에서 생기고 없어지며 사용 당하고 전환된다.'라고 여겼다. 이외에 지식은 '말이 제공하는 사용과 적응의 가능성이 확정한 것이다.' 이로부터 알 수 있듯이 푸코가 생각하는 지식은 일반적인 의미에서의 과학지식이 아니며 또 일반적으로 생각하는 '진리성 견해'도 아니다. 지식은 실천에서 오며 상황의 지탱이 필요하고 말을 통해 전파해야 한다. 이로부터 알 수 있듯이 지식은 진리를 대표하지 않으며 그는 일정한 상황에서 창조된 것이며 말의 전파를 통하여 없어지거나 또는 이용되어 확산된다.

지식을 알고 지식과 권력의 결맹관계를 알고 난 후 기업은 시장경쟁에서 이익을 얻는 것은 주요하게 지식의 운영에 달려있다는 것을 깨달았다. 기업은 지식으로 자기의 상품과 서비스를 창조하고 지식으로 업무를 경영하며 일상적인 활동을 계획해야 하는 것을 우리는 모두 알고 있다. 필자가 강조하고 싶은 것은 기업이 지식을 운영하여 사회 권력을 얻음으로 자기의 경쟁력을 강화하는 이 방면이다.

경영대학원의 인증시스템

오늘날의 경영대학원의 경쟁은 날이 갈수록 치열하다. 그들은 현지의 경쟁에 직면하고 있을 뿐만 아니라 전 세계의 경쟁에 직면하고 있으며 사람들은 모두 전 세계 범위 내에서 우수한 학생을 모집하고 싶어 한다. 이 경쟁압력을 대응하기 위하여 많은 경영대학원들은 인증획득으로 방향을 바꾸기 시작하여 그들의 구조설치 및 흐름절차가 학교에서 예상한 목표를 만족시킬 수 있으며 또한 지속적으로 자기의 교육수준을 향상시킬 수 있다는 것을 표명했다.

예를 들어 중국인민대학 경영대학원은 자기의 메인 페이지에 그들이 에퀴스(EQUIS) (European Quality Improvement System, 유럽품질향상시스템)를 획득한 것과 AACSB (The Association to Advance Collegiate Schools of Business International, 국제고등경영대학원협회)의 국제인증; 북경이공대학 관리경제학원은 얼마 전에 자기들이 국내 14번째 에퀴스 인증을 통과한 관리와 경제학원이라고 크게 홍보하였다. 이뿐만 아니라 각 경영대학원은 또 자기가 전 세계적인 평가에서 앞 순위를 받으려고 노력하였으며 그들은 이러면 자기에게 경쟁우세를 가져올 수 있을 거라 여겼다.

순위와 인정은 정말 매우 중요하다. 왜냐하면 학생들은 유학 갈 학교를 선택할 때 대부분 국가의 전체적인 교육 질을 고려하며 국가의 전체적인 교육품질에 대한 느낌은 주요하게 이 나라의 일류 학교의 영향을 받는다.

경영대학원의 인증시스템의 발전역사에서 볼 수 있듯이 이 시스템은 서방에서 유래되었지만 위에서 예시한 사례처럼 오늘날 중국의 경영대학원도 이 '게임'에 참여하기를 갈망한다. 다시 말해 이 시스템은 현지에서 인정을 받을 뿐만 아니라 현지경영대학원의 발전추세에 영향을 끼치는 권력도 얻었으며 또 더욱 광범위한 구역까지 확장되어 전 세계 시장을 통제하였다. 이 확장에서 우리는 오늘날 경영대학원이 인증을 따내려고 힘쓰는 것은 단지 경쟁우세를 가지기 위함이 아니라 더욱 많은 경영대학원들이 인증을 따냄에 따라 이 우세보너스는 없어지기 때문이라는 것을 발견하였다. 실질적으로 인증은 날이 갈수록 세계수준의 경영대학원의 기준이 되었고 인증을 받는 것이 교육의 높은 질을 대표하였다.

우리는 인증을 받으려면 인증기관이 제정한 일련의 기준에 도달해야 하며 이는 점차적으로 경영대학원의 동질화를 인도한다는 것을 알고 있다. 다시 말해 이런 경영대학원은 동일한 영역에서 경쟁을 하고 비슷한 서비스를 제공하며 유사한 조직구조설계와 활동스케줄이 있고 또한 동일한 경쟁스트레스에 직면하고 있다. 비록 일부 경영대학원들은 자기들은 차별화된 전략을 취할 것이라 예상하지만 인증기관이 제정한 규칙을 어길 수 없다. 왜냐면 인증평가를 받지 못하는 것은 대학원에게 있어서 위험이 너무 높기 때문이다. 이것으로 인증기관이 경영대학원의 권력에 대한 통제가 얼마나 크고 경영대학원의 발전에 대하여 영향이 얼마 큰지 볼 수 있다. 하지만 이런 권력은 어떻게 얻었을까? AACSB를 사례로 그는 역사가 제일 유구하고 또 제일 큰 경영대학원인증기관이며 미국의 일류 경영대학원들이 연합하여 설립된 것이고 목적은 대학관리교육의 질을 향상하기 위해서이다. AACSB인증이 중요하게 보는 것은 매 기관이 자기가 정의한 학습 성과다. 이런 기관은 많은 상업주제에 관한 과정을 설치해야 한다. AACSB는 모든 경영대학원에 적용 가능한 비교적 전면적인 표준시스템을 창립하려고 시도하였다. AACSB는 미국의 일류 경영대학원들이 연합하여 설립된 것이므로 이런 기관은 모두 우수한 경영대학원에 대한 판단 및 미래의 경영대학원의 발전방향에 대한 계획을 가지고 있다. 이런 기관은 연합하여 상의를 거쳐서 그들의 견해와 지식을 규칙 또는 기준으로 전환하였다. 이 경로에서 우리는 기준과 규칙은 일정한 지식에 기초하여 제정된 것이며 권위가 있는 사람 또는 조직에서 널리 알리는 지식은 제일 쉽게 대중들에게 인정을 받는다는 것을 볼 수 있다.

규칙은 개인 또는 조직의 행위를 통제하는 것이고 규칙이 대중들에게 받아들여지게 하려면 제일 좋기는 중립적이고 어떠한 편견도 없어야 하며 이는 규칙제정자의 목표에서 반영될 수 있다. AACSB가 설립 시에 목표는 경영대학원의 관리교육품질을 향상시키고; EQUIS의 목표는 경영대학원의 교육품질을 평가하기 위해서이다. 이 두 개 기관은 모두 자기들이 설립된 것은 대중의 이익을 위해서라고 강조하였으며 이는 대중들로 하여금 선입견의 관념에 사로잡히게 하여 이런 조직은 좋은 조직이고 대중의 이익을 위하여 설립된 조직이라고 여기게 하였다.

정부도 이런 조직의 존재는 실질적으로 교육의 품질을 향상시키기 위함이리고 믿었으며 이는 의심할 여지가 없이 이런 조직의 합법성을 더하였다. 대부분의 조직은 자기의 공공이익에 대한 관심을 나타내지 못한다. 왜냐하면 그들은 영리성 조직이고 대중들은 영리성 조직에 대하여 편견을 가지고 있으며 그들의 모든 행위는 모두 이익을 위해서이라고 여기기 때문이다. 하지만 이런 편견은 이런 영리성 조직이 기타조직을 위하여 규칙을 설정하여 자기가 권력을 얻으며 이로서 자기의 이익을 향상시키는 것을 방해하지 않는다. 마치 구글이 자기의 안드로이 시스템을 공개하는 것처럼 실질적으로 바로 지식을 무기로 하여 자기의 시장에서의 통제권을 강화하는 것이다. 구글이 이 플랫폼을 개방하여 실질적으로 기타 조직이 이 기술에 개입하는 권력을 통제하였으며 또한 플랫폼에서 기타 조직이 창조하는 지식을 한 곳에 모을 수 있고 또 이 영역의 발전 동태를 파악할 수 있었다.

사실상 구글은 자기의 지식을 규칙과 기준으로 전환하여 더욱 많은 참여자가 자기의 시스템에 가입하도록 끌어들였으며 이는 자기에게 기타 참여자의 행위를 감시 통제하는 권력을 부여한 것과 같았다. 구글은 그의 공식 발언에서 그의 플랫폼 개방은 기타 참여자의 원가를 줄이는데 도움을 주기 위함이며 또한 생태시스템을 만드는데 온 힘을 다 기울여 더욱 많은 고객을 끌어들이기 위함이라고 밝혔다. 구글은 '도움'과 '생태시스템'을 강조하는 것은 그의 행위가 합법성을 얻는데 도움이 되고 이러면 더욱 많은 참여자를 끌어들여 구글의 플랫폼에 가입시킬 수 있으며 이는 또 진일보 적으로 구글의 권력을 강화하였다. 오늘날 많은 조직이 구글의 전략을 모방하여 주동권을 얻었다. 예를 들어 테라(特拉斯)는 자기의 특허기술을 공개하고 또한 회사의 목표는 더욱 많이 사람들이 전동차기술의 연구제작에 참여하여 진일보 적으로 전동차의 기술수준을 향상시키는 것이라고 밝혔다. 테라의 행위는 그의 이 영역에서 진일보적인 행동을 취하는 능력을 강화시켰다.

계속하여 경영대학원의 인증시스템으로 돌아와 본다. AACSB와 EQUIS가 갈수록 더욱 많은 기관에게 받아짐에 따라 그들은 기타 조직의 행위를 통제하는 능력이 더해졌다. 이런 우수한 경영대학원의 평가에 관련된 지식이 전문가들에게 인정을 받은 후 먼저 인증을 받은 경영대학원은 높은 교육품질의 명예를 얻을 수 있었으며 그들은 이로 인하여 일류 경영대학원임을 자부했다.

간단히 예기하면 인증을 받으면 경영대학원이 새로운 시장에 들어가고 또한 자기의 차별화한 전략을 발전하는데 도움을 줄 수 있다. 조기의 행동자는 확실히 어떤 경쟁우세를 가졌으며 기타 경영대학원은 그가 거기에서 이익을 얻은 것을 보고 이런 이른바 일류 경영대학원을 본보기로 여기고 모방하였다. 갈수록 더욱 많은 경영대학원들이 인증을 받음에 따라 이런 인증은 기준이 되었다. 갈수록 더욱 많은 참여자가 이 시스템에 가입함에 따라 이 시스템은 더욱 큰 권력을 얻어서 참여자의 행위를 통제하고 또한 그에 대하여 감시할 수 있었다. 인터넷의 외부성에 근거하여 갈수록 더욱 많은 참여자가 가입하였고 평가자는 이런 참여자가 어떻게 그들의 전략을 실시하고 또는 그들이 어떤 방면에서 창조한 정보를 더욱 많이 가지게 되며 시대와 함께 하는 규칙에 근거하여 이런 평가자는 이런 지식을 자기의 평가시스템에 가입시켜 자기의 규칙 또는 기준을 조정할 수 있으며 따라서 자기의 기타 경영대학원이 그들의 운영방식을 조정하는 것을 지도하는 능력을 향상시킨다. 혁신각도에서 분석하면 인증시스템은 혁신의 확산을 가속화 하였고 이는 진일보 적으로 각 경영대학원 간의 전략유사성을 초래했다.

자원의존의 각도에서 분석을 하면 이런 인증기관이 권력을 가질 수 있는 것은 일부분은 그가 합법적인 평가판단자원을 가지고 있어 기타 조직의 행위를 감시할 수 있기 때문이다. 인증을 받은 경영대학원은 상응하는 합법성을 얻었으며 자기는 기준에 부합되는 조직임을 증명하였다. 일부 다른 조직은 상응하는 우세를 가지기 위하여 이 시스템에 가입하였으며 심지어 한 개 부서를 설립하여 이 인증기관을 대응하였다. 마치 공급업체 인증에서 나타난 것처럼 일부 공급업체는 고객의 평가기관에 대응하기 위하여 전문적으로 한 개 부서를 설립하여 그들과 교섭을 진행하였으며 이는 새로운 참여자를 창조한 것과 같다. 하지만 새로운 참여자는 '잠금효과'가 있다. 왜냐하면 이런 새로운 참여자는 모두 이 시스템에서 합법성을 얻으려고 하며 그리하여 그들은 자기의 유용성을 나타내기 위하여 노력하고 인증기관과 상호작용에 최선을 다한다. 마치 푸코가 말한 것처럼 권력은 쌍방향이며 권력이 작용을 하려면 반드시 두 개 이상의 참여자가 있어야 하며 한 개 참여자는 권력 작용이 생길 수 없다. 예를 들어 게임규칙을 제정하였지만 이 게임에 참여하는 사람이 없으면 이 규칙은 아무런 규제력이 없으며; 참여자가 있어야 이 규칙은 비로소 효력을 발생하며 참여자가 많을수록 이 규칙의 효력은 더욱 크다. 그리하여 새 구성원이 끊임없이 생김에 따라 인증기관의 중요성도 더욱 커진다.

위의 분석에서 필자는 아래 몇 가지 결론을 얻었다: 1) 지식은 바로 권력이고 또한 규칙 또는 기준으로 전환할 수 있다; 2) 지식은 바로 권력이고 또한 이런 권력은 더욱 쉽게 대중에게 받아들여지며 지식은 더욱 쉽게 합법성을 얻을 수 있기 때문이다; 3) 만약 어떤 조직이 지식에서 권력을 얻고자 하고 또한 그것을 기준 또는 규칙으로 전화하고자 하면 이 조직은 자기의 중립 태도 또는 대중의 목표에 유익하고 합법성을 얻으려고 노력한다는 것을 강조해야 한다. 왜냐하면 사람들은 지식은 응당 가치의 중립이라고 여기기 때문이다; 4) 규칙 제정자 또는 기준제정자는 기타 조직의 행위에 영향을 끼칠 수 있으며 또 더욱 쉽게 기타 조직의 혁신행위를 자기의 시스템에 가입시킬 수 있어 혁신의 확산을 가속화하였다; 5) 지식은 더욱 많은 참여자를 끌어들이고 또한 참여자는 또 새로운 참여자를 만들어 이로써 생긴 외부 압력을 대응하게 되며 따라서 지식 창조자의 권력을 강화하였다.

이로부터 지식권력은 자아가 끊임없이 강화되는 순환과정임을 볼 수 있다(도표 7-1 참조). 위의 분석에서 지식권력의 운영은 일정한 제한조건이 있음을 밝혔다. 아래에 우리는 위 분석의 결론에 근거하여 디디콰이(滴滴,快)의 연합 제정한 전용차 기준이 엄청난 쟁의를 겪은 원인을 연구하고 토론해 보자.

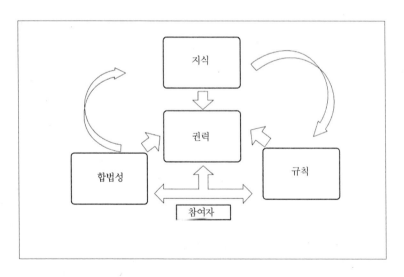

도표 7-1 권력 강화모형

265

디디콰이(滴滴快的)의 산업기준

정책공백지역과 시장쟁의 속에서 발전하는 전용차서비스는 처음으로 기업에서 자체 발표한 관리와 안전기준을 가졌다. 2015년 3월 16일 디디콰이는 〈인터넷전용차서비스관리 및 고객안전보장기준〉(아래에 〈기준〉이라 약칭)을 발표하였고 이 행동은 인터넷전용차업계의 안전관리기준의 공백을 채웠으며 차량과 운전기사의 허가, 서비스품질요구, 서비스과정의 감독과 추적 등 방면에 대하여 규범을 진행하였다.

〈기준〉은 먼저 전용차의 허가를 규정하였으며 전용차의 안전보장문제를 해결하는데 목적이 있었다. 〈기준〉에서는 모든 차량은 반드시 국가에서 규정한 안전운행조건을 구비해야 하고 운행수속이 완벽해야 하며 운행상태가 좋아야 한다; 반드시 유효한 교통책임보험, 차량보험과 운전사와 고객보험이 있어야 한다; 모든 차량의 차량연식은 모두 5년 이내여야 하며 또한 브랜드 중고급 차형 이어야 한다고 규정하였다.

차량자체에 대한 규정 외에 운전기사에 대해서도 엄격한 규정을 하였다: 운전기사는 3년 이상 운전경력이 있어야 하며 또한 운전시험을 통과해야 한다; 운전기사에 대하여 무범죄 기록검사와 교통위반검사를 진행 한다; 운전기사는 입사 전에 반드시 필기, 도로운행, 예절서비스 등을 포함한 엄격한 교육과 시험을 통과해야 한다. 〈기준〉에는 또 인터넷과 GPS(위치추적시스템)위치추적 등 기술수단을 통하여 서비스차량의 위치와 상태에 대하여 실시간 감독을 진행할 수 있고 고객에 대하여 우선배상을 하는 보장메커니즘을 실행하며 이것으로 서비스의 품질과 안전을 보장한다고 제시했다. 물론 〈기준〉의 포인트 중에 하나는 그가 '우선배상' 메커니즘을 제시한 것이다: 고객의 '우선배상'기금을 설립하고 또한 보험회사와 책임자책임보험 합작을 이루어 전용차량서비스를 받는 과정에서 발생한 사고에 대하여 이 기금에서 우선 배상을 하여 고객의 뒷걱정을 해결한다. 디디와 콰이디는 확실히 콜택시소프트업계에서 선구자였다. 상식대로라면 업계의 선구자가 본 업계에서 자체로 기준을 설립하여 시장을 규범화하고 선 순환 발전을 얻는다면 이는 칭찬을 받을만한 일이며 대기업이 각오가 생겼고 시장을 규범화하는 책임을 감히 책임지며 본 업계의 발전에 유리할 뿐만 아니라 더 나아가 고객이 혜택을 받을 수 있게 됨을 설명한다. 하지만 디디와 콰이디가 연합하여 발표한 〈기준〉은 쟁의를 불러일으켰다.

업계의 전문가는: '디디와 콰이디의 혁신의식은 칭찬을 받을 만 하다. 하지만 전용차는 어디까지나 새로운 사물이며 두 회사는 거우 몇 개월을 하고 자체적으로 왕으로 내세운다면 공신력이 있습니까? 이것은 사회와 고객에 대하여 존중하지 않는 것이다.'라고 평론하였다. 또 어떤 전문가는: '업계기준을 제정하는 것은 원래 정부부문과 업계협회의 일이며 최소한 제3자 기관의 일이다.

현재 비록 정부가 정치를 간소화하고 권력을 분산시킨다고 하지만 기업이 권력을 빼앗아서는 안 되지 않는가, 판단력이 흐려진 것 같다.'라고 생각했다. 심지어 또 어떤 전문가는: '디디콰이가 관리자의 태도로 업계기준을 발표한 것은 확실히 시장을 매우 난처하게 하였다. 이는 관련정부부문, 동종 업계 경쟁자들을 고려하지 않았음을 의미한다. 독점은 시장에서 제일 큰 호랑이이며 꼭 법제의 수단을 통하여 인터넷택시업계의 호랑이를 가두어야 한다.'라고 직언하였다.

디디와 콰이디가 연합하여 시장을 규범화하려고 한 것이 오히려 비난을 받았다. 위 문장의 분석에 근거하여 우리는 아래 몇 가지 방면에서 디디와 콰이디의〈기준〉이 인정받지 못한 원인을 분석할 수 있다.

우선, 디디와 콰이디는 시장규범화, 기준을 발표하는 지식이 있는가. 위 문장에서 전문가들이 평론한 것처럼 '두 회사는 겨우 몇 개월을 하고 바로 자기를 왕으로 세웠다', 공신력이 부족하다. 기준제정자로서 응당 업계에 대하여 충분히 알아야 하고 자체가 바로 업계의 전문가여야 한다. 하지만 디디콰이가 콜택시업계의 선구자가 된 것은 주요하게 배후 '부호'의 자금지원으로 그가 고객에게 보조를 해주어 발전한 것이며 자신이 시장에 대한 이해와 고객의 수요에 대한 파악을 통한 것이 아니므로 그들 자체도 업계의 방식을 잘 파악하지 못한 전제하에 무모하게 연합하여 업계의 기준을 정한 것은 확실히 좀 잘난 체한 부분이 있었으며 동종 업계가 납득하지 못하고 대중들에게도 받아들여지지 못했다.

다음, 지식에서 권력을 얻으려면 조직은 중립의 태도 또는 행위가 대중에 유익이 있어야 한다. 물론 디디와 콰이디는 기업이고 그들의 목표는 영리이며 지식에 대한 운영은 중립의 태도에 입각하지 않을 것이다. 다른 한 방면으로 대중은 디디와 콰이디의 이번 행동이 사람들의 이익을 위한 것이라고 믿지 않는다. 왜냐하면 디디와 콰이디의 연합은 사람들에게 콜택시업계를 독점하려고 하는 것으로 해석되었기 때문이다. '과두 간에 쟁탈전을 벌여 쌍방이 모두 손해를 보는 것을 피하려면 현명한 선택은 계속적인 악의의 경쟁을 포기하고 연합을 선택하며 함께 시장에 대한 조종을 완성하는 것이다.' 어떤 전문가가 이렇게 두 개 회사의 연합을 평가하였다. 만약 디디와 콰이디가 진정으로 콜택시시장을 독점하려고 업계기준을 발표하고 업계의 발전요구를 향상시키는 것은 필연코 기타 경쟁상대에게 불리할 것이다. 왜냐하면 경쟁상대는 기준에 도달하지 못하여 어쩔 수 없이 시장에서 퇴출당할 수 있기 때문이다. '시장의 90%이상을 확보하고 있는 절대적인 우세를 빌려 독점자는 더 이상 동일 업종의 기타 업체와 경쟁을 하지 않아도 되며 경쟁이 없어지면 소비자에게 무성의해질 수밖에 없으며 심지어 고객을 기만하는 현상이 나타나고 고객의 이익공간이 끊임없이 압박당하게 된다.' 반독점 법률전문가 장건명(張建明)은 이 문제에 대하여 해석을 해주었다. '경쟁스트레스가 없는 상황에서 그들은 더욱 우수한 서비스와 더욱 혁신한 상품을 제공할 동력이 없다.' 그리하여 디디와 콰이디는 첫째 태도가 중립적이지 못하고 다음으로 그들이 업계를 규범화하여 고객에게 이익을 도모하려고 했던 생각도 의심을 받았다. 이런 것은 그들의 기준이 사람들의 인정을 받지 못하게 했으며 합법성을 얻지 못하게 하였다.

마지막으로 디디와 콰이디의 기준이 동종 업체의 인정을 받을 수 있는가. 디디와 콰이디가 전략적으로 합병한다고 선포할 때 그들의 경쟁상대인 이다오융처(易到用車)는 이미 최근에 정식으로 중국 상무부 반독점국, 국가발전개혁위원회에 디디와 콰이디의 합병이 요구에 따라 관련부문에 신고하지 않았으며 〈중국인민공화국 반독점법〉을 심각하게 위반하였다고 신고하였고 입안 조사하며 또한 두 회사의 합병을 금지할 것을 요청하였다. 택시응용시장에서 디디, 콰이디 두 회사는 99.8%의 몫을 차지했다고 데이터에서 나타났다. 이로써 볼 수 있듯이 오늘날 경쟁자는 모두 디디와 콰이디에 대하여 매우 적대시하고 있으며 디디와 콰이디의 〈기준〉은 동종 업체에게 받아들여지기 매우 어렵다. 참여자가 없으면 권력의 게임도 없다.

위의 분석에서 볼 수 있듯이 디디와 콰이디는 지식이용을 통하여 기준을 만들고 시장의 통제권을 얻으며 또한 시장을 규범화하는 행위에서 주도권을 얻고자 하였다. 현재 콜택시시장운행이 규범화하지 않으므로 정부는 일정한 시기에 반드시 개입하여 시장에 대하여 규범화할 것이며 만약 그때서야 행동을 취하면 기업은 수동에 빠질 것이며 어쩔 수 없이 정부의 규칙에 따라 일을 해야 하고 리더를 당하게 된다. 만약 기업이 정부보다 앞서 행동을 취한다면 주도권을 얻을 수 있다. 하지만 디디와 콰이디는 사람들에게 인정을 받은 기준을 발표하는 실력이 없을 뿐만 아니라 또 저의가 불량하며 시장을 독점하려고 하는 혐의가 있다. 그리하여 그들의 〈기준〉(상세내용 부록 참조)이 많은 합리적인 부분이 있어도 여전히 광범위하게 받아들 여지지 않았다.

결론

　지식은 바로 권력이다. 하지만 지식을 권력으로 전환하는 것은 정말 쉽지 않다. 그 중에 지식을 권력으로 전환하여 합법성을 얻는 것은 제일 어려운 일환이다. 이는 기업이 권력에서 얻은 이익을 숨겨야 하고 동시에 자기의 지식이 대중들에게 얼마만큼의 이익을 가져다 줄 수 있는지를 홍보해야 하며 또한 동종 업체들을 설득하여 자기의 지식을 받아들이게 해야 한다.

　동시에 필자는 현재는 지식경제시대이며 기업은 상품과 서비스를 창조하는 동시에 지식도 창조함을 강조하고 싶다. 기업이 경쟁우세를 가지려면 꼭 상품과 서비스에서 힘을 내지 않아도 된다. 자기가 창조한 지식을 운영하여 시장에서의 권력을 확대하는 것이 아마도 더욱 기업을 도와 경쟁에서 승리를 얻게 할 수도 있다.

부록

디디와 콰이디가 발표한

〈인터텟전용차량 서비스관리 및 고객안전보장기준〉

첫째. 차량관리기준

1. 차량허가기준

1) 모든 차량은 반드시 국가에서 규정한 안전운행조건을 갖추어야 하며 운행수속이 완벽하고 운행상태가 좋아야 한다.

2) 모든 차량은 반드시 유효한 교통책임강제보험, 차량보험과 운전기사보장이 있어야 한다.

3) 모든 차량의 연식은 5년 이내야 하며 또한 모두 유명한 브랜드의 중고급 차형이어야 한다.

2. 차량관리감독기준

1) 운전기사의 서비스기록 및 서비스노선 안전관리감독

2) 운전기사의 서비스태도 관리감독

3) 운전기사의 연속근무시간 관리감독

3. 고객안전관리기준

1) 고객의 안전기술보장: 인터넷과 GPS등 기술수단을 통하여 전용차량서비스와 차량운행노선에 대하여 실시간 관리감독을 진행하여 서비스과정에서 고객의 신변안전과 재산안전을 보장한다. 고객이 오더를 내린 후부터 시작되는 모든 서비스과정에서 마지막 지불까지 전용차량은 모두 실시간 기록을 할 수 있다.

2) 특별한 고객 안전: 특별한 상황인 고객 예를 들어 질병, 장애, 임산부, 유아 등 대하여 특별한 서비스기준을 제정하여 특별한 고객의 승차안전성을 보장해야 한다.

3) 안전 대비책: 전면적이고 합리적이며 합법적인 응급처리 대비책을 제정하고 응급처리 팀을 설립하여 응급사고, 고객의 돌발안전상황, 자연재해 등을 처리한다.

4) 보험체계: 전용차량 플랫폼은 고객에게 완벽한 보험체계를 제공해야 하며 모든 디디, 콰이딩의 1호 전용차는 차량의 기본 교통강제보험 및 상업보험 외에 또 백만 급의 배상기금을 설립하였다.

5) 우선배상보장메커니즘: 콰이디의 1호 전용차량과 디디 전용 차량은 고객 '우선배상'기금을 설립하고 또한 보험회사와 책임 자책임보험합작을 협의하였으며 전용차량서비스를 받는 과정에서 발생한 사고는 이 기금에서 우선 배상을 지급하여 고객의 고민거리를

해결하였다. '우선배상'제도를 고객안전보장서비스 수준을 향상시키는데 이용한 것은 교통운행업계에서 아직은 선례에 속한다.

4. 서비스품질관리감독

1) 고객은 전용차량의 서비스가 끝난 후 바로 소프트웨어에서 평가와 점수를 매길 수 있다. 주간누적평가가 기준에 도달하지 못한 기사는 '침묵'하게 된다. 즉 더 이상 오더를 받을 수 없으며 교육을 다시 받아 합격한 후에야 다시 오더를 받을 수 있으며 3주 동안의 평가가 기준에 도달하지 못한 기사는 계약을 바로 해지한다.

2) 전용차량 플랫폼은 전문직을 파견하여 기사의 서비스에 대하여 랜덤 검사를 진행할 것이며 또한 고객서비스직원이 고객에게 피드백을 진행하며 기사의 서비스품질을 보증하였다. 모든 기준에 도달하지 못하는 기사는 모두 '침묵'당하고 다시 교육을 받아 합격한 후에야 오더를 받을 수 있다.

3) 고객은 전용차량의 고객서비스 전화를 통하여 의견을 피드백 하거나 신고를 할 수 있으며 플랫폼은 7x24시간 서비스를 약속한다.

4) 서비스가 끝난 후 전용차량 플랫폼은 문자와 소프트웨어 내에서 통지하는 방식으로 고객에게 이번 차량을 사용한 서비스명세서를 제공하며 고객은 만약 비용에 대하여 의문이 있으며 지불을 거절할 수 있으며 또한 고객서비스에 전화를 하여 처리를 할 수 있다.

5) 이유 없이 약속을 어기거나 예약을 취소하는 기사에 대하여 조사 확인을 거친 후 즉각 계약을 해지한다.

제8장

'리닝'(李宁)의 곤경에서 현지 기업의 변혁의 실패를 보다

머리말

1990년 5월 '리닝'회사는 광동삼수(广东三水)에서 설립되었다. 설립초기 '리닝'은 스포츠의류를 경영하는 것으로 점차적으로 시작하여 10여 년의 발전을 거쳐 많은 충성된 소비자를 배출하였으며 점차적으로 국내 스포츠의류브랜드의 선구자가 되었다. 하지만 국제 유명브랜드의 진입과 현지 '초근'(草根)브랜드의 굴기에 따라 '리닝'은 날이 갈수록 치열한 시장경쟁에 직면하였으며 시장점유율은 점차적으로 침식당하고 회사경영의 각종 폐단은 점차적으로 나타났다.

경쟁상대의 공격을 대응하고 다시 사업의 최고봉으로 돌아오기 위하여 '리닝'은 변혁과 전형의 길로 나섰다: 소비계층을 새롭게 평가하고 기업의 로고 및 표어를 바꾸며 대대적으로 국제시장을 공격하고 외부에서 직업매니저를 고임금으로 초빙하였다. 하지만 이 일련의 변혁조치는 기업내부에서 기묘한 화학반응을 발생하지 않았으며 기업은 예상했던 효과를 보지 못하고 오히려 '리닝'이 경영의 어려움에 빠지게 하였다. 2010년 이후부터 이전의 국내스포츠브랜드 맹주였던 '리닝'은 나쁜 운이 끊임이 없었다: 먼저는 대리점들이 오더를 줄이고 재고상품이 쌓이며 후에 또 고층관리자들의 이직풍파를 겪었다. 이 일련의 흔들림으로 인하여 생긴 직접적인 결과는 바로 2012년부터 시작되었다. '리닝'은 연속 3년간 거액의 적자를 보았으며 2012년에 20억 위안 적자에서 2013년 3.92억 위안 적자, 또다시 2014년 7.81억 위안 적자까지 매출액은 통제를 잃은 롤러코스터처럼 수직 하락하였으며 점차적으로 '리닝'을 극심한 도탄 속으로 끌어들였다. 최근 '리닝'이 샤오미(小米)와 합작하여 스마트 런닝화를 개발한다는 소식은 다시 한 번 그를 격랑 속으로 내몰았다.

　민족 스포츠브랜드의 자랑으로서 '리닝'의 발전은 많은 사람들의 마음을 움직이고 있다. 많은 사람들의 첫 번째 스포츠복은 '리닝'으로 시작하였기에 시종일관 그에 대하여 특별한 감정이 있다. '리닝'의 급격히 하락하는 매출액을 보고 많은 사람들은 탄식하는 동시에 한탄을 금치 못했다. '리닝'은 도대체 어떻게 된 것 일까? 하지만 마치 '성공한 기업은 언제나 비슷하지만 성공하지 못한 기업은 각양각색의 불행이 있다'는 말처럼 '리닝'의 오늘날 어려움은 확실히 '하루 이틀 사이에 된 것이 아니다.' 아래에 '리닝'발전의 문제점에 대하여 상세하게 분석할 것이다.

'리닝'의 관리의 문제

8.2.1 전략이 흔들리고 브랜드 컨셉이 모호하다

많은 사람들은 기업을 나무로 비유한다. 일단 뿌리를 내리면 온 힘을 다하여 유익한 영양분을 빨아들여 건강하게 성장한다. 하지만 많은 기업에게 있어서 어디에 뿌리를 내릴 것인지는 하나의 괴로운 문제이다.

만약 자기에게 적합한 토양을 정확하게 찾지 못하면 이 나무는 많은 동일 업종의 기업들로 구성된 숲 속에서 방향을 잃고 그가 필요한 영양분도 동종업체들에게 나누어져 하나도 남지 않을 것이다. '리닝'에게 어디에 뿌리를 내릴 것인가? 컨셉을 어디로 잡을 것인가? 이런 문제들은 그를 수년간 괴롭혔다.

수년전의 어떤 인터뷰에서 기자가 리닝에게 회사의 브랜드 컨셉이 도대체 유행인지 아니면 스포츠(전문)인지 물었을 때 그는 다만 미소를 지면서: '스포츠는 바로 제일 큰 유행이다.'라고 대답하였다. 이런 대답은 대변인들이 봤을 때 정말 교묘하였다. 하지만 전략가들이 봤을 때는 정말 위험하였다. 왜냐면 리닝 선생의 대답은 대중들에게 회사가 도대체 컨셉을 스포츠(전문)인지 아니면 유행인지 나타내지 않았기 때문이다. '리닝'의 브랜드 컨셉은 시종일관 모호하며 줄곧 유행과 스포츠전문 사이에서 이러 저리 흔들렸다. 이런 모호한 컨셉은 '리닝'이 어두운 숲 속에서 수년간 모색하게 했으며 그가 전문적인 방면에서 실력이 강하지 못하고 유행방면에서도 조금 뒤떨어지게 하였다.

'리닝'의 예전 조사에서 만약 한 켤레에 800위안하는 나이키(耐克)신발과 한 켤레에 700위안하는 리닝 신발을 동시에 소비자 앞에 놓으면 소비자는 나이키를 선택하고; 만약 330위안하는 리닝 신발과 250위안하는 안타(安踏)신발을 소비자 앞에 놓으면 소비자는 안타를 선택함을 발견하였다. 이 조사결과는 측면에서 '리닝'컨셉 상의 난처함을 분명하게 밝혔다. 비교했을 때 나이키는 '유행, 주목'으로 컨셉을 잡았고 안타는 '저가, 평민'으로 컨셉을 잡았으며 양자는 모두 뚜렷한 브랜드 컨셉이 있었다. 서로 다른 브랜드 컨셉의 부름에서 두 개 브랜드는 모두 충성된 지지자를 끌어들였다. 반대로 '리닝'을 보면 회사는 설립초기부터 스포츠의류용품을 경영하는 구호를 내세웠지만 회사가 생산하는 대부분의 상품은 스포츠캐주얼과 스포츠유행의류였다. 경영이념에서 '리닝'회사는 전문적인 스포츠화와 스포츠캐주얼화 두 방면에서 흔들렸으며 스포츠용품의 브랜드를 걸고 캐주얼스포츠의류를 경영하는 난처한 국면을 형성하였다. 이런 이념상의 모호로 인하여 회사의 브랜드이미지는 뚜렷한 개성을 형성하지 못하고 사람들에게 모호하고 전문적이지 않는 느낌을 주었다. 모호하고 뚜렷하지 못한 컨셉은 고객들을 잡지 못했을 뿐더러 충성된 소비자를 배출하는 것은 말할 나위도 없고 소비자에게 '리닝'은 그들의 옆에 있는 성격이 뚜렷하지 못한 친구처럼 그가 매우 친근하고 매우 익숙하지만 뚜렷한 개성이 부족한 것처럼 느끼게 하였다.

브랜드는 사람처럼 개성이 뚜렷한 사람은 강렬한 시각의 충격을 주어 사람들이 마음에 새기게 하고 아니면 사람들에게 깊은 인상을 남기기 매우 어려우며 계속 교제를 하고 싶은 마음도 많이 없어진다. 그래서 '리닝'의 오늘날 어려움은 상당한 부분에서 기업이 설립초기 명확하고 뚜렷한 컨셉이 부족했기 때문이다. 경쟁상대가 명확한 컨셉에 근거하여 정확한 결정을 내릴 때 모호하고 불확실한 '리닝'은 줄곧 흔들리고 있었다.

8.2.2 고객의 수요를 소홀히 하고 브랜드의 리모델링은 실수를 하다

오늘날 이 '유일하게 변하지 않는 것이 바로 변하는 것이다'의 시대에 기업이 생존하는 제일 첫 번째 큰일은 바로 고객의 수요를 방향으로 하여 경영활동을 전개하는 것이다. 반면에 '고객의 체험을 소홀히 하면 시장을 잃을 수 있다'는 것은 벌써 오래 전에 기업의 생사에 관계되는 금과옥조가 되었다. 소비시장이 처음 시작하는 배경 하에 '리닝'은 저 원가 경쟁전략을 따랐고 나이키, 아디다스(阿迪達斯)를 스승으로 하여 겸손하게 움직이며 전략에 따라 순리롭게 중국 스포츠브랜드의 꼭대기에 앉았다. 하지만 2008년 북경 올림픽운동회 이후 한 방면으로 '리닝'은 가성비 높은 길을 가는 안전한 전략을 포기하고 고급 브랜드 이미지를 수립하려고 시도하면서 상품가격을 대폭 올렸다.

결국 가격이 외국 브랜드를 추격하는 상황에서 연령이 좀 많고 가성비를 중요하게 생각하는 단골 고객들은 기타 저렴한 국산 브랜드로 바꾸었으며 무형 중에 경쟁상대에게 자기를 따라잡을 기회를 주었다. 다른 한 방면으로 '중국 나이키'의 그림자 이미지를 벗어나기 위하여 2010년 '리닝'은 다시 목표소비자-90후로 확정 짓기로 결정하고 주력을 다하여 '90후 리닝'을 만들었다. 비록 회사의 예전 조사에서 50%의 소비자연령이 35~40세이지만 회사의 관리자는 여전히 목표를 90후로 확정을 지었다. 회사 CEO를 맡았던 장지용(張志勇)의 추진 하에 '리닝'은 한차례 기세가 드높은 브랜드 리모델링 활동을 진행하였다: 20년 동안 사용했던 회사 로고를 바꾸고 또한 광고 어를 '모든 것이 다 가능하다'(Everything is possible)에서 '변화가 생기게 하자'(Make the change)로 바꾸었다. 하지만 이어진 모든 것이 '리닝'에게 타격을 가하였다. 회사에서 특별히 진행한 어느 상품판매전시회에서 '리닝'의류와 신발의 주문량은 각각 7%와 8%로 하락하였으며 오더 총액은 지난해보다 약 6% 하락하였다. 이는 '리닝의 재무재표'가 더욱 힘들어지게 하였고 그해의 순 이익에서 제일 아래 순위가 되게 하였다. '새로운 리닝'이 탄생 이후 회사의 전형조치는 생각했던 효과를 가져 오지 못했으며 오히려 회사의 경영이 어려움에 처하게 하였다.

그 원인을 따져보면 첫째, 소비자의 '리닝'상품에 대한 예전의 인상의 영향과 거기에 기업 상품 설계가 점차적으로 노화되어 90후 소비자는 '새로운 리닝'상품에 대하여 봐주지 않았다. 국내경제가 번영시기에 들어선 후에 태어난 세대로서 후는 점차적으로 노동력과 소비시장의 주력이 되었으며 마치 8,9시의 태양처럼 사람들의 주목을 받았다. 하지만 같은 세대로서 '리닝(1990년 설립)은 마치 90후의 청춘 활력이 부족해 보이고 노티가 나고 무기력해 보였다. 90후의 '리닝'이 90후의 소비자를 만났을 때 예상중의 격정이 넘치고 마른 장작이 거센 불길을 만난 것 같은 것은 없었고 오히려 90후들은 거들떠보지도 않았다. 이 모든 것은 결국 '리닝'이 90후의 소비특징을 잘 파악하지 못했기 때문이다. 90후의 소비자는 같은 모델의 사회상품이 아니고 그들은 뚜렷한 개성이 있으며 복제를 거절하고 상품품질과 브랜드가치를 중요시한다. 하지만 '리닝'은 상품로고를 바꾸고 상품가격을 올릴 때 '리닝'브랜드에 대하여 초점을 맞추어 새로운 리모델링을 하지 않았다. 그는 90후 소비자들을 발기하는 모든 과정에서 주관적인 90후에게 주도되었고 90후의 객관적인 속성을 소홀히 여겼으며 전개한 많은 업무들이 알고 있는 것에 기초한 것이 아니라 상상에 기초하였기에 90후 소비자들의 마음 깊은 곳을 움직이지 못하였다.

이 외에 '리닝'이 90후에게 사랑을 받지 못한 다른 한 가지 중요한 원인은 고객이 필요로 하는 브랜드 의미부여를 소홀히 했기 때문이다. '리닝'은 도대체 무엇인가? 그가 전달하는 브랜드의 이념은 무엇인가? 그는 나이키, 아디다스 등 국제브랜드와 어떤 차이가 있는가? 그는 진장파(晋江帮)를 대표로 하는 국내 2급 브랜드와 어떤 차이가 있는가? 이런 문제들은 줄곧 납득할만한 설명을 주지 못했으며 따라서 90후에게도 효과적인 감정연결을 줄 수 없었다. 새로운 목표의 시장에서 고객유치에 실패한 것 외에 '리닝'은 또 전에 충성했던 단골고객에게도 버려졌다. 이런 단골고객들은 '리닝'상품의 고가를 받아드리지 못하고 '금메달 리닝'의 최초브랜드이미지의 철저한 전복을 더욱 받아들이지 못했다. 그들은 안타, Xteb(特步)등 국내 2급 브랜드로 돌아섰다. 결국 '리닝'은 브랜드 리모델링의 전쟁에서 양쪽 모두 놓치고 경쟁상대에게 시장을 빼앗겼다.

이런 수요의 환경이 매우 빨리 변하는 사회에서 기업이 해야 하는 것은 고객의 수요를 따라가고, 고객의 발걸음을 따라가며 경쟁상대의 발걸음을 따라가는 것 외에 더욱 중요한 것은 내공을 수련하고 충만한 브랜드의 의미로 고객의 수요를 만족하는 것이다. 이 점을 나이키는 해냈고 안타도

해냈다. 하지만 예전의 국내스포츠브랜드 맹주였던 '리닝'은 하필 해내지
못했다.

8.2.3 유통채널관리 혼잡, 재고위기 폭발

'리닝'과 같은 이런 경량 자산 기업에게 있어서 최종판매능력은 기업
발전을 제약하는 관건이다. 2010년 초 '리닝'은 벌써 8000여 개 매장이 있었
으며 규모가 방대해 보였지만 2000여 개의 대리상의 손아귀에 움켜져 있었
다. 과도한 분산과 약소한 채널구조로 인하여 소매네트워크효율은 높지
않았고 대리상들의 최종판매 관리능력은 향상하기 어려웠으며 '리닝'회사의
상품매점에 위험을 잠복해놓았다.

그 동안 '리닝'은 줄곧 '직영점+대리점'의 시장구도방식을 취하였으며 이
형식의 우세는 대리상의 힘을 빌려 시장을 빠르게 점유하고 경쟁상대를
억누르는데 있다; 열세는 직접 대면하는 고객이 최종 소비자가 아니라
각 단계의 공급업체이므로 시장변화에 대한 민감도와 소비자의 수요에
대한 통찰력이 부족하여 시장반응속도가 너무 느리고 브랜드이미지와
소비자인지가 어긋나게 하였다. 이 외에 대다수 대리상들은 단일경영에
속하여 매장이미지가 노후되고 일상경영에 관리가 부족하며 상품포스터는
1년 내내 바꾸지 않고 재고관리감독이 엄격하지 못한 현상이 빈번히
나타나며 많은 매장의 판매상황이 제때에 본부에 피드백을 하지 못했다.

2010년의 로고와 표어를 바꾸는 활동은 진일보 적으로 '리닝'회사의
재고위기를 격화시켰다. 새로운 로고가 발표되기 전에 회사의 상품판매

전시회는 금방 마쳤고 모든 공급 업체는 아직도 기존의 요구에 따라 옛 로고상품을 생산하고 있었다. 이는 금번의 상품이 생산되자 바로 재고가 되는 운명으로 정해졌다. 급하게 정리해야 하는 방대한 재고는 새로운 로고상품의 판매전시회에서 대리상이 '리닝'의 로고를 바꾸는 이런 행동을 직면하고 감히 주문을 하지 못하도록 하였으며 -2011년 2분기 상품판매전시회의 풍파는 여기에서 폭발하였다.

'리닝'회사는 줄곧 경량 자산을 믿었고 깊은 의미에서 대리상과 분리되어 있으며 일상의 경영관리에서 대리상과의 상호작용은 더욱 부족했다. 오늘날 이 채널을 왕으로 여기는 상업 환경에서 '리닝'간은 이런 최종판매를 특별히 의존하는 기업은 대리상과의 공존관계를 수립하고 유지하는 것이 매우 필요하다. '리닝'의 혼잡한 채널관리는 재고순환기를 늘렸을 뿐만 아니라 진일보 적으로 대리상의 자신감을 소모시켰다. 만약 원활한 채널이 없으면 기업은 어떻게 정상적으로 발전할 것인가? 어떻게 최종 비용 상승이 상품이윤능력과 관리능력에 대한 영향을 줄일 것인가는 '리닝'에게 더욱 높은 요구를 제시하였다.

8.2.4 조직구조방대, 정책결정운행 저 효율

20여 년의 발전을 거쳐 '리닝'의 조직구조는 더 이상 편평하지 않고 창업초기의 단호하고 신속했던 정책결정스타일도 조직구조의 방대해짐에 따라 완전히 없어졌다. 시장부서를 사례로 예전에 수석마케팅 총책임자(CMO)의 부하는 브랜드전파총감독이며 아래에 매장설계총감독,

MD총감독과 시각총감독을 설치했고 이외에 또 판촉마케팅 총감독, 야외 활동 마케팅 총감독 등이 있으며 모든 총감독아래에 또 방대한 매니저 팀이 있었다. 이런 방대한 팀은 관리하기에 매우 복잡할 뿐만 아니라 또한 전체적인 구조의 운행에도 더욱 큰 부담을 가했다. 정보의 실시간 전달, 결정의 효율적인 집행 및 부서간의 효율적인 소통은 큰 도전을 직면하였다.

소비품업계에서 신상품이 연구개발에서 최종 시장에 진입까지 각 부서의 힘을 합친 협력이 필요하다. 하지만 장기간 '리닝'회사의 영업부서와 상품부서는 협조적인 메커니즘이 부족했고 각자 자기의 입장에 서서 문제를 볼 때가 많았으며 자기들이 진정으로 시장을 주도할 수 있다고 여겼고- 전자는 왕왕 판매경험에 따라 상품이 잘 팔릴지 판단했고 후자는 자기가 설계한 좋은 상품이 제때에 시장에 밀고 나가지 못했다고 여겼다. 협조가 원활하지 못한 사례가 바로 '리닝'이 2008년 출시한 '광명신발'(冏鞋)이다.

그는 이전에 몇몇 대도시에서 품절되어 인터넷에서 가격이 몇 배로 뛰어오른 적이 있지만 결국 오더예측 문제로 인하여 대량으로 시장에서 판매할 수 있는 기회를 놓쳤다. 부서 간에 소통이 원활하지 않고 이익에서 상호 '공격'은 '리닝'의 전체적인 운행에 위협을 형성하였다.

시장은 원래 위험이 많은데 만약 각 부서가 마음을 합쳐 협력하지 않고 힘을 합쳐 일하지 않으면 '리닝'의 전진하는 길은 필연코 위험한 현상이 꼬리를 물고 일어날 것이다. 이 외에 회사내부의 인력과 운영원가도 조직단계의 증가에 따라 점차 상승하였다. 2011년을 사례로 했을 때 판매 부서를 계산하지 않고 다만 브랜드를 위하여 종사하는 직원 수만 1300명을 초과하였으며 회사내부의 원가중심은 700여 개에 달하였고 과다한 직위세분화는 관리 원가를 오르게 하였으며 효율은 오히려 떨어지게 하였다. 이런 상황은 안타회사와 비교했을 때 더욱 눈에 띄었다: '리닝'의 2011년 영업원가는 29억 위안, 행정지출은 7.17억 위안이며; 그 해의 영업수익이 '리닝'과 큰 차이가 없는 안타의 영업원가는 겨우 14.5억 위안으로 '리닝'의 절반이며 안타의 2011년 행정지출은 3.73억 위안으로 '리닝'회사보다 절반 조금 넘었다. 더욱 주의할 것은 '리닝'회사는 2011년 년 말에 직원이 4,180명이고 안타회사는 11,500명이었다. 비록 최근 몇 년간 '리닝'은 감원을 통하여 지출을 줄였지만 이는 다만 '급한 사항만 해결하고 근본적으로 해결하지 못하는' 임시적인 조치였다. 원가문제를 진정으로 해결하려면 회사의 전체적인 조직구조에서 착수해야 한다.

　효율이 낮은 부서의 소통, 비싼 인력과 운영원가 외에 방대한 조직구조는 직원의 투지를 소모시켰다. 회사내부의 인부간사(일자리에 비해 사람이 너무 많다), 무책임한 현상이 끊임없이 나타나며; 회사내부에 나태한 경력직원들이 넘쳐나고 습관적으로 호형호제하며 회사가 자기들에게 손을 대지 않을 거라 확신하고 갈수록 책임감이 부족해졌다. 한번은 매장운영을 책임진 관리자가 매장 안의 신발받침대의 방향을 잘못 설계하였다. 상식대로라면 신발받침대는 반드시 경사방향이 있어야 신발을 놓을 수 있다. 신발은 보통 왼쪽신발을 전시하지만 그때 모든 신발받침대의 경사방향이 모두 틀려서 어쩔 수 없이 오른쪽 신발을 놓아야 했다. 기존의 그 샘플신발들을 낭비한 것은 예기하지 않더라도 신상품을 출시하는 시간을 놓쳤다. 이렇게 큰 문제가 생기면 응당 엄격한 처벌이 있어야 하지만 이 일은 최종적으로 내부 검토와 직원벌금으로 흐지부지 일을 처리하였다. 유사한 일은 아직도 매우 많으며 무책임한 풍조는 마치 기세가 등등한 유행성 감기처럼 회사내부를 덮었고 아무도 회사 위의 창문을 열어 맑은 공기를 바꾸고자 하는 사람도 없고 감히 하고자 하는 사람도 없었으며 '채찍을 휘두르기만을 기다리지 않고 달려가는' 창업정신은 벌써 멀리 떠났다. '대우가 좋고 급여가 높으며 휴가가 많고 업무량이 적다'는 기업복지는 점차적으로 나태하고 무책임한 직원을 배양하였다. 국내의 일반 스포츠브랜드들이 자리를 차지하기 위하여 힘을 내어 쫓아올 때 '리닝'의 직원들은 회사에서 그들을 위하여 '완벽한 세상'을 만들어 '온실 속의 꽃'이 되어 앞으로 전진 하지 않았다. 그들은 이미 끊임없이 노력하는 '거북이'에게 멀리 뒤로 내쳐졌음을 생각지도 못했다.

8.2.5 고층관리자의 빈번한 교체, 내부 분열사상이 깊다

2006년 12월 '리닝'브랜드매니저 악숙옥(樂淑鈺)이 이직했고; 2011년 5월 '리닝'수석운영관 곽건신(郭建新), 수석시장총책임자 방세위(方世偉), 전자상거래 총책임자 임려(林礪)는 잇달아 이직했으며; 6월 로토(樂途 Lotto)사업본부 총경리 오현용(伍賢勇)도 조용히 떠나갔다; 2017년 7월 '리닝'의 최고 관리자 및 행정총재 CEO인 장지용은 사직을 선포하였다.

일련의 이직 풍파 이후 회사는 어쩔 수 없이 창립자 리닝 선생을 모셔 큰 깃발을 들게 하였다. '리닝'처럼 이렇게 큰 기업은 매 번의 인사변동을 겪을 때마다 배후의 방대하고 복잡한 관계망도 한차례 재조정을 겪는다. 하지만 빈번한 고층관리자이직은 금식한 고통 속에 있는 '리닝'에게 있어서 '앞뜰에 불이 나자 뒤뜰에서 기름을 붓는' 풍자적인 의미가 있으며 고난의 연속인 '리닝'은 정말 아픔을 감당하기 어려웠다.

2002년 '리닝'을 관리한 이래 장지용은 자기의 방식으로 회사를 관리하려고 힘썼다. 그는 거금을 들여 인재를 채용했지만 마지막의 결과로 볼 때 그는 아마도 '리닝'의 제일 뛰어난 수석채용관일 수 있지만 뛰어난 사람을 알아보고 인재를 임용하는 고수는 아니었다. 앞서 로토사업본부의 총경리 오현용으로만 이야기해볼 때 그는 전에 보결(宝洁)에서 근무 했었고 '리닝'에 처음 입사 후 장지용은 바로 큰 기대를 걸어 신발상품의 시스템을 책임지게 했고 후에 로토에서 전근시켰다. 원래 계획은 28개월 이내에 로토를 적자에서 이익으로 돌리려는 생각은 최종적으로 물거품이 되었으며 오현용 본인은 이직의 방식으로 '리닝'에서 근무했던 세월과 작별을 고했다. 유사한 사례는 흔히 볼 수 있으며 그 당시의 악숙옥에서 오늘날의 방세위, 오현용 등까지 장지용은 언제나 상대방의 뛰어난 이력서와 출중한 말솜씨에 감동되어 뛰어난 재능을 가진 백마기사를 찾았다고 생각하였다.

그는 처음부터 높은 연봉과 높은 직위를 주고 동시에 엄청 높은 기대를 가졌다. 하지만 금방 일이 뜻대로 되지 않음을 증명되었고 이 사람들은 마지막에 기타 새로운 업무로 추방당했거나 아니면 새로 유입된 기타 전문경영인들에게 권력을 빼앗기고 끝내 기분 나쁘게 헤어지고 이직으로 끝냈다. '리닝' 내부의 고층관리자들의 빈번한 이익원인을 자세히 살펴보면 상당 부분을 장지용 본인의 관리스타일과 갈라놓을 수 없다. 표면에서 보면 장지용은 내부에서 온 힘을 다하여 자유평등의 관리문화를 선도하고 직원들에게 그의 '지용'을 강조하지만 이는 어쩌면 다만 표상일수도 있다. 어떤 '리닝'의 오래된 직원이 장지용의 리더스타일을 '비정상적인 집권'이라고 요약했다: 일단 누가 그의 권위에 도전하면 설령 겨우 새싹이라도 그는 모두 없애버린다. 장지용의 이런 관리스타일은 '리닝'전

CFO인 진위성(陳偉成)의 이직사건에서 좀 알 수 있다: 2008년 전후 진위성은 상장회사 CFO의 직권에 따라 어떤 핵심적인 재무문제에 대하여 개인적으로 회사의 핵심관리자들을 모집하여 의견을 물어보았었다. 일을 진행하기 전에 진위성은 장지용에게 알리지 않았고 장지용은 알고 난 후 매우 진노하며 심각하게 우편을 보내어 진위성을 질책하였다. 이 도화선은 결국 장위성이 결별하고 떠나게 하였다. 이외에 '리닝' 내부의 직원들은 장지용의 생각에 제일 '충성'하는 인력 자원부를 '동창'(東厂)이라고 놀렸다. 그는 내부의 승진 및 외부 낙하산을 주재하고 있고 모든 사람들의 성과, 평가와 진급을 관리하고 있으며 업무총결, 업무량, 잔업기록 등 많은 정보를 포함한다.

많은 직원들이 볼 때 직위의 오르내림은 인력 자원부 부장과의 관계의 멀고 가까움에 결정되어 있고 실질적인 업무성과는 겨우 한 방면일 뿐이었다. 권력게임에서 이런 관리소모는 마치 엄청난 하얀 개미가 본래부터 질병이 많은 '리닝'의 가지를 침식하고 있는 것 같았고 심지어 언젠가는 그가 고목이 되게 하였다.

8.2.6 핵심적인 우세를 벗어나 맹목적으로 국제 확장을 하다

국제화는 '리닝'의 최근 몇 년간의 주요 전략이며 그는 스페인과 아르헨티나 농구팀협찬을 스페인 올림픽위원회와 체결하였으며 사람들이 마치 나이키와 아디다스의 그림자를 보는 듯 하게 하였다. 하지만 '리닝'의 국제화는 회사에 실질적인 수익을 가져다주지 못했다. '리닝'은 미국 포틀랜드 설계센터에서 고용유실이 심각하고 미국 합작파트너인 Foot

Locker Inc와의 계약도 이미 끝났으며 스페인대리상과 함께 설립한 판매회사는 경영부진과 자금줄이 끊어짐으로 인하여 파산하였다. 이렇게 봤을 때 '리닝'의 국제화는 이미 물거품이 되었다. '리닝'의 국제화 전략의 연이은 패배를 보며 우리는 자기도 모르게 2009년 유전지(柳傳志)가 일을 맡아 나설 때 제일 많이 했던 말 한마디가 생각났다: 우리는 중국시장을 안정시켜야 한다. 이곳은 우리의 본거지이다. 중국시장을 안정시켜야 국제시장을 할 수 있는 시간과 에너지가 있다. 50년 역사를 가진 나이키와 90년 역사를 가진 아디다스 앞에서 '리닝'은 낯설고 또 유치하게 보였다. 결국 '리닝'은 국제에서 한 숟가락도 얻지 못했을 뿐만 아니라 자기의 전통 진지도 아디다스와 나이키에게 점차적으로 나누어졌다. 2010년부터 2014년까지 국내 아디다스와 나이키의 시장점유율은 25%에서 35%로 향상되었다.

수년간의 발전과정에서 '리닝'은 점차적으로 자기의 주 항로를 벗어났다. 새롭게 '리닝' 브랜드, 스포츠정신과 국내시장에 초점을 맞추는 것은 근본적으로 바로잡는 관건적인 행동이다. 오늘날 '리닝'이 직면한 경쟁생태는 처음보다 훨씬 심각했다. '리닝'브랜드가 출시할 때 아디다스와 나이키 등 국제 유명브랜드의 현지화 책략은 아직 성숙되지 못하였고 또한 이런 '서양 브랜드'는 높은 곳에 군림하여 중국현지 브랜드와 경쟁할 가치가 없다고 여겼으며; 동시에 국내토종 브랜드는 아직 기후를 형성하지 못하였다. 바로 상품자체의 스포츠정신과 민족의식에 의존하여 '리닝'은 비로소 비옥한 2,3급 도시와 풍부한 이익을 얻을 수 있었다. 하지만 현재 그는 안개 속에 싸여있는 비행기처럼 점차적으로 자기의 주 항로를 벗어나고 있다. 오늘날의 '리닝'은 아디다스 등 '서양브랜드'의 포위에 저항해야 할뿐만 아니라 또 안타 등 현지브랜드의 추격을 벗어나야 한다.

이런 늑대들이 먹이를 잡아먹는 험악한 환경에서 '리닝'이 해야 할 것은 장점을 살리고 단점을 피하며 자신의 현지특징을 이용하여 언제든지 위험에 대처할 수 있도록 준비하는 앞선 의식을 잘 드러내고 국내 스포츠브랜드 본보기와 선구자의 우세를 발휘하여 환경에 따라 변화할 수 있지만 본질을 잃지 않는 하나의 '아메바'가 되어야 한다.

8.2.7 주류문화를 희석하고 낙하산병은 '기후와 풍토가 맞지 않다'

모든 성공한 기업은 모두 자기만의 기업문화가 있으며 초기의 '리닝'회사도 이러했다. 시장경제라는 대 조류하에서 생겨난 민족브랜드로서 '리닝'의 발전은 한 세대 사람들의 특유한 기억을 담고 있으며 그의 유전자에는 창립자인 '체조왕자' 리닝의 패배를 인정하지 않고 용감하게 끝까지 싸우며 일등을 하려고 노력하는 금메달 정신이 흐르고 있다.

이런 정신으로 '리닝'은 중국 스포츠브랜드의 선구자 자리에 앉았다. 하지만 시장 환경의 변화와 관리조치의 조정에 따라 회사의 전체적인 문화 분위기는 변화가 생기기 시작하였으며 내부의 문화유전자는 점차적으로 변하기 시작했다. 많은 직원들은 예전의 '리닝'을 그리워하기 시작하였고 그때 이사장부터 직원까지 모두 꿈이 있었고 이 꿈은 응집력을 형성할 수 있었다고 이야기했다. 하지만 특히 2010년 대폭의 변혁조정 이후 이런 '힘을 함께 하는' 느낌은 갑자기 보이지 않았다. 일부 고참 직원들은 자기도 모르게 회사초기의 소박한 창업분위기와 겸손하게 사람을 대하는 리닝이 생각났다.

리닝 본인은 연말 때 모든 직원들을 초청하여 아무 때나 와서 식사를 할 수 있도록 하고 또한 모든 테이블마다 술을 따르고 함께 사진을 남겼다. 오늘날 이런 것은 회사 고위관리직의 변동과 낙하직원으로 인하여 바뀌었다. 높은 연봉으로 글로벌회사의 전문경영인을 초빙하는 것은 리닝 본인의 생각이었다. 창시자로서 그는 줄곧 '비 가족화'에 힘썼으며 자기의 회사와 브랜드에 대한 영향에서 벗어나려고 시도했지만 이 방법은 매번 좌절을 당하였다. 외부에서 온 전문경영인들은 '리닝'의 문화와 가치관이 전혀 맞지 않는 것 같았다. 그들이 가져온 나이키, 아디다스의 형식 및 개혁은 '리닝'에서 인정을 받지 못하였다. 이런 불인정은 2010년 상품주문량의 급락으로 인한 자극 하에 점차적으로 확대되었다.

일련의 동방이미지의 혁신상품들이 연달아 부결을 당하자 일부 불만을 가진 설계사들이 이직하기 시작하였다. 그리고 홍콩대만지역에서 온 설계사들이 제작해낸 과장된 상품들은 '리닝' 현지 설계사들의 질의를 받았다. 연속 충돌 이후 모순은 결국 직위의 순서로 해결될 수밖에 없었다. '리닝'회사의 CEO를 맡고 있던 장지용은 회사내부에서 급진적인 국제화의 방식을 아끼지 않고 브랜드 리모델링을 강력하게 추진하였으며 글로벌회사에서 온 홍콩대만지역의 전문경영인을 대량으로 유입하였고 기존의 상품설계스타일을 뒤집고 새로 시작하였다. 한차례 폭풍우와 같은 '영혼혁명'의 결과는 낙하산병 실험의 실패였다. 이런 과다하고 너무 빠르게 유입한 외부의 전문경영인들은 '리닝'창업문화의 혼란을 초래했으며 또한 이런 외부의 영향을 자체 소화하기 힘들었다. 점차적으로 '리닝'회사의 원시적인 주류문화는 외부문화의 대항에서 산산조각이 났다.

결론과 발전건의

　과거에 성공한 형식은 미래에 전진하는 질곡이 될 수 있다. 어쩌면 영광을 잊고 자신을 내려놓거나 혹은 2차 창업의 결심이 있어야만 '리닝'이 브랜드를 새롭게 빛날게 할 수 있다. 사실상 '리닝'이 걸어온 길, 겪은 좌절은 현지 기업에게 한차례 수업이 되었다: 기업이 자신의 독특한 우세에 의존하여 발전하고 강대해짐에 따라 '변화 또는 불변'은 반드시 선택해야 할 문제가 되었다. '불변'하면 외부의 치열한 경생 환경에게 먹힐 수 있고 '변화'하면 한 개 또 한 개 변혁으로 인한 함정에 빠질 수 있다. '리닝'회사의 현재 직면한 곤경을 분석하는 것을 통하여 현지기업의 변혁에 방향을 명확하게 가리켜줄 수 있다.

8.3.1 핵심적인 우세를 붙들고 고객수요를 추적하다

　어떠한 기업의 번창도 필연코 그가 의지하며 발전하는 핵심적이 우세가 있으며 이런 우세는 기업이 조기에 가시나무를 깨끗이 제거하고 왕성하게 발전하게 한다. 하지만 기업이 어느 수준까지 발전하여 변혁이 필요할 때 주변의 사물에 의하여 눈을 쉽게 가리게 된다. 많은 기업은 '리닝'처럼 매번의 변화에서 점차적으로 자신의 핵심적인 우세에서 벗어났으며 핵심적인 우세를 빌려 누적한 자원은 보이지 않게 없어졌다. 이는 어떠한 기업에게도 모두 위험한 것이며 한 기업이 점차적으로 자기의 핵심적인 우세를 포기할 때 고객은 왜 계속 너를 받쳐줘야 할까? '변화'가 필요할 때 기업은 핵심적인 우세를 18종의 무기로 변화시켜 아무리 변해도 중심을 떠나지 않으며 핵심적인 우세의 기초에서 고객수요를 추적할 수 있다.

8.3.2 조직구조를 조정하고 운영효율을 향상시키다

기업이 어느 단계까지 발전하면 필연코 직원 수의 증가함에 따라 조직구조는 갈수록 복잡해지는 문제가 발생한다. 만약 제때에 조직구조를 조정하지 않고 시대에 따라 조직계층을 간소화하지 않으면 많은 기업을 괴롭힌 '대 기업병'이 천천히 쌓이고 관료화의 '세균'이 끊임없이 확산될 것이다. 심지어 정보소통이 원활하지 않고 결정효율이 저하되며 공리주의 성행 등 현상이 빈번하게 나타난다. 만약 그것이 마음대로 발전하도록 놔두면 이 기업은 매우 위험하다. 물론 조직구조의 조정을 진행하는 것은 결코 쉬운 일이 아니며 그는 기업 내외주의 힘을 합친 협력이 필요하다.

기업의 운영활동은 마치 인체의 혈액계통처럼 기업의 전체적인 건강한 운행을 유지하고 있다. 일단 앞뒤 운영활동이 방해를 받으면 기업 전체의 건강수준은 많이 떨어질 것이다. 운영효율을 향상시키는 것은 많은 기업이 절박하게 해결해야 하는 문제가 되었다. 오직 조직구조가 진정으로 환경에 적응해야만 기업운영활동은 비로소 고 효율적으로 돌아간다.

8.3.3 기업문화를 유지하고 브랜드의 의미를 풍부히 한다

기업문화는 형태가 없는 것처럼 보이지만 실제로 작용이 매우 크다. 그는 기업을 도와 인심을 모으고 행위를 규범화하며 앞으로 나가도록 격려한다. 하지만 일련의 변혁행동 앞에서 기업문화는 매우 쉽게 위협을 받고 또한 변화가 발생한다. 변혁은 많은 새로운 제도, 새로운 관념, 새로운 직원을 가져오며 이런 새로운 것들은 시시각각 고유의 기업문화와 격렬한 부딪침을 발생한다. 부딪치는 과정에서 어떨 때 기업문화는 활처럼 힘차게 날아오는 변혁에게 양보를 하지 않을 수 없으며 결과적으로 한 방면으로는 기업이 점차적으로 기존의 풍조를 잃어버려 사람들로 하여금 그가 '제일 익숙한 낯선 사람'이 된 것처럼 느끼게 하며; 다른 한 방면으로는 변혁의 많은 어려움으로 새로운 것이 융합되지 못하여 '두 장의 가죽'인 문제를 초래하였다. 브랜드 의미의 부족은 많은 기업이 변혁과정에서 매우 쉽게 나타나는 실수이며 무조건 브랜드 변혁을 요구하고 단순한 브랜드 로고변화로 브랜드의미의 충만함을 대체하는 이런 유형의 문제는 자주 발생하였다. 모두 알다시피 만약 풍부한 브랜드 의미의 지탱이 없다면 아무리 많이 브랜드 명칭을 바꾸어도 그것은 모두 겨우 일부에 지나치지 않으며 고객의 마음속에 특별한 흔적을 남길 수 없고 기업문화의 보호는 더욱 말할 필요가 없다. 현재 리닝 본인이 위급한 시기에 새롭게 일을 맡아 나선 것은 회사 위아래와 투자자에게 안심환을 먹이기 위함에 의심할 필요가 없지만 시장과 경쟁상대가 아직도 그에게 새롭게 시작할 기회를 줄까? 어쩌면 '리닝'이 진정으로 지난날의 아픔을 깨끗이 씻고 천지개벽을 생각해보기 시작하는 것이 그가 진정으로 자기를 구원할 때일 것이다.

제9장

해외인수합병은 돈이 있다고
'제멋대로 할 수' 있는 것이 아니다

제9장 해외인수합병은 돈이 있다고 '제멋대로 할 수' 있는 것이 아니다

경제글로벌의 배경 하에 국가는 기업이 '나가서' 밖의 세상을 경험할 것을 격려하였으며 게다가 우리나라의 광산자원이 부족하고 기업이 관련된 기술자원을 얻고 국제시장을 개척하는 등의 원인으로 인하여 최근 몇 년간 우리나라 기업의 해외인수 합병수량과 금액은 모두 대폭 상승하였다. 중국기업이 2013년 해외인수합병의 규모는 600억 달러를 초과하여 2012년 621억 달러와 대체적으로 비슷하며 일본을 초월하여 아시아에서 제일 큰 해외 투자나라가 되었다. 2014년 중국대륙기업의 해외인수 합병수량은 272건에 달했으며 2013년의 200건보다 36% 증가하였다. 비록 2014년 중국기업의 해외인수합병이 큰 건의 교역은 부족하지만 인수합병교역금액은 569억 달러에 달했다. 하지만 중국기업이 해외인수합병을 진행할 때 관련된 경험이 부족하거나 또는 해외법률관리감독에 대하여 인식이 부족하거나 또는 해외노조의 힘을 가볍게 보거나 혹은 외국정부의 간섭 등으로 인하여 인수합병의 성공률은 높지 않았다. 어떤 기업은 인수합병이 일시적인 성공을 했을지라도 심각한 통합문제에 부딪쳐 결국은 인수합병실패를 초래했다. 중국 상업의 운행을 잘 아는 나시무라 아사히(西村朝日) 변호사사무실 변호사 노무라

다카시(野村高志)는 '중국기업이 해외에서 시장점유율과 기술실력을 얻는 것은 자신의 실력을 향상하는 것에 의지하는 것이 아니라 대부분은 직접적인 매수를 통하여 신속하게 시장을 점유하고 게다가 중국정부가 기업이 해외로 진출하는 것을 대폭 지지하여 많은 중국기업은 매수대상의 자산에 대하여 심사가 부실하였다'고 지적하였다. 확실히 중국기업은 해외인수합병을 진행할 때 우리는 외국의 어떤 정부는 국가안전을 이유로 중국의 기업을 배척한다는 것을 부인하지 않는다. 하지만 어디까지나 소수이고 우리 자신이 소홀히 할 때가 더욱 많다. 특히 중국기업은 정부의 지원이 있고, 인수합병자금에서 돈이 절대로 부족하지 않게되니, '돈'이 만능약이라고 생각하고 인수합병의 상세한 상황에 대하여 깊이 알려고 하지 않았으며, 또 국가와 국가 간의 법률의 차이도 고려하지 않았고, 외국노조의 권위는 더욱 상관하지 않았으며, 번번이 외국문화제도의 최저 선에 도전을 하여 결국은 쌍방이 모두 피해를 보게 하였다. 물론 기업인수합병에게 있어서 자금은 확실히 배우 중요하다. 하지만 돈이 있어도 절대로 '제멋대로 해서는' 안 된다. 남의 기업을 매수하고 해외인수합병을 진행할 때 인수자는 처음부터 끝까지 '침략자'이며 매수되는 기업은 시시각각 경각 상태에 처해있다. 그리하여 더욱 조심하고 얇은 얼음을 걷듯이 충분한 준비를 해야 한다. 이 부분은 3개의 중국기업의 해외인수합병의 실패사례를 중점적으로 묘사하여 뒤를 잇는 기업에게 계시를 주고자 한다. 중국기업이 경제글로벌의 물결에서 조금이라도 발전을 하려면 반드시 국가의 호소 '나가자'에 호응하여 더욱 넓은 하늘을 빼앗아야 한다. 성공으로 향하는 길에서 실패는 두렵지 않다. 두려운 것은 동일한 장애물에서 계속 넘어지는 것이다. 역사로부터 교훈을 얻으면 성쇠여부를 알 수 있다.

국제정치 요새의 전사자
-화웨이(華爲)가 3Lesf를 매입

　　3Leaf Systems는 미국 샌프란시스코에 위치한 서버기술기업이며 그 전신은 3Leaf Net works는 2004년에 설립되었고 2007년에 3Leaf Systems3로 이름을 바꾸었다. 이 회사는 주요하게 기업데이터베이스에 서버가상화 해결방안을 제공하며 그 가상화 구조는 서버의 기능을 향상시킬 수 있다. 2010년 5월말 화웨이 회사는 두 번에 나누어 200만 달러로 이미 파산을 선포한 3Leaf Systems의 일부 특허를 매수했으며 또한 이회사의 15명 직원을 채용하였다. 같은 해 9월 화웨이는 3Leaf Systems회사의 일부 자산을 매수하는 것에 관하여 미국 상부무에 신청을 제출했고 비준을 얻었다.

　　뒤이어 3Leaf Systems회사의 창시자 한 명이 SNS Linked In의 계정자료에서 그의 직무는 '화웨이 자문위원'으로 나타났다. 이 정보는 미국 심사부문의 관심을 끌었으며 미국외자심의위원회(Committee on Foreign Investment in the United States, CFIUS)는 이로부터 진일보 적으로 조사에 개입하였으며 화웨는 이 건의 인수합병에 대하여 심사신청을 제출하지 않았음을 발견하였다. CFIUS는 부서를 뛰어넘은 기관이며 주석은 미국재정부장이 담임하고 주요 임원은 국방부, 국무원과 상무부 및 국가안전부 등을 포함한 16개 국가부서와 기관의 대표들로 포함되어있다. CFIUS는 주요하게 국가안전에 영향을 끼칠 수 있는 국경 간 인수합병심사를 책임지며 또한 대통령에게 건의를 제기한다. 대통령은 이 건의를 받아드릴 수도 있고 부결할 수도 있다. 관련 규정에 근거하여 민감성을 가지고 있을 수도 있는 국경 간 인수합병을 완성하기 전에 매입기업은 주동적으로 CFIUS에게 심사를 신청해야 한다. 하지만 화웨이와 3Lesf 고위관리자는 이번 매수는 지식재산권매수와 직원채용에만 관련되고 3Lesf는 화웨이에게 직접적으로 매수된 것이 아니며 또한 매수금액이 심사해야 하는 문턱에 도달하지 못했고 게다가 3Lesf 의 자산 및 서버는 채권자가 소유하고 있으므로 신고를 하지 않았다고 밝혔다.

CFIUS가 개입 이후 화웨이는 2010년 11월에 심사신청을 제출하여 주동적으로 이 건의 교역에 대하여 심사를 진행할 것을 요청하고 또한 적극적으로 협조를 하겠다고 하였다. 심사가 끝나기 바로 며칠 전 미국 버지니아의 민주당 참의원 웨버(韋伯)등 사람들이 CFIUS주석을 맡고 있는 재정부장 티모시 가이스너(TimothyGeithner)와 CFIUS임원인 상무부장 게리로크(Gary Locke)에게 서신을 보내어 이번 매수에 대하여 더욱 엄한 심사를 진행할 것을 요구하였다. 왜냐면 웨버 등 사람들은 화웨이의 3Lesf에 대한 매수는 미국의 선진적인 컴퓨터기술이 화웨이를 통하여 중국으로 넘어가게 될 것이며 이것으로 미국의 국가안전에 영향을 끼칠 것이라고 확신하기 때문이었다.

서신에서 그는 또 화웨이는 중국군부와 밀접한 관계가 있으며 중국정부의 재무지지를 받았고 또한 화웨이의 창시자인 임정비(任正非)는 해방군 군관이라고 지적하였다. 마지막에 CFIUS는 이번 매수에 대하여

75일간의 심사를 진행하였고 최종적으로 2월 11일에 국가안전을 이유로 화웨이에게 3Lesf에 대한 매수계획을 철수하라고 건의하였다. 화웨이는 처음에 이 건의를 받아들이는 것을 거절했지만 일주일 이후 3Lesf에 대한 매수계획을 중지한다고 선포하였다. 화웨이가 미국에서 좌절을 당한 것은 처음이 아니다. 2007년 화웨이는 미국사모지분투자펀드사 베인 앤드 컴퍼니와 22억 달러로 미국인터넷설비회사 3COM을 매수하기로 계획했었고 계획에서 베인 앤드 컴퍼니는 83.5% 지분을 소유하고 화웨이는 16.5% 지분을 소유하기로 하였다. 이번 교역도 '미국정부정보안전을 위해'할 수 있어 C F I U S 는 매수 안을 통과시키는 것을 거절하여서 좌초되었다. 베인 앤드 컴퍼니와 3COM회사는 그들의 정식 성명에서 이번 교역을 비준 받으려고 베인 앤드 컴퍼니는 이미 미국정부에게 여러 개의 양보를 하였으며: 3COM회사의 주요하게 국가안전소프트웨어를 개발하는 T i p p i n g   P o i n t 부서에 대하여 분석을 진행할 것을 제기하고; 화웨이는 민감한 미국기술 또는 미국정부의 오더를 얻지 못하며 이 회사의 운영통제권과 최종결정권들도 가지고 있지 않다고 밝혔다. 설령 이렇게 했어도 C F I U S 의 우려를 없애지 못했다.

위에 두 가지 사건이 발생 이후 국내여론은 일제히 화웨이를 두둔하며 미국이 '국가안전을 위해'라는 명목을 내걸고 실제로는 중국기업이 미국에 진출하는 것을 원하지 않으며 갈수록 강대해지는 중국을 보고 싶지 않는 것이라고 여겼다. 이로부터 새로운 애국 붐이 일어났다. 실제적으로 자세히 분석해보면 미국의 행동이 이유가 부족한 것이 아니며 화웨이도 그렇게 억울한 것이 아니다. 먼저, 화웨이는 3Lesf를 매입할 때 확실히 제때에 C F I U S 에 신고를 하지 않았다. 비록 미국이 모든 거래는 모두 정부가 심사를 해야 한다고 규정하지 않았지만 회사의 매수자와 매도자는 거래가 국가안전에 관련되는지 판단을 하여야 한다. 화웨이는 3COM를 매수했을 때의 실패를 교훈으로 삼아 미국기업매수에 대하여 응당 더욱 조심했어야 하고 미국이 국가안전중요성에 대한 고려는 기업을 매수하는 경제 수익보다 높다는 것을 알아야 하며 적극적으로 협조하는 태도로 미국정부에 우호를 표해야 하고 자신들의 관련정보를 미국정부 및 관련 부서와 공유해야 하며 실시간으로 보고하여 성의를 표해야 하는 것이며 자체적으로 정부부문의 관련요구를 간단하게 평가하거나 잘못된 판단을 하는 것이 아니다. 화웨이와 3Lesf는 자체적으로 매수가 심사기준에 도달하지 않았으므로 신고를 하지 않아도 된다고 여기고 신청을 제출하지 않아 오히려 관리감독부가 회사가 고의적으로 심사를 피하는 것이 아닌가 하는 의심을 더욱 하게 하였다. ＣＦＩＵＳ는 화웨이가 3Lesf의 일부 자산만 매수한다는 것을 도저히 믿을 수 없었다.

다음, 화웨이회사 자체의 투명도에 문제가 존재한다. 화웨이의 창시자인 임정비가 바로 신비스러운 인물이다. 임정비는 1944년에 귀주(貴州)에서 태어나 중국육군공정병단에서 10년을 복무했었으며 화웨이를 설립 이후 그는 줄곧 낮은 자세를 일을 하고 매체에서 거의 얼굴을 드러내지 않아 이는 외부의 그에 대한 의심을 더욱 증가시켰다. 하지만 화웨이는 민영기업으로서 장기간 고의적인 낮은 자세와 매체를 피하는 방법을 취하였으며 회사의 국내외 업무정보를 거의 드러내지 않고 상세한 주주구조를 발표하는 것을 거절하였으며 지분은 완전하게 직원들이 보유하고 있다고만 밝혔다. 이런 신비스러운 창시자가 리더하는 '이리의 기질' 문화를 가지고 있는 기업이 다른 나라의 영역에 들어갈 때 틀림없이 정부를 불안하게 할 것이다.

왜냐하면 화웨이에게 명분을 바로잡아줄 기타 국제무역기구가 없기 때문이다. 침략자는 언제나 먼저 죄가 있다고 판정 당한다. 미국정부는 국가안전보호라는 긴장된 신경의 도발 하에 게다가 '중국위협론'의 초연이 조금씩 일어남에 따라 분명히 먼저 화웨이가 미국에 진출하는 의도가 불순하다고 판정하며 게다가 그 창시자의 특수한 신분배경이 더해져 미국정부가 화웨이에 대하여 이렇게 고도로 관심을 기울이는 것은 당연하다.

마지막으로 화웨이는 글로벌기업으로서 국제시장에서 경쟁을 하고 여러 개 나라에 거점을 세우려면 반드시 자기의 국적과 신분을 약화시켜야 한다. 오늘날 많은 글로벌기업들이 끊임없이 자기의 현지화를 강화하고 반면에 자기의 외래자형상을 약화시키고 있다. 중국에서 설령 중국기업이라 할지라도 미국에서 설령 미국기업이라 할지라도 독일에서 독일기업이라 할지라도 말이다. 이러면 자기의 '침략자'의 신분을 약화시킬 수 있으며 더욱 쉽게 진입나라의 대중들로 하여금 받아들이게 할 수 있다. 하지만 화웨이는 미국시장에서 언제나 강한 형상으로 사람들 앞에 나타났다. 2002년 화웨이는 미국의 일부 주류와 전문매체에서 매우 공격적인 광고를 실었다- '그들이 유일하게 다른 것은 가격이다', 화면배경은 샌프란시스코 골든게이트교였다. 이는 직접적으로 시스코 시스템회사를 지적한 것이다. 왜냐하면 시스코 시스템회사의 로고가 바로 골든게이트교이기 때문이다. 미국의 '워싱턴 포스트'에서는 '우리는 고의적인지 아니면 고의가 아닌지 모르겠지만 화웨이는 해외에서 언제나 강한 형상으로 전파를 진행하는 것을 유감스럽게 발견하였다. 이는 많은 나라와 기업으로 하여금 멀리 하게 한다'라고 지적했다. 이런 강한 자세의 침략자의 형상은 확실히 미국처럼 자존심, 자신감이 비교적 높은 나라들로 하여금 받아들이기 힘들게 하였다.

위의 분석에서 볼 수 있듯이 화웨이는 매수 실패는 모든 것이 미국정부의 괴롭힘 때문이 아니며 자체에 확실히 문제가 있었다. 글로벌기업으로서 기업의 투명도와 정보공개수준은 외국정부 및 대붕의 신임을 얻는데 매우 중요하다. 기업은 글로벌인수합병을 진행할 때 인수합병나라의 정부의 태도에 경계심을 가져야 하며 또한 자기의 우호적인 태도를 나타내야 한다. 강한 형상으로 다른 사람들의 땅을 밟으면 보이콧을 당하는 것을 피하기 어렵다.

9.2

법률법규를 무시한 전사자 - 중신캐피털(中信泰富) 웨스턴 오스트레일리아 철광(西澳鐵礦)에 투자하다

2006년 3월 중신 캐피털은 웨스턴 오스트레일리아의 각각 10억 톤의 자철광 채굴권을 가진 두 개 회사를 매수했다. 프로젝트는 원래 42억 달러 투자하여 2009년 상반년에 생산에 들어갈 계획이었다. 하지만 프로젝트의 어려움이 원래 예상했던 것을 훨씬 초과하여 투자규모는 증가하고 건설주기는 길어졌으며 생산일자도 계속 뒤로 미뤄졌다. 프로젝트는 개공한 지 7년 후에 겨우 처음으로 광석을 선적했으며 이때의 투자는 이미 근 백억 달러에 달했고 이 프로젝트가 철저하게 완공하려면 중신캐피털은 투자를 더 추가해야 했다. 이번 인수합병은 금융위기 전날에 발생하여 한동안 중국기업이 해외에 투자한 전형적인 실패사례로 여겨졌다.

9.2.1 계약분쟁-특허권사용료협의계약 및 분쟁

2006년 중신캐피털은 호주 Mineralogy회사와 협의를 체결하여 4.15억 달러로 그의 산하에 있는 각각 10억 톤의 자철광자원채굴권이 있는 두 개 회사를 매수하였다. 하지만 철광석채굴권을 매수하려고 체결한

계약은 애매모호했으며 계약에는 Mineralogy회사가 자철광을 톤당 0.3달러(호주)의 가격으로 특허권사용료를 받는다고 규정하였지만 가격계산을 언제부터 계산할 것인지 명확히 설명하지 않았다.

Mineralogy회사는 처음 채굴을 시작한 날부터 특허권사용료를 받아야 한다고 견지했으며 이는 갱도에서 떨어져나간 폐석을 채굴하는 것도 사용료를 받는다는 것을 의미한다. 중신캐피털은 응당 이미 정제된 광석에 대하여 가격을 계산해야 하며 떨어진 폐석은 포함하면 안 된다고 여겼다.

이는 중신캐피털이 광석을 채굴하여 거래를 마친 후 비용을 지불한다는 것을 의미한다. 쌍방은 모두 양보하지 않았고 결국 Mineralogy회사의 소유자 파머(帕默爾)는 중신캐피털을 웨스턴 오스트레일리아법원에 고소하였으며 중신캐피털이 톤당 0.3달러(호주)의 단가로 2006년부터의 특허권사용료를 지불할 것을 요구하였고 만약 중신캐피털이 지불을 거절하면 SinoIron 철광프로젝트를 중지한다고 하였다. 최종 결과는 법원이 중신캐피털에게 채굴한 총 460톤의 흙더미의 특허권사용료를 지불하라고 판결하였다.

9.2.2 투자원가예산이 어긋나다

1. 호주의 법률법규에 대하여 이해가 부족하다

호주정부는 안전과 환경보호문제를 매우 중시하며 광산채굴에 대하여 아래와 같이 4가지 요구가 있다: 자연환경보호; 직원과 사회민중의 안전 보장; 후세대의 이익과 수요를 고려; 웨스턴 오스트레일리아

인민의 생활수준에 대하여 공헌해야 한다. 중신캐피털은 호주의 관련 법률에 대하여 연구를 하지 않았다. 그리하여 프로젝트 시작 후 호주의 환경보호요구는 중신캐피털의 관리직원들을 놀라게 하였다. 예를 들어 2공 다리는 국내에서의 건설비는 대략 500만 위안이지만 호주에서는 생태시스템을 보호하기 위하여 전체를 파이프 파일을 사용해야 하며 최종 건설비는 5000여만 달러(호주)였다.

원가차이는 몇 배가 아니라 몇 십 배 이었다. 또 예를 들어 호주에서는 관개법을 이용하기 위하여 일정한 지역마다 간격을 두고 저수지를 건설해야 하며 저수지를 건설하는 것은 예산을 증가시켰고 그리하여 원가가 대폭 증가하게 되었다. 그 외에 호주에서 채굴을 진행할 때 기업은 운영 전에 일정한 보증금을 납부해야 한다. 만약 채광계약자가 경영과정에서 환경보호 요구에 도달하지 못하면 보증금 일부 또는 전부를 정부에서 지배하고 광산환경복원에 사용한다(표 9-1참조). 웨스턴 오스트레일리아의 광산개발심사 절차는 도표 9-1을 참조하고 광산폐쇄 절차는 도표 9-2를 참조한다.

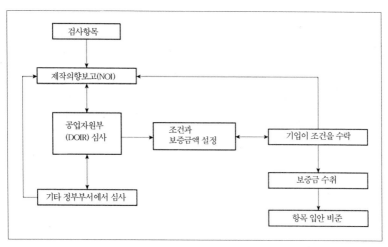

도표 9-1 웨스턴 오스트레일리아 광산개발 심사 절차

표 9-1 보증금 계산표

환경간섭요소	면적(헥타르)	비용단가/헥타르(호주달러)	금액(호주달러)
갱도 (보증금 납부 하지 않음)	25	0	0
퇴적더미, 증발댐, 고위험폐기무더기	120	10000	1200000
폐기물, 저품격 산화광석더미	230	8000	1840000
시설, 영지, 노천채굴	10	5000	50000
도로, 관선, 우물	25	3000	75000
탐사, 탐측	35	2000	70000
총계	445		3235000

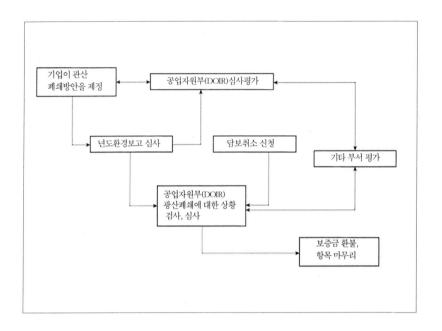

도표 9-2 웨스턴 오스트레일리아

2. 현지의 노동자정책에 대하여 이해부족

중신캐피털은 해외에서 여러 개 프로젝트 경험이 있었다. 하지만 선진국에서 프로젝트를 진행한 경험은 부족했다. 맨 처음에 예산을 제정할 때 중신캐피털은 현지의 노동자정책 및 노조에 관련된 상황을 파악하지 못하고 예전의 경험대로 중국의 저가노동력을 대량으로 사용하고 노동자의 제일 기본적인 생활요구를 만족시키면 된다고 생각하였다. 하지만 호주정부는 모든 근무노동자는 반드시 모두 영문으로 된 자격인증을 통과해야 한다고 요구하였고 그리하여 많은 중국의 저가노동자는 비자 때문에 거절당했으며 중신캐피털은 어쩔 수 없이 현지의 노동자를 고용할 수밖에 없었다. 하지만 호주노동력은 부족하고 웨스턴 오스트레일리아 광부의 연봉은 보편적으로 십여만 달러(호주)이며 광구에서 청소를 하는 노동자일지라도 연동은 몇 만 달러(호주)였다. 이는 의심할 바 없이 프로젝트의 원가를 증가시켰다. 이뿐만 아니라 정부는 모든 광부의 숙소면적은 10㎡보다 적어서는 안 되며 일인침대, 테이블, TV, 냉장고, 옷장 및 에어컨을 갖추어야 하고 모든 방마다 반드시 화장실과 샤워시설이 있어야 한다고 규정하였다. 시공현장에서 반드시 합격된 식당이 있어야 하고 또 헬스장, 수영장, 운동장, 오락실을 갖추어 광부들의 여가생활수요를 만족시켜야 했다.

이렇게 웨스턴 오스트레일리아에서 한 개 숙소를 건축하 는 비용은 9만여 달러(호주)에 달하였으며 아프리카에서 직원숙소의 원가는 1만 위안밖에 안 되었다. 다른 한 방면으로 중신캐피털은 만약 공사기간을 맞추려면 국내처럼 24시간 연속작업을 실행하고 매주 7일 모두 교대작업을 하면 된다고 생각하였다. 하지만 호주의 노동자 급여는 시간에 따라 계산하는 것이며 노조의 힘은 매우 강해서 노동자가 마음대로 잔업을 하지 못하게 하고 또한 강제로 '9+5'형식을 실행하였으며 다시 말해 노동자는 9일 근무하면 5일 휴식하여야 했다. 이는 두말할 것 없이 기업의 노동력 원가를 증가시켰다.

3. 기초시설투자 대폭 증가

중신캐피털은 웨스턴 오스트레일리아 광석채굴프로젝트의 설계, 시공, 설치 및 채광구역의 기초건설시설을 모두 중국야금과공그

313

룹(中國冶金科工集團)에 맡겼다. 하지만 중야(中冶)의 최초설계방안은 현지의 실제 시공환경을 고려하지 않아서 후에 공사 중에 변경해야 했다. 방안의 재설계는 원가를 높였을 뿐만 아니라 생산투입일자도 계속 뒤로 미뤄지게 했으며 원래의 기초시설시공계획은 3년이고 첫 번째 광산물을 2009년 초에 교부하기로 예상하였지만 공사가 계속 미뤄졌다.

다른 한 방면으로 호주는 설비, 자재 등에 요구도 매우 엄격했다. 수입설비를 사례로 모든 설비는 유럽의 CE기준에 부합해야 할뿐만 아니라 또 반드시 호주의 기준에 부합되어야 했다. 모든 건설도면은 호주자격증을 가진 공정사가 사인을 해야 했다. 이 프로젝트의 규모는 원래부터 매우 크고 생산흐름이 길어 결합된 항구, 수송관, 도로 등 시설이 필요하며 공사의 연장에 게다가 정부의 엄격한 규정으로 인하여 기초시설투자가 대폭 상승하게 되고 더 나아가 이 프로젝트의 투자도 끊임없이 증가하게 하였다.

9.2.3 앞 단계의 조사연구가 부족

호주철광석산업은 줄곧 고품격 적철석을 채굴하고 수출하는 것을 주로 하였다. 이런 적철석의 함량은 비교적 높으며 간단한 파쇄선별만 하면 바로 철강생산에 사용할 수 있다. 중신캐피털은 이런 보편적인 상황을 필연적인 상황으로 여기고 호주방면의 말만 듣고 자기들이 매수한 광산은 고품격 적철광으로 생각했다. 원래 정규적인 절차에 따라 프로젝트의 첫 번째는 응당 약간의 광석샘플을 국내로 가져와 대규모의 공업화 실험, 논증을 해야 했지만 호주철광프로젝트에서 이 중요한 일환은 결함이 존재했다.

맨 마지막에 중신캐피털은 그들의 웨스턴 오스트레일리아 프로젝트의 자철석의 철 함량이 비교적 낮아 광석선별을 해야만 철강생산에 사용할 수 있음을 발견했다. 그리도 광석선별공예는 파쇄, 선별, 연마, 분리와 여과를 포함하여 중국에서 제일 경험 많은 철강기업일지라도 이렇게 대규모의 철광을 개발하는 경험과 능력이 없었다. 중신캐피털은 광석샘플을 안산철강(鞍鋼)에 보내어 도움을 요청했다.

안산철강은 실험 후 이 광석재질은 너무 세서 연마를 할 수 없다고 여겼다. 37년의 채광경험이 있는 전문가 아이에이 트로트(El-liott)도 이 광산은 기술측면에서 거의 채굴할 수 없다고 여겼다, 비록 마지막에 중신캐피털은 자체의 노력을 통하여 기술난관을 돌파했지만 새로운 공예설계를 채용해야 했기에 2013년 연말이 되어서야 첫 번째 광석이 성공적으로 항구로 운반되어 이 기술의 실행 가능성을 증명하였다. 하지만 상응되는 기술과 설비투입은 일반적인 철광석보다 훨씬 높았다. 위에 분석에서 볼 수 있듯이 중신캐피털은 웨스턴 오스트레일리아 철광석의 투자결정은 너무 성급했다. 먼저, 투자자의 선택에서 중신캐피털은 관련된 조사를 하지 않았다. 선택한 현지 합작파트너 포머는 상대하기 어려운 거래 상대였으며 그는 법률소송에 열중하고 심지어 호주의 매체는 그가 '소송'을 취미 중에 하나로 여긴다고 밝혔다. 중신캐피털의 계약분쟁에서 볼 때 그는 자기의 소홀함으로 인하여 포머가 설계한 복잡한 거래구조에 빠졌으며 그리하여 중신캐피털의 호주에서의 6건의 소송을 불러일으켰다. 이는 중신캐피털이 거래상대를 가볍게 봐서 초래한 것이다.

다음, 중신캐피털은 해외투자의 환경 리스크를 소홀히 여겼고 투자 전에 호주의 관련된 광석채굴법률, 절차와 노동자정책 및 문화 환경에 대하여 상세한 조사를 하지 않고 성급하게 들어갔다. 그리하여 채굴원가가 대폭 상승하고 또한 공사가 미뤄지게 되었다. 이외에 중신캐피털은 또 기술방면의 실행 가능성 분석도 진행하지 않고 간단하게 상대방의 말을 믿고 바로 결론을 내렸으며 이는 기술 리스크를 초래하였다.

마지막으로 중신캐피털은 이 프로젝트의 가설에 대하여 관련된 근거가 부족했다. 중신캐피털은 특수한 철강산업 체인이 있다-석강(石鋼), 강음특강(江陰特鋼)과 호북신야강(湖北新冶鋼)으로 구성된 중신캐피털특강분야는 금융위기 전에 700만 톤의 특수철강 생산능력을 형성하였다. 하지만 당시에 철광석의 가격이 계속 상승하여 중신캐피털은 원가부담에 직면하여 상류로 확장하기 시작하였다. 당시의 투자가설은 '미래의 철광석 가격은 계속 상승할 것이다'였고 그리고 충분한 논증을 거치지 않았기에 현재 전 세계시장이 철광석의 장기적인 가격추세를 하락할 것이라 보는 상황에서 중신캐피털은 더욱 큰 부담을 직면하게 되었다.

중신캐피털의 해외인수합병의 실패에서 보면 기업은 반드시 초기에 공부를 충분히 하고 충분하게 거래자의 관련된 정보를 파악해야 하며 더욱 중요한 것은 투자지역의 관련 법률법규를 잘 알아야 하고 투자의 실행가능성 분석을 진행해야 하며 전문적인 기관을 찾아 투자관련 내용에 대하여 평가를 해야 한다.

내부통합과 문화융합의 전사자
-상해자동차가 한국 쌍용자동차를 매수하다

1999년 12월 한국 쌍용 자동차회사의 부채는 3.44조 한화(약 30억 달러)에 달하며 자기자본은 613억 한화(약 5330만 달러)까지 떨어졌다. 2003년 하반년 이래 쌍용 자동차회사의 채권단은 쌍용 자동차의 지분매각에 박차를 가했고 미국통용(美國通用), 프랑스르노(法國雷諾)와 시트로엥(雪鐵龍), 중국상해자동차그룹, 중국블루스타그룹(中國藍星集團) 및 인도의 타타그룹(塔塔集團) 등 모두 입찰에 참가할 의향을 밝혔다. 마지막에 상해자동차그룹(이하 상해자동차라 약칭)이 주당 1만원한화(약 1130한화가 1달러임)의 가격으로 쌍용 자동차 48.9%의 지분을 매수하였으며 총 매수금액은 약 5억 달러였다. 2005년 1월 상해자동차는 쌍용 자동차와 지분인계수속을 마쳤으며 이로써 쌍용 자동차의 51.33%의 지분을 확보하였으며 제일대주주로 올랐다. 상해자동차그룹은 뒤이어 쌍용 자동차에 최소 10억 달러를 추가로 투자하여 쌍용 자동차의 생산능력을 확대하고 상품라인을 증가하였다.

상해자동차는 쌍용을 매수하여 힌 빙면으로 상해자동차가 자동차방면에서 자주적인 연구개발능력을 향상시킬 수 있고 쌍용 자동차 제조의 핵심기술-엔진과 변속기의 연구개발능력 및 SUV의 완성차 생산기술을 포함하여 상해자동차를 도와 그들의 상품유형을 완벽하게 할 수 있었다. 다른 한 방면으로 당시에 쌍용은 한국에서 4번째 되는 자동차 생산업체이기에 쌍용을 매수하면 상해자동차가 한국 나아가 유럽과 미국시장에 진출하는 것에 도움이 되었다. 마지막으로 상해자동차는 입수합병을 통하여 규모의 경제도 얻을 수 있었다. 왜냐하면 인수합병은 기업의 규모를 확대시킬 수 있으며 기업이 자동차업계 규모경제의 제일 낮은 수준에 초보적으로 도달할 수 있게 하기 때문이다. 상해자동차는 중한쌍방의 우세의 상호보완을 통하여 원가의 진일보적인 하락을 실현할 수 있기를 희망하였다. 하지만 일은 뜻대로 되지 않았고 상해자동차가 쌍용에 들어간 후에야 중한양국의 제도차이와 기업문화차이를 발견하였다.

상해자동차가 쌍용의 제일 큰 주주가 된 후 그들은 쌍용에 3명의 이사를 파견하여 쌍용 이전의 사장 소진왕관(蘇鎭王官)과 함께 쌍용을 관리하였다. 하지만 그 후의 융합에서 상해자동차는 갈수록 중국 측은 쌍용의 핵심기술을 접할 수 없음을 느꼈다. 쌍용의 원래 사장 소진왕관은 협조를 하겠다고 표명하지 않았을 뿐만 아니라 끊임없이 중국 측에 부정적인 작용을 가했다. 더욱 심각한 것은 한국사회의 상업뇌물풍조가 심각하고 경제범죄의 원가가 매우 낮아 이는 관리자의 능력저하를 초래하고 공급업체는 관리자와 노조가 대부분 이익관계가 존재했다.

이 외에 소진왕관이 개인적으로 관련된 재단과 거래를 하여 만약 상해자동차의 매수가 실패하면 이 재단이 소진왕관을 지지하여 관리자가 지분을 보유하는 방식으로 계속 기업을 운영할 것이라는 기미가 드러났다. 그리하여 소진왕관은 상해자동차와 쌍용의 적응에 더욱 온갖 방법으로 방해하였다. 결국 상해자동차는 소진왕관의 쌍용에서의 직무를 파면하기로 결정하였는데 이로 인해 쌍용의 직원의 상해자동차에 대한 불신을 불러일으킬 줄 생각하지 못했다. 뒤이어 상해자동차는 소형지프S100에 대하여 개발 원가를 감가상각하고 한국에서 계속 생산하는 동시에 중국에서 조립을 하여 판매량을 증가하며 또한 쌍용의 수출을 확대하려고 결정하였다. 하지만 섬나라문화는 한국인이 매우 단결하고 또한 매우 강한 민족 자부심을 가지게 하였으며 이는 또 한국인의 안목을 좁아지게 하였다. 그들은 상해자동차의 결정은 쌍용의 기술과 취업일자리를 흘러나가게 하기 위함에 있다고 여기고 그리하여 죽기 살기로 반항하였으며 그것이 과장되어 사태는 진일보로 전체 한국사회와 언론계에 퍼졌고 사람들은 애국주의 깃발을 높이 들고 상해자동차의 일방적인 결정을 반대하였다.

2005년 11월 쌍용 노조는 '쌍용 자동차 작용하락 및 자동차산업기술의 유실을 막는 총파업'이라는 기자회견을 조직하였으며 파업을 할 것이라고 상해자동차를 위협하고 또한 상해자동차에게 쌍용에 대한 추가투자약속을 이행할 것을 요구하였다. 동시에 한국정부의 정책조정으로 인하여 디젤유에 대한 보조를 끝냈다. 그런데 쌍용의 대부분 상품은 또 디젤유를 연료로 하는 것이므로 쌍용의 판매에 영향이 매우 컸으며 2005년 전년 적자액은 1.08억 달러에 달했다. 그리하여 상해자동차방면은 쌍용의 노조와 협상하여 일부직원을 해고하고 또한 급여조정을 진행하여 고정비용의 지출을 줄이기를 원했다. 하지만 상해자동차의 이 행동은 쌍용 노조의 강렬한 반대를 불러일으켰고 결국 2006년 7월 13일 쌍용 직원은 첫 번째 파업을 시작했다. 하지만 상해자동차는 타협하지 않았고 그들은 쌍용 자동차의 모는 현금지불을 동결시켰으며 또한 쌍용 합작기업의 대금지불어음의 지급기한을 연장하였다. 이는 쌍용의 많은 합작기업이 현금위기에 직면하게 하였다. 동시에 상해자동차는 통용(중국)의 전 회장 겸 수석집행관 머피(墨斐)를 상해자동차 쌍용 대표이사로 초빙하여 상해자동차가 이전에 파견했던 사람들을 대신하여 쌍용을 관리하게 하였다. 머피는 취임하자마자 곧 쌍용에 대한 구조조정을 결정하고 550명의 쌍용 직원을 해고하였다. 이는 상해자동차와 쌍용 노조 간의 모순을 더욱 격화시켰으며 또 이로부터 쌍용 노조의 '시한부파업'을 불러일으켰다. 8월 30일 상해자동차는 해고계획을 철수하고 또한 고용을 보장하며 2009년까지 매년 약 3000억 원(한화)을 투자하여 새 차를 개발한다는 등 조건을 약속한 후 쌍용 노조는 끝내 상해자동차와 협의를 체결하였으며 이로부터 49일간의 쌍용의 '시한부파업'이 끝내 끝났다.

그 후에 국제화 관리경험이 있는 머피와 상해자동차의 공동 노력 하에 끝내 쌍용 위기를 해결하고 2007년 쌍용은 적자를 흑자로 돌렸다. 하지만 2008년 금융위기는 쌍용을 어려운 곤경으로 밀었고 쌍용의 자금줄이 끊어짐으로 인하여 상해자동차는 어쩔 수 없이 쌍용에 4500만 달러의 자금을 투입하였다. 상해자동차는 쌍용 노조에 회사의 구조조정계획을 받아드려 감원 등 조정을 진행할 것을 요구했지만 노조는 거절을 표명하였고 그리하여 상해자동차는 쌍용을 위하여 더욱 많은 자금을 제공하는 것을 거절하였다. 2009년 8월 쌍용 자동차 이사회는 회사가 한국법률의 관련규정에 따라 한국현지법원에 기업회생절차에 들어갈 것을 신청하는 것을 동의한다고 결의를 하였다. 1월 9일 쌍용 자동차는 법원에 관련된 신청서를 제출하였다. 이는 쌍용이 한국기업의 파산보호절차에 들어감을 의미한다. 한국현지의 법률에 따라 파산보호를 신청한 후 회사는 정부 또는 채권은행에서 관리하며 이렇게 되면 상해자동차는 쌍용에 대한 관리권을 잃게 된다. 위자료에서 볼 수 있듯이 상해자동차의 쌍용 매수가 실패한 것은 상당 부분이 내부통합의 불리 및 기업문화융합에 문제가 존재하기 때문이었다. 내부통합으로 볼 때 상해자동차가 쌍용에 투입할 때 내부관리자들과 효율적인 소통을 하지 않았으며 심지어 쌍용의 전 사장이 딴 마음을 품게 하고 기업내부에서 분열을 일으키게 하였다. 소진왕관을 해직시킨 후 상해자동차는 쌍용의 운영을 지탱하는 국제인수팀이 없었으며 이는 상해자동차의 인재 비축부족을 나타냈다.

이외에 상해자동차는 쌍용을 매수 이후 쌍용의 조직구조와 관리구조에 대하여 효과적인 개혁을 하지 않았으며 이는 상해자동차가 매입 중에 쌍용의 관련기술을 얻지 못했을 뿐만 아니라 쌍용이 이윤을 남기게 하지 못했으며 다방면의 실패의 국면을 형성하였다. 다른 한 방면으로 상해자동차는 중한문화간의 차이를 소홀히 하였다.

한국의 섬나라이며 배척의식이 매우 강하다. 매입 초기부터 중국 측은 한국방면의 매우 큰 의심을 받았으며 상해자동차가 중요시하는 것은 쌍용의 기술이며 쌍용의 주인이 되는 것은 주요하게 기술을 훔치기 위함이라고 여겼다. 그리고 후에 상해자동차는 쌍용의 엄청 강한 노조의 힘을 가볍게 여겼다. 왜냐면 노조는 중국에서는 별 다른 권력이 없으며 대부분 다만 기업의 한 개 부품이지만 한국에서 노조는 전문직이며 심지어 이사회의 결정에 영향을 끼칠 수 있다. 상해자동차의 노조에 대한 무시는 그가 인수합병 전에 노조와 협상을 진행하기 않고 쌍용의 주인이 된 후 또 한국고유의 고용구조를 상관하지 않고 감원, 감봉 등의 건의를 제기하여 직접적으로 노조와 상해자동차가 쌍용에 파견한 관리자와의 모순을 일으켰다. 그리고 노조와 관리자간의 격전은 직접적으로 상해자동차를 인수합병실패의 수렁으로 밀어 넣었고 또 쌍용을 파산의 블랙홀로 밀었다.

이로부터 볼 수 있듯이 기업은 해외인수합병을 진행할 때 반드시 나라와 나라간의 문화차이와 제도차이를 중시해야 하고 인수 합병된 기업소재국의 문화가 무슨 내용을 강조하는지, 존재하는 문화차이는 타협할 수 있는지, 의식형태에서 타협할 수 없는 모순이 존재하는지를 먼저 알아야 한다. 기업은 또 내부에 글로벌 관리팀을 만들어 인수 합병된 기업에 대하여 효율적인 통합을 할 수 있는지, 인수 합병된 기업의 내부관리인원이 인수합병에 대한 태도는 어떠한지 등을 고려해야 한다. 인수합병이 직면한 '내우외환'을 해결해야만 기업은 비로소 성공적인 인수합병의 첫걸음을 시작한 것이다.

9.4

결론

본 문은 화웨이가 3Leaf매입, 중신캐피털이 웨스턴 오스트레일리아 철광투자 및 상해자동차가 한국 쌍용을 매입하는 3개의 사례를 통하여 중국기업이 해외인수합병을 진행할 때 직면한 어려움을 분석하였다. 이 3개 기업의 해외매입실패는 각자 다른 원인이 있지만 이런 원인은 우리나라 기업이 '나갈 때' 항상 소홀히 여기는 문제다. 화웨이가 3Leaf를 매입하는 사건으로 볼 때 비록 언론계에서는 대부분 화웨이에 대하여 동정을 하고 미국이 고의적으로 중국기업을 괴롭히고 '국가안전'이라는 명목으로 중국기업의 발전을 방해한다고 여기지만 진일보로 분석해보면 화웨이 자체의 조작은 그다지 결백하지 않았다.

많은 '나가는' 중국기업에게 있어 관리감독요구가 그렇게 높지 않았기에 많은 기업자체의 정보는 완전하게 드러나지 않았으며 기업의 대중 이미지를 만들어 외부에서 기업에 대하여 더욱 많은 인식을 가지는데 주의하지 않았고 대신 무조건 어떻게 기업의 관련정보를 감출 것인가 궁리하였으며 이로부터 외부의 기업에 대한 의심을 초래하였다. 다른 한 방면으로 중국인은 상한 애국주의정서를 가지고 있기에 '나갈 수'있는 기업에 대하여 큰 자부심을 가졌으며 중국의 로고를 기업의 모든 곳에 부착하고 싶어 했다. 마치 미국관원들이 화웨이에 대하여 현지조사를 할 때 내린 평론처럼:

비록 화웨이는 글로벌기업이지만 우리는 화웨이에서 시찰할 때 펄럭이는 오성홍기(五星紅旗)만 보았다. 애국주의는 물론 중요하지만 해외확장을 진행할 때 만약 자기의 국적을 약화시킬 줄 모른다면 침략자로 변할 수 있을 뿐만 아니라 기타 나라에게 받아들여지기 매우 어려우며 또 다른 나라 국민 및 정부의 경계를 일으키고 불신감이 생길 수 있다. 이외에 중국기업은 '이리의 기질' 문화를 중시하며 강한 이미지로 남에게 보였다. 하지만 이런 이미지자체는 기업이 주최국의 인정을 받는데 도움이 안 될 뿐만 아니라 오히려 주최국의 대립정서를 조성할 수 있다.

중신캐피털이 웨스턴 오스트레일리아 철광투자에 실패한 주요원인은 자신에게 있다. 중국의 '나가는' 기업은 대부분 국영기업이며 민영기업은 자금, 정책의 제한으로 '나가는'데 더욱 어렵다. 그리고 국영기업은 대부분 '재벌'급 투자자이며 해외인수합병을 진행할 때 왕왕 거금을 뿌리고 인수합병의 주요문제는 바로 자금투자문제라고 생각했다.

해외인수합병에서 충족한 자금은 물론 매우 중요하다. 하지만 금전은 만능이 아니며 돈이 있다고 매입성공을 보장하는 것은 아니며 포기에 투자에 대하여 충분한 연구조사, 고찰, 실행가능성분석 등을 해야 한다. 중신캐피털은 놀랍게도 투자한 철광석의 진실 된 품질의 상황조차도 모두 모르면서 감히 경솔하게 매입하였으며 '그 재벌'의 행위는 사람들로 하여금 말문이 막히게 하였다.

다른 한 방면으로 인수합병 전에 주최국의 법률법규를 알아야 할뿐만 아니라 거래상대의 인품, 성격 등도 알아야 한다. 물론 계약문서도 매우 중요하며 중국기업은 이미 계약법규에서 많은 손해를 보았다. 예를 들어 다논(達能)이 와하하(娃哈哈)에 대한 계약 '구도' 등, 이번은 포머의 모호한 조약이 일으킨 분쟁이며 한차례 또 한 차례 피의 교훈은 중국기업이 계약조항에서 정신을 차려야 할 것을 일깨워주었다.

마찬가지로 상해자동차가 한국 쌍용 회사를 매입하는데 최종 실패한 것은 중국국제인수합병인재의 비축부족을 폭로하였으며 또 인수합병기업의 내부통합의 중요성 및 기입을 인수합병 후 문화융합의 긴박성을 나타냈다.

상해자동차는 중신캐피털처럼 초기의 준비작업을 잘 하지 못하였고 양국의 문화차이를 이해하지 못했으며 주최국의 매입에 대하여 생긴 적대적인 정서를 중시하지 않았고 쌍용에 들어간 후 한국의 강한 노조를 안중에 두지 않았으며 관리자의 강한 태도로 들어가 노조와의 모순을 일으켰으며 더 나아가 파업과 매입실패를 초래했다. 이로부터 기업은 국경매입을 진행할 때 매입되는 기업의 내부관리자와 효율적인 협상을 해야 하여 중요한 이익관계자와 공감대를 형성해야 하고 또 적합한 태도를 잘 선택하여 들어가야 하며 노조라는 조직이 존재할 때 기업이 강한 태도로 들어가면 상대방의 적대적인 정서를 일으킬 수 있으며 따라서 쌍방의 상호불신을 초래한다. 전체적으로 볼 때 중국기업이 해외인수합병을 진행할 때 투자환경 리스크, 제도 리스크, 문화풍속 리스크, 거래자 리스크, 법률 리스크. 내부통합 리스크 등 일련의 문제들을 주의해야 하며 자신의 건강한 이미지를 보장해야 하고 적합한 진입방식을 선택하고 초기의 연구조사, 고찰, 분석 작업을 잘해야 한다. 해외인수합병은 '재벌'들이 하는 게임이 아니라는 것을 기억해야 한다.

제10장

공급망 금융의 3대 형식

제10장 공급망 금융의 3대 형식

　금융에 관하여 얼마 전에 SNS에서 전형적인 작은 이야기 하나가 돌고 있었다. 어떤 여행객이 작은 읍에 있는 여관에 가서 1000위안을 주고 방을 하나 골랐다. 그는 방에 올라가고 여관주인은 1000위안으로 정육점 주인에게 미지급한 고기 값을 주었다. 정육점 주인은 돼지농장 주인에게 돼지 값을 주었다. 돼지농장 주인은 사료 값을 주었다. 사료상은 기생집에 미지급한 돈을 정산했다. 기녀는 얼른 가서 여관에 밀렸던 방값을 지불하였다. 이 1000위안은 다시 여관주인에게 돌아왔다. 이때 여행객이 방에서 나와 방이 좋지 않다고 하면서 돈을 가지고 갔다. 하지만 모든 사람들의 빚은 모두 정산되었고 그 작은 읍의 사람들은 모두 즐거웠다.

　이 이야기는 주요하게 자금의 유동성 문제를 강조하고 싶어서 여행객을 기점으로 하여 자금이 폐쇄순환을 형성하였고 부가가치가 증가하였다. 어떤 사람은 이 이야기가 아무런 근거가 없다고 평론했다. 1000위안이 마지막까지 흘러 아무도 이득을 보지 못했고 돈이 누구의 손에서도 부가가치를 발생하지 못했다는 것이다. 하지만 그가 잊은 것은 모든 참여자들이 모두 어떤 서비스를 누렸으며 또한 원가제로의 방식이었다. 그리하여 이야기의 마지막에 작가는 작은 읍에서의 모든 사람이 모두 매우 즐거웠다고 강조하였다.

우리는 위의 폐쇄순환을 하나의 공급망 운행으로 볼 수 있으며 그 1000위안은 바로 공급 망에서 자금유동의 과정이다. 이른바 공급망은 상품이 소비자에게 도착하지 전에 각 관련자의 연결 또는 업무의 연결을 가리키며 핵심기업을 둘러싸고 정보흐름, 물류, 자금흐름에 대한 통제를 통하여 원자재구매에서부터 중간재 및 최종상품제작, 마지막에 판매망으로 상품을 소비자에게 배송하는 공급업체, 제조상, 도매상, 소매상, 최종고객에 이르기까지 전체적인 하나로 연결하는 기능성 네트워크 구조이다. 비교적 완벽한 흐름은 생산기업이 원자재를 구매 후 바로 공급업체에게 비용을 지불하고 생산기업은 상품을 판매 후 바로 대금을 회수하면 자금흐름은 선순환의 운행이 되며 체인상의 각 기업은 적당한 자금으로 기업의 정상적인 운영을 유지할 수 있다. 하지만 현실상황은 모든 기업이 자금을 최대한 자기의 기업에 남겨놓으려고 하며 마치 위에 이야기처럼 먼저 소비하고 비용지불을 미룬다.

이리하여 바로 사슬에서의 자금부족을 초래하고 각 기업의 정상적인 생산운영을 방해하였다. 어떻게 작은 적은 원가로 전체 사슬의 자금흐름을 원활하게 할 것인가? 이리하여 금융서비스에 대한 수요가 발생하고 공급망 금융은 이로부터 발전하기 시작하였다. 버거(Berger)는 일찍이 2004년에 벌써 중소기업융자에 관한 일부 새로운 생각과 프레임 및 공급망 금융의 사상을 제기하였고 이외에 〈유럽화폐〉잡지는 공급망 금융은 21세기 이래 '은행거래성업무중 제일 핫한 화제'이며 최근에 네트워크금융이 많은 관심을 받음에 따라 '네트워크금융 다음의 블루오션'라고 불리는 공급망 금융도 많은 주목을 받는다고 묘사하였다. 무엇을 공급망 금융이라고 하는가? 심천발전은행(深圳發展銀行)은 공급망 금융은 공급망 내부의 거래구조에 대하여 분석을 진행한 기초에서 셀프 리케이팅 무역융자의 대출형식을 운영하여 핵심기업, 물류관리감독회사, 자금회전공구 등 리스크 통제변수를 운영하여 공급망의 서로 다른 노드에 대하여 폐쇄적인 여신지원 및 기타 결산, 재무관리 등 종합적인 금융서비스를 제공하는 것이다. 이것이 바로 이른바 M+1+N형식이며 그 중 '1'은 핵심기업을 가리키고 'M'은 핵심기업 상류의 여러 개 공급업체를 가리키며 'N'은 핵심기업 아래의 여러 개 구매상을 가리키는 것으로 판매상일 수도 있고 최종 고객일 수도 있다. 송화(宋華) 교수는 공급망 금융은 응당 물류운행, 상업운행과 금융관리를 하나로 한 관리행위와 과정이어야 하며 거래중의 판매측, 제3자 물류와 금융기관이 연결되어 진일보적인 공급망 중의 자금을 활성화시키고 동시에 자금으로 공급망을 촉진시켜야 한다고 여겼다. 송화교수는 오늘날의 공급망 금융은 하나의 생태이며 이 생태는 여러 개의 차원으로 구성되었다고 강조하였다: 첫 번째는 공급망이 거시적인 환경시스템이다. 두 번째는 금융이라는 주체를 에워싸고 형성된 금융생태이며 이 생태 안에 종합적인 리스크관리자, 리스크부담자 등을 포함한다. 마지막은 생태기업이 모여서 형성된 산업생태이며 이 안에는 무역, 생산 등 구체적인 운영단계를 포함한다. 그리고 네트워크금융발전 또는 공급망 금융발전의 관건은 큰 생태시스템을 구축하는 것이다. 심천발전은행은 공급망상의 핵심기업이 '1'을 에워싸고 업무를 전개하는 것을 강조하였고; 송화교수는 생태를 구축하는 것을 강조하였으며 공급망상의 모든 기업은 모두 핵심이라고 여겼다. 양자의 개념은 모두 정확한 것이다. 다만 대응하는 공급망 금융운행형식이 다를 뿐이다. 전체적으로 볼 때 현재 국내의 공급망 금융형식은 주요하게 3가지가 있다: 첫 번째는 전통적인 공급망

운행형식이다. 즉 은행기업합작네트워크다. 예를 들어 심천발전은행에서 제기한 'M+1+N'; 두 번째는 완벽한 공급망 기업자원을 보유하고 있는 전통적인 전자상거래에서 인터넷융자를 수축하여 공급망의 상하류 기업을 위하여 금융서비스를 제공하는 것이다. 예를 들어 경동(京東), 알리바바 등; 세 번째는 '전자상거래+P2P'형식이다. P2P플랫폼은 합작, 매입의 방식을 통하여 빌린 자원에 대하여 통합을 진행하고 융자수요가 있는 중소기업과 개인을 위하여 서비스를 하며 바로 생태시스템을 만드는 것이다.

전통적인 공급망 금융형식

전통적인 공급망 금융의 기본 관점은 : 모든 핵심 대기업이 수직으로 뻗은 산업사슬에는 수량이 많은 중소기업이 있다. 핵심기업의 신용을 이용하여 결합된 상하류 기업이 융자를 얻게 하고 은행은 전체 산업사슬에 있는 모든 기업과 고객을 위하여 금융서비스를 제공한다. 이는 은행을 핵심으로 하는 한 가지 형식이며 은행은 핵심기업의 신용을 이용하는 것을 통하여 전체 사슬을 비틀어 움직였고 바로 이른바 점을 가지고 면을 이끄는 것이다. 전통적인 공급망 금융형식 하에 참여주체는 은행, 중소기업, 물류기업 및 공급망 중의 핵심기업을 포함한다.

1. 은행

은행은 공급망 중의 자금제공자이며 핵심기업 핵심 기업 주변에 있는 핵심기업의 상하류 중소기업은 그들의 잠재적인 목표고객이다. 은행은 주요하게 핵심기업의 상하류 기업을 위하여 팩토링, 외상매출금압류 및 상표보존 등을 포함한 외상 매출금의 융자를 제공한다; 또는 핵심기업의 상하류 기업을 위하여 지불보증과 국내 구매측 신용대출 등을 포함한 구매단계의 계약금융자를 제공한다. 전체적인 공급망 금융의 운행과정에서 은행은 다만 자금의 제공자로서 핵심기업의 신용배서를 통하여 공급망에 자금을 주입하고 또한 융자프로젝트 자산에 대한 통제를 통하여 핵심기업의 상하류 여신에 지원을 한다.

2. 핵심기업

공급망 위의 핵심기업은 사슬을 통합하는 관건적인 작용을 하고 있으며 그리고 이작을 감당할 수 있는 기업은 일반적으로 공급망에서 경쟁력이 비교적 강하고 신용이 양호하며 충분한 자금이 있고 규모가 비교적 큰 기업이다. 비록 핵심기업은 자기의 우수한 신용 및 자산을 빌려 은행에서 대출을 받을 수 있지만 그들의 상하류를 연결하는 중소기업은 자금원이 부족하다. 현대기업간의 경쟁은 공급망과 공급망의 경쟁이며 핵심기업은 자기의 경쟁력을 향상하려면 반드시 공급망의 각 단계들이 효율적으로 협조해야 하며 그리하여 핵심기업이 자기를 중심으로 하면 안 되고 또 자기가 있는 사슬의 건강상황을 보장해야 한다. 왜냐면 일단 사슬의 어떤 구성원에게 융자문제가 발생하면 전체 공급망에 빠르게 번져서 사슬연결의 혼란을 가져오며 핵심기업도 필연코 곤경에 빠지게 된다. 그리하여 핵심기업은 자기의 신용배서를 또한 기타 기업을 위하여 담보를 하며 은행을 협조하여 상하류의 융자서비스를 제공하여 공급망이 더욱 안정되게 하고 경쟁력이 높아지게 할 수 있다.

3. 물류기업

공급망 금융의 운행과정에서 물류기업은 운송중인 상품의 감독자가 되어 은행을 도와 발생할 수 있는 리스크를 낮출 수 있다. 물류기업은 화물을 통제하고 융자기업이 대출을 상환하지 못한 상황에서 은행을 도와 화물을 현금화하여 대출을 상환할 수 있으며 최대한도로 은행이 공급망 금융에 발을 들여놓는 리스크를 낮출 수 있다.

4. 중소기업

중소기업은 공급망에서 약세지위에 처해있으며 자기들이 핵심기업에 의존하기 때문에 어쩔 수 없이 핵심기업이 내놓은 일부 각박한 조건을 받아드릴 수밖에 없으며 예를 들어 비교적 긴 외상매출금기한 또한 상하류기업이 계약금을 지불해야 하는 등이다. 중소기업은 그 자체가 자금이 부족하기 때문에 만약 자금이 빨리 회수되지 못하면 기업의 그 다음단계의 효율적인 운행에 영향을 끼친다. 중소기업이 융자가 힘든 것도 우리나라 기업발전의 어려운 문제이며 양호한 신용조건을 가지고 있지 않고 담보를 할 수 있는 우수한 자산도 없기 때문에 은행은 섣불리 대출을 해줄 수 없으며 이리하여 전체적인 공급망의 균형을 잃게 하였다. 공급망 금융은 중소기업융자가 어려운 문제를 해결하였으며 융자원가를 낮추었고 그들의 발전에 더욱 유리하였다. 전통적인 공급망 융자와 전통적인 공급망 금융융자는 도표10-1과 도표 10-2를 참조한다.

2014년 4월 8일 중신은행(中信銀行)과 하이얼 그룹은 공급망 네트워크 금융전략합작협의를 체결하였다.

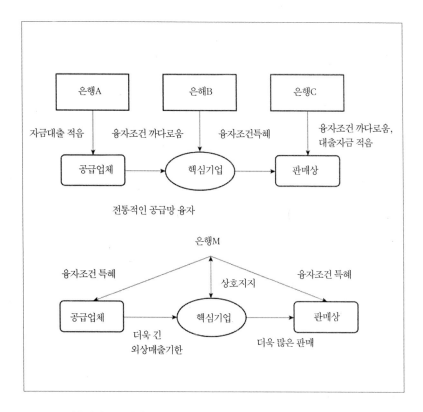

도표10-2전통적인 공급망 융자

쌍방은 하이얼그룹 산하에 있는 일일순(日日順)플랫폼에 현재 있는
판매망, 물류망, 정보망을 중신은행의 공급망 네트워크금융업무와 긴밀히
결합하여 오프라인과 온라인이 상호 융합된 공급망 네트워그플랫폼을
구축하고 일일순 플랫폼의 상하류 중소기업을 위하여 편리한 융자와
지급서비스를 제공하며 치밀한 관리흐름, 빅데이터의 분석기술을 통하여

효율적으로 리스크를 통제하기로 약정하였다. 일일순은 허와 실이 결합된 사물인터넷 융합플랫폼이다. '허구네트워크'에서 일일순은 일일순 가구네트워크를 구축하여 고객에게 상호설계에서 거래까지 더 나아가 설치교부의 전 과정의 가구체험서비스를 제공하였으며 고객다양화, 개성화의 수요를 만족시켰고 가구전자상거래 O2O형식의 혁신자와 선구자가 되었다. '실물네트워크'에서 일일순은 물류와 서비스우세를 유지하여 업계 내에서 혁신적으로 '약속에 따라 배송, 배송과 설치 동시에, 시간 초과시 무료'등 차별화 서비스를 제기하였으며 허와 실이 융합된 전 과정 고객체험구동의 경쟁력을 키웠다. 4개의 네트워크가 서로 융합된 차별화의 우세의 힘을 빌려 또 아마존(亞馬遜), 티몰(淘宝天猫), 경동, 이쉰(易訊)등 300개 기업을 유입하여 합작하여 브랜드영향력은 빠르게 확대되었다. 특별히 물류방면에서 일일순은 알리바바를 유입하여 전략투자로 하였으며 합자합작을 통하여 일일순은 중국에서 앞장선 대종물류 종단서비스 제공 상이 되었다.

마지막 1km영역에서 상해바이유(貝叶)와 합자회사를 설립하였고 바이유는 중국의 앞선 가구욕실설비의 제3자 물류서비스 제공상이며 풍부한 대종물류간선운송 및 마지막1km서비스경험이 있다. 물류창고영역에서 2014년 물류거장인 프로로지스(普洛斯)와 합작하여 창고를 교환하였으며 또한 1급 창고를 신축하기로 계획하였다. 물류정보기술 관리방면에서 알리바바와 운영방면에서 합작을 하였고 빅 데이터를 이용하여 심도 있게 고객의 수요를 파악하였다. 일일순의 물류네트워크는 중소도시 심지어 농촌까지 깔렸다. 이 서비스 시스템 위에 하이얼은 개방된 플랫폼을 구축하여 하이얼의 상품뿐만 아니라 또한 가구, 장식재료, 심지어 기타

가전기업의 상품도 배송을 하려고 준비하고 있다.

사실상 하이얼과 중신은행의 합작은 쌍방의 상호발전에 필요한 것이다. 하이얼그룹 공급업체 중에 많은 기업은 중소형기업이며 장기적으로 하이얼 그룹과 안정적인 공급관계를 유지하고 있다. 그들은 하이얼의 대량 오더에 협조하기 위하여 생산라인을 발전시켜야 하지만 은행에서 자금을 지원받기가 매우 어려우면 융자를 받을 수 있다 하더라도 원가가 매우 높다. 공급망의 연장에 따라 더욱이 일일순 같은 이런 대형 제3자 물류플랫폼의 연장에 따라 하이얼은 큰 상업은행의 전문적인 서비스제공이 필요하였다.

중신은행은 그들의 네트워크전략을 발전시키고 또한 전통적인 공급망 금융이 가져오는 리스트를 줄여야 했다. 이런 리스크는 주요하게 두 가지 방면에서 나타난다: 첫째는 은행이 재고상품에 대한 진실성에 대하여 파악이 어렵다. 예를 들어 공급업체가 여러 개 은행에서 중복담보 등이다; 두 번째는 조작리스크이다. 예를 들어 창고증권의 진실성이다. 중신은행이 하이얼의 일일순과 합작한 것 중 일부분은 일일순 플랫폼의 가치를 마음에 들어 했기 때문이다-모든 판매상과 하이얼간의 진실 된 거래데이터이다.

중신은행은 이런 빅 데이터를 의존하여 폐쇄적인 '4류합일'(四流合一)을 이루었다, 즉 자금흐름, 정보흐름, 물류, 비즈니스 흐름의 폐쇄적인 흐름이며 판매상은 라인에서 주문을 하고 라인에서 융자를 하며 라인에서 구매를 하고 라인에서 상품인도 그리고 자금회수까지 모든 단계는 빅 데이터의 생성에 근거하였으며 흐름관리를 실현하였고 그리하여 리스크 통제관리의 방화벽을 구축하였다. 일일순이 만약 단순한 전자상거래 플랫폼이었다면 플랫폼에서 거래하는 진실성은 증명하기 어려웠을 것이다. 하지만 일일순은 온라인과 오프라인이 결합된 플랫폼이며 또한 강력한 물류플랫폼이

뒷받침을 하고 있어 라인에서의 거래는 물류운행데이터로 증명할 수 있으며 거래의 진실성을 보장하였고 또 플랫폼 데이터의 진실성을 보장하였으며 중신은행은 이런 데이터를 이용하여 대출결정을 할 수 있었다. 다른 한 방면으로 융자기업의 물류는 일일순의 손에 쥐고 있기에 만약 융자기업이 대금상환의 기한을 넘기고 상환하지 않은 상황이 발생하면 일일순은 은행과 협조하여 그들의 손실이 최소화하게 한다. 정보흐름, 자금흐름, 비즈니스 흐름 및 물류가 데이터화를 실현하였기에 은행은 예전의 데이터를 근거하여 예측을 할 수 있으며 앞당겨 기업에게 융자를 하고 진일보 적으로 중소기업의 생산운영과 전체적인 공급망의 안정을 보장할 수 있다.

전자상거래의 인터넷 망과 플랫폼 자체구축

앞에 사례에서 표현된 것처럼 은행은 일반적으로 전자상거래의 융자업무를 하기를 원하지 않으며 실물경제, 실물담보에 편향한다.

전자상거래의 거래데이터, 물류데이터에 대하여 은행은 일반적으로 인정하지 않으려고 한다. 필경 이런 데이터는 너무 쉽게 거짓으로 꾸밀 수 있고 또 그에 대하여 감시통제하기 쉽지 않으며 설령 감시통제를 할 수 있다 하더라고 원가가 너무 높다. 이리하여 전자상거래 플랫폼의 작은 기업들은 자금문제를 해결할 수 없었다. 전자상거래업체로서 그들의 실력을 반영할 수 있는 것은 주요하게 플랫폼 거래총액과 고객수이며 최종소매를 대표로 하는 상업 활동의 경쟁의 본질과 기초의 근원은 단지 두 가지 방면 일뿐이다: 상품과 가격이다. 소매시스템에서 이 두 가지 요소가 실현될 수 있는 배후는 전자상거래 플랫폼이 상류브랜드 공장업체와의 가격협상능력의 수준이다. 비교적 높은 가격협상능력은 플랫폼이 더욱 우수한 상품공급원과 더욱 매력을 가진 판촉활동을 가질 수 있게 한다.

이리하여 일단 전자상거래가 상류브랜드공장업체와 어느 정도의 확신이 형성되면 상품품질과 판촉역량 방면에서 기선을 점령할 수 있으며 이것은 전자상거래가 승리를 취할 수 있는 근본이다. 하지만 공급망 금융을 대표로 하는 자금침투는 상류브랜드공장업체를 통제하는 제일 효과적이고 제일 적당한 방식임에 틀림없다. 전자상거래는 상류공장업체에게 대출지원을 제공하는 것을 통하여 한 방면으로는 공급업체의 자금부담을 완화시키고 상품의 플랫폼에서의 갱신유통속도를 빠르게 할 수 있으며 플랫폼에서의 상품이 SKU((stock keeping unit, 재고량단위), 상품수량에서 비교적 좋은 보장을 받을 수 있게 한다.

다른 한 방면으로 자금이 위로 향한 침투를 통하여 전자상거래의 폐쇄된 공급망 시스템을 만들 수 있으며 유사한 전략합작파트너의 관계를 구축할 수 있다. 일단 전자상거래대전이 발생하면 한 개의 전자상거래가 아니라 전체적인 공급망 시스템에서 대항을 할 수 있다. 이리하여 오늘날 각 대형 전자상거래는 모두 잇달아 공급망 금융영역에 뛰어들었다.

전자상거래의 공급망 금융형식은 완전히 기업의 거래활동에 기초하며 대량의 진실하고 믿을 만한 역사거래기록을 통하여 효과적으로 거래배경의 진실성, 거래의 연속성, 거래상대의 약속이행능력을 식별하며 또한 대출업무의 폐쇄적인 운영과 대출의 자체 상환성을 통하여 대출의 안전성을 보장한다. 전통적인 공급망 금융형식에 비하여 전자상거래의 공급망 금융형식은 아래 몇 가지 특징이 있다: 첫째, 신용의 묶음과 실물담보가 필요 없다. 각 전자상거래는 직접적으로 플랫폼 상에서 광범위하게 채집한 각종 고객데이터를 근거하여 고객의 자격을 판단한다. 둘째, 핵심기업의 제한을 받지 않는다. 전통적인 공급망 금융은 반드시 핵심기업에 의탁해야 하며 융자가 필요한 상하류 중소기업은 반드시 핵심기업의 지지와 협조가 있어야만 은행의 여신을 받을 수 있었다. 그리하여 반드시 핵심기업의 눈치를 보며 일을 처리해야 했다. 하지만 전자상거래에서 제공하는 융자방안에서는 핵심기업을 '뒷배'로 하는 문제가 존재하지 않으며 기업의 속박도 더욱 적었다. 하지만 위 문장에서 예기한 것처럼 전자상거래는 플랫폼 상의 기업에 대하여 융자를 진행할 때 주요하게 데이터의 분석에 의존하며 신용담보도 없고 실물담보도 없기 때문에 만약 기업이 약속을 어기면 전자상거래는 기타 자산을 구하여 자기의 손실을 감소시키기 어렵다. 그리하여 전자상거래는 기업의 융자에 대하여 일반적으로 소액이며 만약 기업자금부족이 비교적 크면 전자상거래는 그것을 해결할 수가 없다.

10.2.1 경동의 '경보배'(京保貝)

2013년 12월 경동쇼핑몰은 처음으로 자체적으로 운영하는 공급망 금융상품-'경보배'를 출시하였으며 앞전에 '은행이 출자하고 경동이 여신고객을 추천하는' 형식과 다르게 '경보배'에서 경동은 핵심기업과 대출역할을 하나로 모아 융자자금을 모두 경동자체자금으로 제공하였다. 경동은 플랫폼의 만여 개 공급업체는 구매, 판매 등 데이터를 근거로 빠르게 융자를 얻을 수 있고 3분 내에 신청에서 대출까지 전 과정을 마칠 수 있으며 또한 어떠한 담보와 저당도 필요 없고 효율적으로 기업의 운영자금회전을 빠르게 할 수 있다고 밝혔다.

이 3분 융자대출의 '경보배'는 자동화한 대출 플랫폼이며 구체적인 조작과정에서 공급업체는 처음으로 업무를 신청할 때 경동과 계약을 체결하고 신청서와 관련된 지료를 세출하며 후에 계속되는 업무의 자료는 시스템에서 직접 취하거나 전송하면 되고 중복하여 제공할 필요가 없다. 고객은 클라이언트에서 신청을 클릭하고 이 조작이 일으킨 수요는 경동의 소매업무시스템에서 자동으로 팩토링 업무시스템으로 전송되며 공급업체는 소매 플랫폼의 거래정보에서 EPR(기업자원계획)시스템을 통하여 동일한 시간에 금융 플랫품에서 공유할 수 있으며 융자한도의 심사결정에 참고를 제공할 수 있다. 일정한 한도를 초과하지 않을 시에 시스템은 상응한 리스크 통제모형에 근거하여 대출판단을 하며 대출조작은 경동의 온라인 은행시스템에서 완성한다. 공급망 금융의 리스크와 거래사슬의 자체상환성이 밀접하게 관련되어있으므로 거래배경의 진실성과 거래상대의 이행능력을 심사하는 것은 은행이 이런 유형의 업무 여신 때 중점적으로 고려해야 하는 것이다. 하지만 은행은 전체 과정에서 직접적으로 거래에 참여하지 않았기에 왕왕 정보의 수집과 판단에서 비교적 높은 원가를 치러야 하며 전체 업무의 흐름도 길어졌다.

상하류 거래 사슬의 직접적인 참여자로서 10년간의 발전을 겪은 경동은 소매 플랫폼에서 많은 공급업체의 구매배송 데이터를 누적했으며 경동 금융플랫폼의 리스크 통제모형에 효율적인 정보입력을 제공하였고 '경보배'를 도와 실용적인 리스크 통제시스템을 구축하였으며 그들이 실질적인 거래상황에 근거하여 기업의 상환능력에 대하여 평판을 할 수 있게 하였다. 구체적인 방법에서 경동은 신청자격이 있는 공급업체를 위하여 리스크 통제모형을 구축하고 예전의 공급망 데이터를 분석한 기초에서 찾아낸 정성과 정량정보를 서로 결합하여 모형에 입력하여 공급업체에 대하여 A~E까지의 5개 단계의 평가를 하며 이 평가는 공급업체가 받을 수 있는 융자한도에 영향을 끼친다.

공급업체가 경동에서의 구매상황, 입고상황 등 정보의 변동에 따라 모형은 융자한도에 대하여 동태적인 조정을 할 것이다. 체계적인 리스크가 공급망 금융안전성에 영향을 끼치는 하나의 큰 불안정적인 요소임을 고려하여 경동은 데스크소매데이터에 근거하여 상품의 판매와 회전상황을 파악하며 상품의 종류정보를 모형에 입력하고 체계적인 리스크를 앞당겨 포착하여 상품의 산업적위기가 공급업체의 지속적인 상환능력에 화를 미치는 것을 방지한다. 경동은 공급망의 핵심사슬주이며 상류공급업체의 판매채널을 통제하고 있을 뿐만 아니라 그들이 자체 구축한 물류시스템을 빌려 공급업체의 화물에 대하여 관리감독을 할 수 있으며 공급업체가 위약을 했더라도 이런 외상매출금에 대하여 경동은 매우 빠른 현금화 능력이 있으며 악성부채를 형성하지 않는다.

'경보배'는 대출이 융통성 있을 뿐만 아니라 상환도 융통성 있다. 대출 후 이튿날부터 상환신청을 할 수 있다. 대출기간에 경동이 공급업체에 결산하는 자금 및 공급업체의 자기자본은 모두 언제나 상환에 사용할 수 있다. 전반적으로 말해서 경동은 자기의 강한 전자상거래 플랫폼과 방대한 물류시스템의 힘을 빌려 금융을 자기의 공급사슬에 융합시켰다. 경동의 이러한 구도는 공급업체의 자금난문제를 완화시킬 수 있을 뿐만 아니라 또 대출을 통하여 일정한 이자를 얻을 수 있으며 자신의 자금부담을 완화시킬 수 있다. 공급업체와 이익공유와 데이터공유실현을 통하여 또 그에게 다각도의 맞춤서비스를 제공할 수 있으며 경동 플랫폼의 경쟁력을 강화할 수 있다.

10.2.2 경동의 '경소대'(京小貸)

　2014년 10월 30일 경동금융은 정식으로 혁신상품 '경소대'를 출시하였고 전문적으로 플랫폼 개방업체를 위하여 금융서비스를 제공하였으며 2013년에 출시한 '경보배'와 함께 경동생태시스템 내에 있는 공급업체와 업체에 대한 전체적인 영향력을 구성하였고 효율적으로 중국의 소규모기업 융자난의 문제를 해결하였으며 동시에 경동 금융생태권의 경쟁력을 향상시켰다. '경소대'는 신용을 기초로 하는 것을 강조하는 금융상품이며 무담보, 높은 대출자주성, 낮은 융자원가, 1분 내에 대출완료, 온라인에서의 모든 심사 등 특징을 가지고 있다. 동시에 '경소대' 대출이자와 대출한도는 업체의 판매액, 소비평가, 상품 다양도 등 여러 가지 지표를 포함한 경영활동에 근거하여 확정한다. 업체는 업체계좌를 통하여 경동 금융 플랫폼에 등록하면 온라인에서 대출자격을 확인하고 또한 대출을 신청할 수 있으며 대출 성공 후 자금은 업체가 지정한 온라인 은행계좌로 바로 입금되며 또한 업체가 경동에서의 지불, 결산 등 과정과 빈틈없이 연결된다. 바로 경동쇼핑몰이 업체에 대하여 설치한 진입문턱이 비교적 높고 판매정품에 대한 관리감독이 엄격한 것을 기초로 하여 많은 성실한 경영업체를 누적하였다. '경소대'는 그들을 겨냥하여 온라인상의 자주신청, 시스템자동심사의 대출과정을 설계하였고 또한 최장 12개월의 대출기한을 지원하며 대출연이율은 14%~24%로 동일 업계의 수준보다 낮았다.

　개방 플랫폼의 업체가 자체적으로 물류를 선택할 수 있기에 경동은 물류방면에서 실시간 정보를 파악할 수 없으며 그리하여 경동은 '경소대'의 리스크 통제를 강조하였다. 그는 리스크 통제에서 혁신적으로 '천평모형',

'부표모형' 등 업체평가와 리스크통제에 사용하는 보조수단을 제기하였다. 예를 들어 '천평모형'은 서로 다른 업종의 업체에 대하여 더욱 통일되고 공평한 진입기준을 내놓았으며 또한 정기적으로 업체의 경영상황의 변화에 대하여 측량하고 추적할 수 있다. '부표모형'은 점포의 계절성판매가 자금에 대한 수요를 예측하는 것을 통하여 앞당겨 업체의 수요를 발견하고 제때에 대출한도를 수정한다. 그는 또 점포의 생명주기를 예측하는데 사용할 수 있으며 대출 후 조기경조의 신뢰성을 향상시킬 수 있다. 경동은 빅데이터평가와 전통적인 신용심사를 서로 결합하는 것을 견지하여 자기의 리스크를 최대한 줄였다.

경동이 출시한 '경보배'와 '경소대'는 경동생태시스템내의 공급업체와 업체의 전체적인 망라를 완성하였고 경동 생태권의 활력과 경쟁력을 증가하는데 도움이 되었으며 또 더욱 많은 업체들을 끌어당겨 경동에 입주시킬 수 있었다. 경동은 '경소대' 업무를 기타 플랫폼의 전자상거래에 확장시켜 자기의 생태범위를 확장하고 자신의 경쟁력을 증강시키려고 계획하였다.

전자상거래+P2P

P2P금융은 또 P2P신용대출이라고도 하며 그 중 P2P는 영문Peer-to-peer의 약자이다. P2P금융은 개인과 개인의 소액대출거래를 가리키며 일반적으로 전자상거래 전문네트워크 플랫폼을 빌려 대출쌍방을 도와 대출관계를 확정하고 또한 관련 거래수속을 마쳐야 한다. 차용인은 자체적으로 대출정보를 발표할 수 있으며 금액, 이자, 상환방식과 시간을 포함하여 셀프식 대출을 실현할 수 있다; 대출자는 차용인이 발표한 정보에 근거하여 자체적으로 대출금액을 결정하며 셀프식 대출을 실현한다.

현재 P2P플랫폼 형식은 주요하게 3가지로 나뉘며 각자 특징이 있다.

첫 번째는 순수한 온라인형식이며 순수한 P2P에 속한다. 이런 플랫폼에서 정보 매칭을 할 수 있으며 대출쌍방이 자금 매칭을 더욱 잘 할 수 있도록 도와줄 수 있다. 하지만 단점이 뚜렷하며 이런 온라인형식은 담보에 참여하지 않는다.

두 번째는 채권양도형식이다. 플랫폼자체는 먼저 대출을 해주고 또 다시 채권을 플랫폼에서 양도를 진행한다. 매우 분명한건 이는 기업의 융자 업무효율을 향상시키지만 자금 늪이 쉽게 생기며 자금이 충분하게 수익을 발휘하지 못하게 한다.

　세 번째는 원금 심지어 이자담보를 제공하는 P2P형식이다, 이런 형식은
금융시장의 주류 형식이며 원금담보의 P2P형식의 본질은 간접적으로
자금을 접촉하는 개념이다. '전자상거래+P2P'형식은 P2P재테크의 일종
상품이며 주요하게 P2P플랫폼이 합작, 매입의 방식을 통하여 대출자원에
대하여 통합을 하고 융자수요가 있는 중소기업과 개인을 위하여 서비스를
하는 것이다. 그가 공급망 금융에 미치는 구체적인 조작은 어떤 핵심기업을
중심으로 하여 그의 상하류 기업의 융자수요 및 상환능력을 구체적으로
평가하는 것을 통하여 핵심기업의 공급망에 있는 기업을 위하여
융자서비스를 제공하는 것이다.

　공급망 금융의 '큰 케이크'에 직면하여 네트워크기업이 발을 들여놓은
것도 있고 전통적인 기업이 순식간에 모습을 바꾸어 트랜드 형식-P2P로
참여하여 들어온 것도 있어 네트워크가 공급망 금융을 바꾸는 세 번째
형식이 되었다. 이런 유형의 회사에게 있어서 그들의 '조커'는 빅 데이터가
아니라 그들이 전통산업사슬에서의 전문적인 지위이며 이것은 그들이
프로젝트자원을 얻어 리스크통제를 잘하는데 도움이 된다.

　네트워크거두가 업무를 공급망 금융의 하류에 전개하는 것과 달리
그들은 상류기업에서 업무를 확장하였으며 그중 비교적 대표적인 플랫폼은
중서재부(中瑞財富)이다. 그는 국내에서 처음으로 빅 사이지 상품 공급망
금융 P2P플랫폼이며 2014년 5월 12일에 정식으로 오픈하였다. 중서재부는
중서홀딩스에 종속되며 자본금은 1억 위안이다. 중서홀딩스의 '대종상품
공급망 관리전문자'구도의 중요한 일환으로서 중서재부는 전문적인

공급망 금융서비스 플랫폼으로 컨셉으로 하여 현재 석탄 공급망을 주로 하고 있다. 중서홀딩스 산하에 시가로 백억 위안을 초과하는 가치를 보유하고 있는 석탄공급망 상장회사- 서무통(瑞茂通)이 있기에 그룹의 매년 대종상품무역량은 수백억 위안에 달하며 대종상품무역, 공급망 관리, 산업단지건설, 전자상거래 플랫폼 등 방면에 모두 분포되었다. 전체 중서홀딩스그룹의 강력한 지지에 의지하여 중서재부는 탄생초기부터 P2P플랫폼에서 독자적으로 우세를 가졌다. 오늘날까지 플랫폼에서 오픈한 융자프로젝트는 판매 측의 외상매출금의 직접적인 양도, 대리업체의 외상매출금 양도 및 기업의 유동자금대출 3가지 업무유형을 망라하였다.

중서재부라는 플랫폼을 통하여 대종상품 공급망상하류기업은 융자서비스를 받을 수 있다. 이런 기업들은 일반적으로 15%좌우의 원가를 부담하면 급하게 필요한 운영자금을 얻을 수 있다. 석탄 공급망을 사례로 발전소는 석탄을 구매 후 자금회수주기가 90일이므로 상류공급업체의 자금유동성은 비교적 나쁘다. 저당, 압류, 담보부족, 신용정보비대칭과 게다가 업종의 주기성이 강하므로 공급업체는 은행의 여신을 받기 매우 어려워 민간대출을 통하여 유동성문제를 해결할 수밖에 없으며 원가는 20%이상에 달한다. 현재 중서재부의 프로젝트는 대부분 그의 그룹 내 핵심공급망기업의 상류공급업체에서 오며 상류공급업체는 외상매출금을 P2P투자자에게 양도하고 핵심기업은 하류에서 대금을 회수 후 자금을 공급업체와 플랫폼이 공동으로 관리 감독하는 대금계좌에 입금하며 융자원가는 12%~13%이다.

어떤 전문가는: 대종상품 공급망 금융의 이런 유형의 P2P업무는 모든 기업마다 할 수 있는 것이 아니며 반드시 핵심기업의 자원을 의탁해야

한다고 밝혔다. 핵심기업의 관계로 인하여 플랫폼은 상류공급업체에 대한 통제능력은 비교적 강하고 공급업체는 진실한 업무전표를 제공할 것이며 무역진실성, 업무리스크는 모두 통제할 수 있는 것이며 빅 데이터가 없어도 대출관리감독을 잘할 수 있다. 마지막으로 핵심기업의 하류기업은 통상 실력이 있어 대금회수출처는 더욱 통제가능성이 있다. 대종상품업계에서 14년간 심혈을 기울인 산업그룹으로서 중서홀딩스는 전체적인 업계에 깊은 이해력을 가지고 있으며 이런 유형의 업무를 하는데 천부적인 우세를 가지고 있다.

비록 중서재부는 대종상품업계에 대하여 깊은 이해력을 가지고 있고 또한 주요하게 그들의 그룹 내 상류공급업체에 의탁하지만 여전히 매우 중요시하며 모든 프로젝트 오픈 전에 5번의 심사를 거쳐 리스크를 요람 안에 묶어놓으려고 노력을 한다. 프로젝트가 성립이 후 또 3개의 큰 관문이 있어 투자원금이자가 제때에 지불되도록 보장한다. 먼저 회사는 층층이 합작기관을 선별하며 집중적으로 그들의 발전과정, 과거업무성과, 업무규모와 인원구성을 평가하고 또한 기업이 제출한 자료에 대하여 분석을 하며 기업이 처한 업종 등에 대한 파악을 통하여 리스크통제부서에서 융자프로젝트에 대하여 초보적인 의견을 제시한다.

프로젝트가 심사를 통과한 후 전문자가 현지조사를 진행한다. 기업방문, 고위관리자면담, 재무심사, 저당물평가, 리스크통제방안평가 등 방식을 통하여 자산실사보고를 형성한다. 그루 회사CEO과 법무, 리스크통제, 운영, 재무 등 부서책임자들로 구성된 리스크평가위원회에서 융자프로젝트에 대하여 함께 의논하고 투표를 진행한다. 투표통과 후에 최종상품방안을 제정하고 융자상품저당물방안, 담보방안 및 응급대비책을 확정한다.

프로젝트를 오픈 전에 경험이 많은 전문변호사가 상품구조합리성, 상관대출담보협의서 등에 대하여 법률의견을 제시하고 또한 관련 측과 협상하여 최종융자협의를 확정한다. 3가지 큰 관문은: 자금신탁방면에서 중서재부는 제3자와 합작하여 자금신탁서비스와 기업계좌기능을 사용하고 자금을 모아 직접적으로 융자받는 기업의 계좌로 입금하며 진일보적으로 자금변통의 리스크를 줄인다; 프로젝트 유지기간에 전문담당자가 융자기업의 생산경영상황, 자산부채상황, 저당물 및 보증인보증능력 변화상황에 대하여 관리감독을 진행하고 잠재적인 리스크에 대하여 제때에 반응을 하는 것을 책임진다; 일단 리스크가 발생하면 중서재부는 즉각 리스크응급처리메커니즘을 가동하여 먼저 담보 측에 대신 상환할 것을 요구하고 동시에 리스크보장금 계좌로 가동하여 투자자에 대하여 배상을 지불한다. 이 '5심3카'(五審三卡)를 통하여 중서재부는 리스크를 최소화하였으며 투자자의 자금도 더욱 안전하였다.

공급망 금융의 형식은 매우 다양하지만 핵심은 중소기업 융자난의 문제를 해결하는 것이다. 전통적인 공급망 금융형식은 주요하게 은행 또는 기타 금융기관에서 추진한 것이다. 공급망에 있는 핵심기업을 묶어 핵심기업을 거점으로 그 상하류의 중소기업을 위하여 여신을 주어 전체적인 공급망의 융자원가를 낮추며 자금의 유동속도를 빠르게 하는데 목적이 있다. 전자상거래가 자체로 네트워크 대출 플랫폼을 구축한 것은 주요하게 플랫폼 브랜드 제공자인 위쳇상인을 향한 것이며 플랫폼 거래데이터를 핵심으로 하여 빅 데이터분석을 통하여 기업의 신용평급을 심사결정하며 또한 기업에서 일정한 여신한도를 발급하였다.

모든 조작은 온라인에서 완성하며 조작이 간단하고 융자효율이 매우 높아 업체의 자금회전 어려움을 해결하였고 또한 업체와 이익공동체를 구축하였으며 전체적인 플랫폼 거래를 안정시키는데 도움이 되었다. 전문적인 P2P플랫폼은 주요하게 핵심기업이 상류에 대한 관리를 빌려 플랫폼 자체의 전문지식 및 핵심기업주변에 있는 기업에 대하여 싶은 이해를 의지하여 자금을 사슬에 주입하고 공급망의 안정을 보장하며 기업의 자금문제를 해결하고 공급망의 전체적인 효율을 최적화하였다. 한마디로 3가지 형식을 표현하면: 전통적인 공급망 금융은 전문적인 금융중개소에서 전체적인 공급망을 위하여 전문적인 융자해결방안을 공급하고; 전문적인 P2P형식은 P2P플랫폼이 자기의 전문지식을 의탁하여 핵심기업을 에워싸고 상하류의 자금난을 해결하는 것이다.

위에 3가지 형식은 절대적인 것이 아니며 현실에서 은행, 전자상거래, P2P 플랫폼은 각자 자기의 전문적인 우세가 있으며 그리하여 미래의 발전추세는 응당 3자가 자기의 전문적인 지식을 의지하여 합작을 진행하는 것이다.

예를 들어 은행의 금융방안 및 리스크통제방면의 능력, 전자상거래의 데이터분석방면의 능력 및 P2P플랫폼의 업종에 대한 전문적인 인식을 서로 결합하여 효율적으로 공급망 금융에서 존재하는 리스크통제문제를 해결하며 공급망을 위하여 완벽한 융자방안을 설계하여 공급망의전체적인 경쟁력을 강화해야 한다. 물론 이것도 중소기업의 융자문제를 해결할 수 있으며 그들이 더욱 잘 발전하게 할 수 있다.

제11장

'인터넷+'의 본질

심천시(深圳) 공급망 창조

리커창(李克强) 총리가 제12기 전국인민대표대회 제3차 회의에서의 정부업무보고에서 처음으로 '인터넷+'라는 개념을 언급한 후 '인터넷+'는 2015년에 제일 유행하는 단어가 되었다. 각 포럼, 각종 잡지, 각종 교육은 모두 '인터넷+' 개념을 연구 토론하였고 각 기업들도 자기와 '인터넷+'를 연결시키기 위하여 노력하였으며 마치 일단 기업이 '인터넷+'와 조금이라도 관련이 되면 자기의 합법성을 강화하고 기업도 더욱 가치 있게 변하는 것 같았다. 하지만 만약 실물소매점이 자기의 상품을 온라인으로 옮기면 그것이 바로 '인터넷+'가 대신 지칭하는 대상인가? 만약 제조기업이 온라인에서 구매하고 또 온라인에서 판매를 하면 이것도 '인터넷+'의 범위인가? 만약 보험회사에서 자기의 보험 상품을 온라인에서 고객에게 선택을 제공한다면 이 보험회사도 '인터넷+'의 물결에 따라 유행해졌는가? 분명한건 위의 사례들은 모두 진정한 '인터넷+'의 범위에 속하지 않으며 소매점이 온라인에 접한 것은 이미 오랜 역사를 가지고 있었고; 제조업의 온라인 구매판매는 더더욱 새로운 일이 아니며; 보험회사가 온라인에서 상품을 판매하는 것은 인터넷뱅킹과 마찬가지로 혁신적인 내용이 아니다.

리커창 총리의 보고는 이렇게 묘사되었다: '인터넷+ 행동계획을 제정하고 모바일 인터넷, 클라우드 컴퓨팅, 빅 데이터, 사물인터넷 등을 추진하여 현대제조업과 융합하며 전자상거래, 공업 인터넷과 인터넷금융의 건강발전을 촉진하고 인터넷기업의 국제시장 확장을 인도한다.' 이것으로 볼 수 있듯이 '인터넷+'의 진정한 내포된 의미는 이동통신 네트워크+빅데이터수집, 발굴, 분석, 통합+지능형 센서+전통업종으로 형성된 새로운 업무체계와 상업형식이며 간단하게 인터넷 영업, 인터넷업무를 전통업종과 서로 결합한 것이 아니다. 다른 한 방면으로 '인터넷+'의 진정한 핵심은 인터넷에 전통업종을 더한 것이며 전통업종에 인터넷을 더한 것이 아니다.

즉 먼저 인터넷의 사고방식이 있고 그 다음 전통업종의 새로운 발전을 깊이 생각하는 것이다. 우리가 다시 곰곰이 생각해보면 리커창 총리의 보고에서 '모바일 인터넷+클라우드 컴퓨팅+빅데이터+사물 인터넷 등을 현대제조업과 융합'이라 얘기한 것은 바로 기업이 '인터넷+'의 유행을 따라가려면 반드시 먼저 통합된 정보전달 플랫폼이 있어야 하며 이 플랫폼은 모바일 인터넷의 기초에서 구축한다는 것을 의미한다. 기업은 또 반드시 데이터를 확보해야 하며 구조화 데이터이든 아니면 비구조화 데이터이든 데이터의 저장량은 커야 한다. 기업은 또 데이터분석, 발굴능력이 있어야 하며 이래야 '인터넷+'의 가치를 발휘할 수 있다.

플랫폼의 통합, 데이터의 수집 및 데이터의 발굴은 모두 기업이 강한 능력과 매력이 있어야 하며 데이터 발굴로 생긴 정보에 대하여 기업은 또 혁신적인 이해능력이 있어야 한다. 이것으로 볼 수 있듯이 '인터넷+'는 기업능력에 대한 요구는 매우 높으며 그냥 간단한 유행개념 또는 기업의 화려한 구호만이 아니다.

11.1 심천시챵제공급망(深圳市創捷供應鏈)

심천시챵제공급망 유한공사는 2007년에 설립되었으며 정보화기술을 핵심으로 하고 전자상거래비즈니스와 공급망 서비스를 의탁하는 국가급 첨단기술기업이다. 회사는 ISO9001:200국가품질 관리인증을 받았고 세관총서에서 AA급 기업으로 인정하였으며 심천세관에서 '고객협조원제도기업'칭 호를 수여하였고 심천시 성신연맹협회에서 '성신AAA기업' 칭호를 수여하였다. 2010년 챵제회사는 심천시수출입상회로부터 '수출입납세10위'로 평가받았고; 2008-2013연속 6년간 영광스럽게 심천황강세관(深圳皇崗海關)'10대납세대호', 전국일반무역수출입기업 백강이 되었으며; 2012년에 '레노버2012재정연도우수합작파트너'가 되었다.

챵제공급망은 기타 단일성물류회사와 다르며 주요하게 고객을 위하여 전문적이고 완벽한 일체화된 공급망 해결방안을 제공하며 그는 공급망관리, 수출입무역, 전자설비 자재매매, 공급망 시스템연구개발을 함께하는 종합적인 공급망운영상이며 그가 운영하는 상업형식은 '인터넷기술을 기초로 하고 공급망 관리를 경쟁수단으로 하며 공급망 금융을 손익분기점으로 하고 인터넷+산업+금융을 융합하는 종합상업형식'이다. 챵제는 도대체 진정한 의미의 '인터넷+'기업인가 아닌가?

11.1.1 인터넷기술을 기초로 하다-챵제공급망E-SCM플랫폼

공급망 관리와 전자상거래비지니스가 서로 융합하여 공급망 관리영역의 중대한 혁신-전자상거래비즈니스 공급망 관리(E-commerce supply chain management, E-SCM)가 생겼다. E-SCM은 인터넷서비스 플랫폼을 빌려 공급망 서비스 거래과정의 전 과정 전자화를 실현하고 전체 공급망을 최적화하며 전통적인 상하류 상업협동형식을 철저하게 변혁하는 것을 가리킨다. 즉 인터넷의 셀프거래방식을 이용하여 네트워크업무파트너와 실시간 합작과 중요정보교류를 진행하며 공급망 서비스업무의 협동을 실현한다. 창제 공급망의 E-SCM플랫폼은 도표11-1을 참조한다.

전자상거래비지니스의 핵심요점은 거래쌍방의 정보 매칭, 정보전달에 있으며 전자상거래비지니스의 기본적인 우세는 거래플랫폼을 통하여 정보에 대하여 수집과 저장을 하는 것이다. 공급망 관리의 핵심요점은 상하류 기업 및 많은 이익관계자간의 협동을 촉진하여 고 효율적으로 공급망의 전체적인 임무를 완성하는 것이다. 하지만 전통적인 관리방식 하에 각 거래기업은 각자의 관리시스템을 빌려 정보전달을 진행하며 심지어 어떤 기업은 아직도 페이퍼전표로 전달을 진행한다. 그리하여 통일된 정보전달인터페이스가 없으며 공급망의 전체적인 협조임무는 실현하기 매우 어렵다. 전자상거래비즈니스의 통일된 정보플랫폼을 빌려 정보가 많은 이익관계자간에 효율적인 매칭을 이루게 해야만 비로소 정보의 신속하고 정확하며 고효율적인 전달을 할 수 있으며 전체 공급망의 협조합작을 실현할 수 있다.

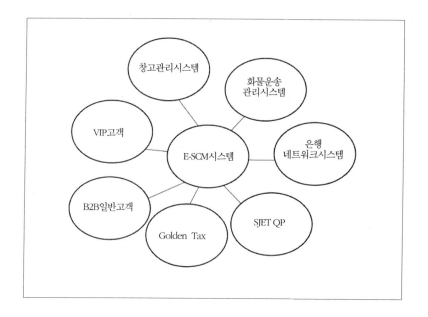

도표11-1 창제 공급망의 E-SCM 플랫폼

창제회사는 공급망의 정보 통합문제를 해결하기 위하여 국제적으로 유명한 소프트공급업체 SAP와 전략연맹을 맺어 SJET ERP 공급망 관리시스템을 개발하였다. 이 시스템은 처음부터 마지막까지 전체흐름을 지원하고 지출 분석, 상품공급원개발, 운영계약과 공급업체 관리 등 기능을 전면적으로 지원하여 기업과 공급업체간의 구매흐름자동화를 실현하였고 고객이 자신의 전세계범위내에서의 구매지출상황을 알 수 있게 하였다. SJET ERP공급망 관리시스템은 주요하게 아래 몇 가지 구성부분을 포함 한다:

1) SJET ERP창고관리시스템은 입고업무, 출고업무, 창고조달, 재고조달과 빈 창고 관리 등을 통하여 차수관리, 물류매칭, 재고조사, 품질관리, 빈 창고 관리와 실시간 재고 관리 등 기능의 관리시스템을 종합하고 효율적으로 창고업무의 물류와 원가관리 전 과정을 추적하고 통제할 수 있으며 기업보관정보관리를 완벽하게 할 수 있다. 이 시스템은 독립적으로 재고운영을 진행할 수 있으며 기타 시스템의 영수증과 전표 등을 결합하여 사용할 수 있고 더욱 완벽하고 전면적인 기업의 업무흐름과 재무관리정보를 제공할 수 있다.

2) SJET ERP 화물운송관리시스템은 화물운송의 요구를 만족시킬 수 있으며 화물픽업, 운송장발급, 재고관리, 운송, 차량, 운전기사, 도착확인, 화물손상화물부족관리, 배송, 환승, 재무대금지불 등 각 단계에 관련되고 문자발송, 우편발송, 일지확인, GPS차량위치관리, 바코드관리 등을 지원하며 동시에 상세한 통계분석종합기능을 제공한다.

3) 은행이 SJET E-Bank시스템과 직접적으로 연결되었으며 인터넷 뱅킹 또는 은행경로서비스중의 고급입력방식이며 주요서비스대상은 업무량이 크고 재무관리제도가 완벽하며 일정한 IT개발과 운용능력이 있는 대형업체다. 은행의 직접적인 연결은 은행시스템과 창제 공급망 재무시스템의 유기적인 융합과 매끄러운 연결을 실현하였고 창제 공급망과 은행 간의 장부는 자동적으로 수불금 회계전표를 생성하는 기능을 실현하였다. 동시에 고객은 자신의 재무시스템을 등록하는 것을

통하여 정보 확인, 이체 지불, 대행지급, 전자어음, 전자상거래비즈니스 등 업무를 바로 진행할 수 있다.

4) SJET QP통관업무시스템은 고정양식의 전자데이터를 세관시스템의 수출입신고인터페이스에 신속하게 입력할 수 있어 창제 공급망의 데이터가 통관사 및 세관의 데이터와 효율적으로 연결되게 하였으며 2차 인공입력의 오차율을 줄이고 세관신고서재신고율을 낮추었으며 고객통관의 업무효율 및 세관의 협조능력을 향상시켰다.

5) 골든 세금시스템 (G o l d e n   T a x)은 국가세무시스템에서 국세청 증치세 영수증을 발행하는 서브시스템이며 증치세 전용영수증과 증치세일반영수증을 발행하는 기업클라이언트다. 창제 공급망은 골든 세금시스템을 SJET ERP시스템에 박아 넣음을 통하여 대량으로 빠르게 세무영수증을 생성하여 확인 등 기능을 제공하였으며 세부부문과의 협조능력을 향상시켰다.

6) B2B기준고객은 많은 중소고객을 위하여 온라인서비스를 제공하는 온라인전자화, 모듈화기능이며 고객이 집을 나서지 않아도 일반적인 공급망 서비스를 완성할 수 있게 한다.

7) VIP고객은 창제 공급망의 대 고객을 위하여 개성화 맞춤서비스를 제공하고 고객이 온라인에서 관련된 업무를 처리하고 저 하는 수요를 만족시키며 대 고객을 도와 VIP시스템을 통하여 계약주문, 배송정보,

재고확인, 비용명세 등을 처리한다.

이것으로 볼 수 있듯이 창제는 인터넷기술에 의탁하여 E-SCM플랫폼을 만들고 공급망의 종단면의 정보를 관통시켰으며 전체 체인정보의 원활함과 정확성을 보장하였고 공급망의 전체적인 효율을 향상시켰으며 각 거래기업의 이익관계자의 중복성 업무를 줄여서 전체적인 공급망의 운영원가를 낮추었다.

11.1.2 공급망 관리를 경쟁수단으로 - 전문적이고 완벽한 원스톱 공급망 해결방안을 제공하다.

창제는 단일한 물류운송기업이 아니며 그는 주요하게 중소기업을 위하여 전문적이고 완벽한 원스톱 공급망 해결방안을 제공한다. 현재 창제회사는 여러 개의 공급업체, 제조공장, 설계업체, 집성업체, 물류회사, 은행, 해외최종고객 등을 한데 모아 중소기업을 위하여 원스톱 서비스를 제공하는 생태권을 만들었다(도표 11-2참조). 창제회사 총재 문건군(文健君)은 창제의 생태형식에 대하여 4가지 특징으로 총결을 지었다:

1) 전체 산업에 대한 서비스에 집중한다. 공급망 서비스가 겨냥한 것은 전체 사슬, 전체 산업이며 산업사슬에 각 전문적인 이익관계자와 결합하여 전체 산업에 초점을 맞추어 공급망의 전체서비스설계를 제공하는 것이며 간단하게 어떤 기업에 서비스하는 것이 아니다.

2) 정보 집성화. 산업사슬에 있는 이익관계자의 정보를 관통시켜 모든 업무거래를 데이터화하며 인터넷을 이용하여 정보의 빈틈없는 전달을 실현한다.

3) 산업금융 생태권의 구축. 상업파트너관계를 구축하고 산업금융 생태권의 설립을 추진하며 마지막에 산업금융일체화를 촉진한다. 거래데이터의 분석 및 전체 사슬의 폐합화에 근거하여 사슬에 있는 중소형기업을 위하여 금융지원을 제공하며 산업사슬에 있는 중소형성장기업의 융자가 어렵고 비싸며 혼란스러운 문제를 해결한다.

4) 산업이익관계자의 귀핵화(歸核化). 산업사슬에 있는 관련기업을 도와 자기의 제일 핵심적인 업무로 돌아가게 하고 비 핵심적인 관련 보조업무를 아웃 소싱하며, 전체 사슬에 있는 기업이 자기의 핵심적인 업무에 집중하게 하고, 자기의 제일 큰 장점을 발휘하며 공급망의 전체적인 거래원가를 낮추고 성과를 향상시킨다.

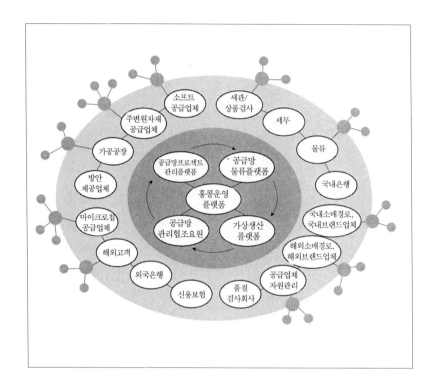

도표 11-2 창제 생태권

11.1.3 창제 생태권의 운영형식

도표 11-2에서 볼 수 있듯이 창제의 생태권은 공급망 유통단계의 모든 단계를 포함하고 있으며 계획, 생산, 물류, 금융 등 각 단계를 포함하고 핵심은 공급망의 관리 협조요원이며 총 4개 플랫폼-공급망 프로젝트관리플랫폼, 홍콩운영플랫폼, 가상생산플랫폼 및 공급망 물류플랫폼이

있으며 이것이 바로 창제의 운영핵심이다. 창제는 공급망 관리의 협조요원으로서 전체 생태권의 자원을 통합하는 것을 협조하여 생태권이 자원공유를 할 수 있게 하며 이렇게 '창제고객'은 이 안에서 이익을 얻을 수 있고 기타기업은 핵심적인 업무에 집중할 수 있었다.

예를 들어 어떤 창업기업이 '영아기'에 자금도 없고 담보할 자산도 없으며 자기의 기술에 의지하여 상품을 생산하여 고객에게 제공하는 것은 비교적 어렵다. 왜냐하면 기업은 기초시설을 건설할 자금도 없고 적합한 아웃소싱 업체를 찾아 각 단계의 분할통합을 진행하기도 어렵기 때문이다.

하지만 창제는 이런 '영아기'기업을 위하여 지원을 제공할 수 있다. 창제는 창업기업의 기술에 대하여 분석을 하고 창업기업의 고객에 대하여 연구를 하며 무역이 진실하고 또한 영리의 상황에서 창업기업을 도와 핵심기술 외의 모든 업무통합을 진행할 수 있다(도표 11-3 참조). 창업기업이 단지 설계방안만 제공하면 창제는 방안에 근거하여 생태권내의 합작기업에 대하여 매칭을 진행하며 창업기업을 도와 구매, 생산, 검측, 물류 등 모든 업무를 완성하고 마지막에 상품을 고객에게 배송하며 고객이 대금 지불 후 또다시 이 자금을 생태권내의 합작기업과 차례대로 결산을 하고 남은 이익자금은 창업기업에 돌려준다. 창제는 창업기업을 위하여 원스톱 공급망 서비스를 제공하였으며 또한 자기의 E-SCM플랫폼을 통하여 자금의 폐합흐름을 완성할 수 있으며 창업기업의 발전을 위하여 기회를 제공하였다. 기타 기업은 창제를 통하여 업무의 '귀핵(歸核)'을 진행하며 창제를 이용하여 보조업무를 아웃소싱하고 집중적으로 자기의 우세를 발전하여 기업의 경쟁력을 키울 수 있다.

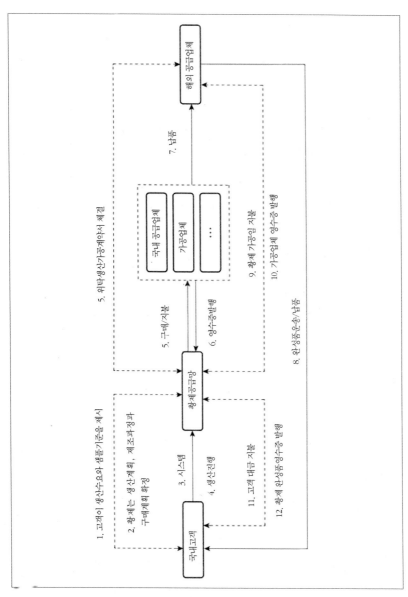

도표11-3 창제 제조형 공급망 서비스 흐름

11.1.4 공급망 금융을 이익분기점으로-데이터와 구조로 리스크 통제

문건군(文健君)은 '산업기초가 없는 금융은 공심화, 거품화, 위험성이 높은 것이며 금융의 추진이 없는 제조업은 윤활제가 부족하며 고효율의 발전을 실현할 수 없다. 산업생태로 금융발전을 추진하고 금융생태가 산업을 반포하며 두 개의 생태가 선순환을 실현하고 산업과 금융이 융합해야만 제일 좋은 생태권을 형성할 수 있다.'고 여겼다. 그리하여 창제가 공급망 금융서비스에 개입한 것은 그의 산업생태에 기초한 것이며 수요의 움직임에 근거하여 점차적으로 공급망의 각 노드 간의 합작관계를 구축하고 그리고 금융을 산업에 끼어 넣었다. 창제는 전체 공급망의 협조요원이므로 전체 사슬의 자금흐름을 관리 감독할 수 있다.

공급망 생태의 전체적인 리스크통제를 확보하기 위하여 창제는 거래 데이터 등을 이용하여 융자수요자에 대하여 리스크선별을 진행한다. 이렇게 공급망의 구조안배를 통하여 진실한 무역배경에 의탁하여 거기에 빅데이터를 통하여 진행한 신용리스크분석을 더하여 창제는 공급망 서비스를 기초로 하여 자금자족을 진정으로 실현할 수 있었고 업무가 폐쇄루프를 형성하게 하였으며 따라서 금융리스크를 최저로 낮추었다. 그리하여 창제는 공급망 금융업무에 발을 들여놓을 때 중소기업 거래형 고객에 대하여 구조관리를 하였고 중점적으로 고객의 업무 진실폐합성, 수입 자금자족, 관리수직통제, 업무데이터화 신뢰도, 거래주체의 허가 및 전중후(前中後) 플랫폼의 전체 흐름 관리신뢰 이 6개의 참고지수를 파악했으며; 신용이 높은 고객에 대하여 주요하게 신용관리를 하였다. 현재 창제는 구조 공급망 금융을 빅데이터 하의 공급망 금융으로 바꾸려고 노력하고 있으며 이는 E-SCM플랫폼에 집중된 대량의 데이터에 대하여 분석을 진행하도록 요구하였다.

11.1.5 요약

상업형식과 실제운영으로 볼 때 창제는 확실히 '인터넷+'기업이다. 그는 인터넷 운영 플랫폼에 의탁하여 서비스 산업의 정보흐름 걸림돌을 관통하였고 모든 거래를 데이터화했으며 엄청 많은 거래데이터를 형성하였고 또 빅 데이터분석에 의탁하여 관련업무의 확장을 진행하였으며 금융요소를 진실한 산업거래망에 주입시켰고 전체 공급망의 효율을 향상시켰으며 원가를 낮추고 전체 망의 경쟁력을 강화하였다. 이로부터 우리는 볼 수 있듯이 진정한 '인터넷+'는 무슨 가상의 개념이 아니며 '인터넷+'가 맨 마지막에 형성한 것은 응당 실질적인 상품과 서비스여야 한다. 창제의 '인터넷+'가 형성한 것은 통합된 공급망 서비스이다. '인터넷+금융'이 형성한 인터넷금융도 실질적인 상품이며 마치 창제의 '공급망 금융'처럼 고객을 위하여 제공하는 한 가지 서비스이다. 그리하여 필자는 '인터넷+'는 기업이 특징이 아니라 기업 상품 또는 서비스가 형성한 방식이 가지고 있는 특징이며 '인터넷+'의 중점은 상품과 서비스에 있다고 여겼다.

영창(榮昌) e 따이시(袋洗)

영창세탁은 1990년에 설립하였고 오늘까지 이미 20여 년의 역사를 가지고 있으며 그동안 공동 운영점, 특허경연, 직영점 등 경영형식을 겪었고 오늘날 가정작업방식의 경영기업에서 전문적으로 청결서비스를 제공하는 체인기업으로 발전하였다. 영창세탁은 '본분을 지키지 않는' 기업이다. 그는 줄곧 자기에게 도전하고 혁신을 진행하였다. 예를 들어 그는 오프라인의 천 개 체인점에 대하여 일찍부터 '네트워크카드'를 만들었으며 소비자는 모든 체인점에서 이 카드로 소비를 할 수 있고 서비스를 할 수 있다. 전통세탁소의 면적이 크고 에너지 낭비 등 단점을 해결하기 위하여 그는 '1타4'의 이념을 구축하였다. 즉 4개 가게에서 의류를 수거하고 그것을 부근의 한 세탁소에 가져가 세탁을 진행한다. 오늘날 모바일 인터넷이 많이 발전한 배경 하에 영창세탁은 전통적인 서비스와 모바일 인터넷융합을 담대하게 시도하기 시작하였고 오프라인 온라인의 전략경로로 전통적인 서비스업O2O의 형식 재탄생을 실현하였다.

영창세탁은 2013년 년 말에 중량급으로 인터넷세탁상품 'e따이시'을 출시하였고 이 상품은 2014년 7월에 텅쉰(騰訊)산업공영펀드 2,000만 위안의 씨앗천사의 투자를 받았으며 2014년 11월에 징웨이이중국(, 經緯中國), SIG해납아시아(海納亞洲) 2,000만 달러의 A륜(輪) 투자를 받았다.

e따이시는 영창이 위챗(微信)플랫폼에 기초하여 개발한 O2O세탁서비스상품이며 이 상품은 아래 3가지 특징이 있다: 1) 편리하다. 고객은 위챗이나 APP을 통하여 직접적으로 오더를 내릴 수 있고 온라인에서 지불을 할 수 있으며 전문담당자가 방문하여 의류를 수거해간다. 세탁완료 후 고객은 자기가 가서 가져올 필요가 없으며 서비스요원이 옷을 방문배송하며 또한 72시간 내에 배송을 약속한다. 2) 저렴하다. e따이시는 전문적인 세탁가방을 제공하고 세탁은 가방으로 계산하며 통일적으로 가방 한 개에 99위안으로 전통적인 세탁소보다 30%~50% 저렴하다. 3)오락성. 회사는 고객의 관련데이터를 수집하여 '주간 세탁왕', '월 세탁왕'을 평가하고 또한 보너스를 지급하며 이는 서비스와 오락이 서로 융합하게 하였으며 고객체험을 증가시켰다.

11.2.1 단지 크라우드 소싱

위에 소개에서 알 수 있듯이 e따이시는 고객에게 배송서비스를 제공하고 관련과정을 간소화하였으며 고객의 시간을 절약하였다. 하지만 의류의 배송에 대하여 e따이시는 자체로 물류를 구축한 것이 아니라 단지 크라우드 소싱 방식을 취하였다. 즉 단지를 단위로 하여 거점을 분포하고 매 단지마다 배송원을 배치하여 고객이 오더를 내린 후 48분 내에 방문하여 수거하는 것을 보장하였다. 배송원은 단지의 거주자일 수 있으며 e따이시의 자유인계획에 가입하여 부수입을 벌수 있고 그가 필요한 것은 다만 모바일핸드폰이며 또한 알리페이(支付宝)를 사용할 수 있으면 된다.

이런 자유인은 e따이시에 500위안의 보증금을 지급하고 신분증명 자료를 제공해야 하며 면접 후 통일된 행동교육을 받게 된다. 오더를 받는 과정에서 통상 자유인의 주거지근처에 근거하여 분배하며 2km이내에서 한 건 배송 할 때마다 10위안을 받을 수 있다.(도표 11-4 참조)

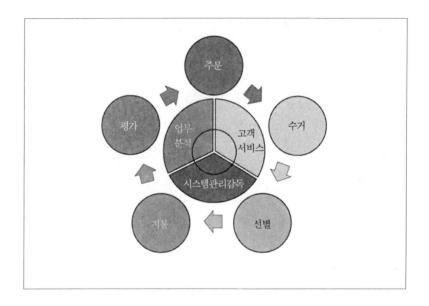

도표 11-4   e따이시의 진행과정

11.2.2 플랫폼 전략

자유인은 의류를 수거 후 두 가지 경로로 후속 세탁 업무를 전개할 수 있다: 하나는 e따이시의 통일물류배송이 와서 수거하기를 기다렸다가 통일적인 집중화공장에 보내어 세탁한다; 둘째는 근처에 있는 e따이시와 합작한 세탁소에 보내어 세탁한 현재 북경에는 100여 개 자체세탁소와 합작세탁소가 있다. 두 번째 방식에 초점을 맞춘 것은 e따이시가 하나의 플랫폼회사로 바뀌었음을 의미하며 전 단계, 브랜드와 고객을 책임지고 후속업무는 플랫폼의 합작기업에 분배하여 e따이시의 자산부담을 줄였다. 전통적인 세탁소와 비교했을 때 e따이시는 그렇게 많은 실물자산이 필요 없으며 자기의 정보자산에 집중 경영하여 고객서비스를 향상하였다. 이로부터 e따이시는 자기의 이익채널을 증가하였으며 예를 들어 플랫폼 입주 나눔, 플랫폼 광고추천 등이다.

11.2.3 요약

영창세탁은 전환과정에서 핵심이념은 '모든 것은 고객이 우선이고 모든 것은 경험으로부터 출발한다'이며 고객체험을 강조하였다. 이것은 인터넷사고방식의 한 가지 요소이다. e따이시는 모바일 인터넷기술에 의존하여 세탁의 오프라인 온라인 업무를 관통하고 세탁이 저렴하고 편리하며 재미있는 고객체험이 되게 하였다. 만들어진 플랫폼을 빌려 e따이시는 거래의 각종 정보를 얻을 수 있었고 또한 업무데이터분석을 하여 고객가치를 향상시켰다. e따이시는 인터넷 사고방식을 가지고 있을 뿐만 아니라 또한 단지자원을 통합할 수 있으며 물류의 단지 크라우드 소싱을 실현할 수 있는 '인터넷+'기업이다. e따이시는 위 문장에서 소개한 창제처럼 고객에게 제공한 것은 실질적인 서비스-세탁이다.

11.3

하이얼(海爾)U+ 지혜생활 플랫폼

　전통적인 업종은 오늘날 모두 어떻게 인터넷전형을 할 것인가 이야기를 나누고 있으며 하이얼그룹 이사국 주석 장서민(張瑞敏)은 2000년에 벌써 이런 말을 했었다: '인터넷을 접하지 않으면 즉 사망이다.' 오늘날의 하이얼은 어떻게 네트워크회사로 바꿀 것인가 고민하고 있으며 '네트워크전략'을 제시하였다. 네트워크전략을 완성 후 하이얼은 자기가 '개방된 플랫폼 위에 매우 많은 자원을 흡수하고 어떠한 창업을 원하고 혁신을 원하는 주체는 모두 이 플랫폼에 탑승할 수 있는' 것으로 바뀌고 더 나아가서 서로 교환하고 서로 융합하는 인터넷회사로 되기를 기대하였다. 그리하여 하이얼은 이 전략사고방식에 따라 인터넷전형을 진행하고 잇달아 일일순(日日順), 해립방(海立方) 두 개의 플랫폼을 출시하였으며 2014년 3월에 하이닐U+지혜생활플랫폼을 출시하였다.

　U+지혜생활APP은 고객이 지혜생활을 정하는 집중적인 입구이며 모든 생태권에 개방하였다. 고객은 이 APP을 통하여 원스톱으로 각종 지능홈상품에 접할 수 있으며 따라서 더욱 자유롭고 지혜로우며 인공교제기능을 가지고 있는 지능홈상품의 새로운 체험을 할 수 있다.

　이 플랫폼은 7개 생태권을 포함한다: 지혜오락생태권, 지혜용수생태권, 지혜안전생태권, 지혜케어생태권, 지혜미식생태권, 지혜건강생태권,

지혜공기생태권으로 고객을 위하여 전방위적이고 전천후한 지혜생활 분위기를 만들어주고 고객이 전에 없었던 생활의 정취가 넘치는 지혜로운 생활을 체험하게 한다. 이 APP을 통하여 고객은 집안의 에어컨, TV, 온수기, 세탁기 등 지능가전을 효율적으로 연결시킬 수 있고 핸드폰을 통하여 버튼 하나로 제어하고 수리를 신청할 수 있으며 또 자기의 수요에 근거하여 자기에게만 속하는 지혜생활을 정할 수 있다. 다른 한 방면으로 하이얼은 또 자기의 생태권을 개방하여 각 파트너업체는 모두 플랫폼에 입주할 수 있었다. 그리하여 하이얼U+는 단순한 지능홈상품이 아니라 생태권의 상하류를 통합하는 것을 통하여 하드웨어와 소프트웨어를 결합하여 고객에게 원스톱 지능홈상품을 제공하였다.

하이얼U+는 고객을 위하여 원스톱 서비스를 제공할 수 있을 뿐만 아니라 고객의 맞춤요구를 고려하여 플랫폼은 또 창업고객, 지커(GEEK, 极客) 등의 발전을 도울 수 있으며 창업고객, 지커는 개방된 시스템기준연결을 통하여 고객의 요구를 만족시키는 소프트웨어와 서비스를 개발할 수 있다. 설립 이래 U+는 개발자를 위하여 융자플랫폼에서 개방실험실까지 더 나아가 홍보판매채널까지의 전체적인 생태권을 구축하였고 점차적으로 성숙한 개방상업형식과 기술지탱 환경을 형성하였으며 제일 빠른 연결속도, 제일 우수한 창업원가, 제일 영향력 있는 시장홍보를 실현하였다. U+연맹의 주요 발기인으로서 하이얼은 30년의 상품생산판매와 업종관리경험이 있으며 U+플랫폼은 하이얼의 전문적인 지식과 자원을 이용하여 하드웨어파트너에게 전문적인 산업망 서비스를 제공할 것이다.

하이얼U+는 모바일 인터넷기술을 통하여 다각도의 지능홈서비스 생태권을 만들었고 고객을 위하여 다각도의 원스톱 지능홈서비스를 제공할 뿐만 아니라 파트너에게 전면적으로 개방한 연결구, 통합된 공급망 서비스 및 풍부한 보조자원을 개방하는 것을 통하여 플랫폼의 각 참여자의 가치가 확대되게 하였고 좋은 이익순환시스템을 형성하였으며 개발자를 위하여 생명주기부화를 지원하였고 모두 공영하는 생태권을 만들었으며 또 하이얼이 지능홈이라는 비전이 있는 업무에서의 발언권을 강화하였다.

하이얼은 '인터넷+'의 진실한 기업이며 그는 고객을 위하여 모바일 인터넷에 기초한 통합서비스상품을 만들었다. 이 상품을 통하여 하이얼은 빠르게 고객의 수요를 알 수 있으며 플랫폼자원을 이용하여 파편화, 개성화된 고객수요와 플랫폼의 각 모듈을 연결하고 따라서 고 효율적으로 각 자원의 연결을 완성하고 제때에 빠르게 고객의 수요를 만족시킬 수 있다. 고객체험을 중요시하는 것은 인터넷 사고방식의 중요한 요소이다.

결론

위의 3가지 사례에서 우리는 이런 '인터넷+' 특징을 가지고 있는 기업의 특징에 대하여 결론을 내릴 수 있다.

1. 경 자산 운영을 중요시하다

챵제의 공급망 관리이든 아니면 e따이시 또는 하이얼의 U+이든 그들이 투자하는 중점은 실물자산이 아니라 정보류의 경 자산이었다. 이러면 실물자산의 부담을 나눌 수 있으며 자기가 구축한 플랫폼의 자원통합과 이용을 통하여 생태권을 만들 수 있다. 챵제가 원스톱 공급망 서비스를 제공하는 그들의 플랫폼에는 많은 공급업체, 생산기업, 물류기업들이 모여 있으며 챵제의 주요임무는 바로 고객의 수요에 근거하여 상응한 파트너를 선택하고 전체 산업망의 효율을 최대화 하는 것이다. e따이시의 주요임무는 전 단계와 고객의 상호교환을 관통하고 브랜드를 경영하며 서비스를 완벽하게 하는 것이며 또한 개방플랫폼의 자원을 이용하여 고객수요를 분배하고 고객에게 제일 좋은 세탁체험을 만들어주는 것이다.

하이얼U+도 중점적으로 플랫폼을 구축하여 고객의 수요와 자원을 연결하고 또한 자기의 '부화'기능을 발휘하여 후기수익을 나누고 플랫폼가치를 확장하였다.

2. 전체적인 서비스 제공

인터넷의 사용은 시간과 공간의 제한을 받지 않지만 '인터넷+'기업은 자기의 상품 또는 서비스가 시간과 공간에서 제한을 받는지 받지 않는지 고려해야 한다. 창제는 각 거래기업의 정보전달걸림돌을 관통하여 거래데이터의 실시간 전송을 실현하였고 거래쌍방의 동일시간대 반드시 온라인상에 있어야 하는 제한을 깨뜨렸다. e따이시는 모바일인터넷기술을 사용하여 고객이 수시로 오더를 내릴 수 있다. 그는 단지 크라우드 소싱을 통하여 고객이 주문부터 의류수거까지의 시간을 단축시켰고 또한 고객이 배송시간도 정할 수 있다. 하이얼 U+는 고객을 도와 홈 설비에 대하여 실시간 감시하고 제어할 수 있으며 고객이 시간제한을 받지 않고 상품을 맞출 수 있게 하였다. 하지만 시간과 공간의 제한을 줄이거나 없앴기에 기업은 고객을 위하여 필요한 상품 또는 서비스의 전체적인 계획을 제공해야 한다. 왜냐면 만약 상품 또는 서비스가 전체적인 연결이 안 되면 기업이 책임지는 모듈이 신속하고 효율이 높다 하더라도 고객의 전체적인 체험은 향상될 수 없다.

3. 업무흐름에서의 어떤 단계를 인터넷으로 바꿀 수 있다.

물론 기업이 '인터넷+'로 변화하려면 반드시 운영하는 어떤 모듈에서 인터넷에 가입할 수 있는 요소가 있어야 한다. 아니면 한 기업이 '인터넷 접속'도 할 수 없다면 인터넷사고방식은 더욱 말할 필요도 없다.

이것으로 볼 수 있듯이 기업이 오프라인업무를 온라인으로 옮긴다고 해서 자기를 '인터넷+'기업으로 자랑할 수 있는 것이 아니다. 인터넷의 핵심은 자유, 개방, 공유이며 기업은 언제나 이 6개 글자를 기억해야 한다. 인터넷을 이용하여 생긴 새로운 기술과 능력을 통하여 전통업종의 효율과 능력을 향상하고 새로운 업무형식과 상업형식을 형성하며 '인터넷+' 색채를 띤 상품 또는 서비스를 제공하는 이 것이 비로소 기업이 '인터넷+' 전형을 진행하는 진정한 내포된 뜻이다.

제12장

산업혁신과 기업전략 선택:
네트워크 산업망의 집성자

12.1

머리말

　산업혁신은 어떤 한 가지 기술혁신 또는 새로운 산업을 형성하거나 또는 어떤 산업에 대하여 철저한 개혁을 진행하는 것을 가리킨다. 산업혁신은 기업이 이미 정해진 산업구조의 속박을 깨뜨리고 산업자체에 관련된 요소 및 새로운 관련요소에 대하여 새로운 조합을 진행하고 또한 시스템에 유입할 것을 요구한다. 구체적으로 말하면 상품혁신, 기술과 기능혁신, 관리혁신(조직혁신 포함), 흐름혁신과 영업혁신 등을 통하여 현재산업구조를 바꾸거나 또는 새로운 산업구조를 창조하여 산업의 지속적인 발전을 이루는 것이다. 장수한 회사는 대부분 산업혁신의 적극적인 탐구자이며 그들은 단지 기업내부의 혁신시스템만 의지해서는 산업생명주기의 속박을 벗어날 수 없으며 오직 적극적으로 산업혁신의 발전방향을 탐구해야 진정한 지속적인 발전을 실현할 수 있는 능력이 있음을 깊게 알고 있다. 하멜(哈梅爾)과 프라할라드(普拉哈拉德)는 기업전략의 최고 단계는 자기에게 유리한 출발점에 서서 현재산업구조를 바꾸거나 또는 미래 산업에 대하여 혁신을 진행하는 기업전략을 제정하는 것이라고 언급하였다.

　산업혁신의 언급은 기업의 전략선택에 대하여 더욱 높은 요구를 하였다. 기업은 지금의 경쟁에 관심을 가져야 할뿐만 아니라 자기의 핵심경쟁력을 향상하는데 노력해야 하며 또한 미래를 바라보고 새로운 산업구도를 계획해야 한다. W.ChanKim과 Renborgne가 제시한 블루오션전략도 본질적으로는 하나의 산업혁신전략이며 그의 핵심요점은 바로 시장의 경쟁규칙을 바꾸어 시장과 시장경계를 새롭게 구축하여 기업을 도와 과도한 경쟁의 '레드오션'을 피하고 경쟁이 없는 '블루오션'을 개척하는 것이다.

'블루오션'은 물론 모든 기업이 지향하는 성지이지만 멀리 바라볼 때 모든 '블루오션'은 '레드오션'으로 바뀔 가능성이 있다. 그리하여 기업은 반드시 사전에 미리 준비하여 자기의 전략에서 미래를 향한 추세를 뚜렷이 하고 산업혁신의 전략고지를 차지해야 한다.

12.2

산업혁신의 관련 개념

12.2.1 산업혁신의 내포된 의미

　영국 경제학자 프리먼(弗里曼)은 첫 번째 체계적으로 산업혁신이론을 제시한 학자로 여겨졌다. 그는 1974년에 〈산업혁신경제학〉을 발표하였고 산업혁신이론의 발전에 기초를 다졌다. 프리먼은 산업혁신은 상품혁신, 기술과 기능혁신, 관리혁신(조직혁신 포함), 흐름혁신과 영업혁신을 포함한다고 여겼으며 또한 산업혁신은 하나의 시스템의 개념이며 기술혁신, 시장혁신, 관리혁신 등의 시스템집성을 포함한다고 밝혔다.

　마이클 푸드(邁克爾 波特)(2014)도 산업혁신을 강조하였고 그는 비교적 거시적인 측면에서 산업혁신의 내포된 의미를 정의하였으며 산업혁신은 자본요소가 상대적으로 충족한 상황에서 국가가 기술과 자본 밀집형 산업에서 발전하는 것이 비교적 우세라고 여겼다. 푸드는 기업이 경쟁전략을 결정할 때 주요하게 산업선택과 경쟁지위의 문제를 고려한다고 밝혔고 또한 전략제정의 분석프레임 즉 업종분석의 '5력 모형'을 제시하였으며 이 기초에서 전략의 3가지 선택을 제시하였다: 저 원가 전략, 차별화 전략 및 초점전략이다. 도객심(道格森)과 로즈웰(羅斯韋爾)(2000)은 〈산업혁신수첩〉을 함께 편집하였으며 그 중에 서로 다른 학과영역의 학자가 산업혁신에 대한 일련의 연구를 포함하였고 산업혁신의 본질, 근원과 산출, 혁신한 부문과 업종의 특징 및 혁신에 영향을 끼치는 관건적인 요소 등을 탐구하였으며 현재 제일 영향력 있는 산업혁신 저작이다. Poon(2004)은 산업혁신은 제조업체의 역할전환이며 다시 말해 제조업체가 더 이상 노동밀집형의 저가 가치상품을 생산하는데 만족하지 않고 고부가가치를 생산하는 기술 또는 자본밀집형의 상품으로 전환하는 것이라고 밝혔다. 이러한 정의는 상대적으로 비교적 미시적이다.

전반적으로 말해서 산업혁신은 횡 방향과 종 방향이 겸유하는 개념이며 횡방향은 거시적인 방면의 정의에 치중하는 것을 가리키며 즉 요소의 창조 또는 기정산업요소의 새로운 조합을 통하여 새로운 산업을 창조하여 산업면이 넓어지게 하는 것이며; 종방향의 의미는 중관과 미시적인 층면에 있으며 다시 말해 기업이 요소의 조합과 창조를 통하여 자기가 저 기술, 저부가 가치의 생산에서 고기술, 고부가가치의 생산으로의 전환을 완성하게 하는 것이다.

12.2.2 산업혁신의 단계

산업혁신이 가지고 있는 체계성은 우리로 하여금 산업혁신의 단계문제를 소홀히 할 수 없게 하였다. Gary(1999)는 산업혁신은 응당 4개 단계가 있어야 한다고 하였다: 상품단계에서 수요하게 상품은 간단한 것에서 복잡한 것으로의 향상; 경제활동단계에서 상품의 설계, 생산, 영업능력을 향상하는 것을 강조하며; 부서 내 단계에서 상품과 서비스의 가치를 향상시킬 것을 요구하며 공급망 원스톱의 통합을 포함한다; 부서간 단계에서는 기업가치추구의 전환이며 저가가치의 노동 밀집형에서 고가 가치의 자본과 기술 밀집형의 전환을 완성하는 것이다. 'Humphrey 와 Schmi'는 산업혁신은 흐름혁신, 상품혁신, 기능혁신 및 부서 간 혁신 4개 단계에서 고려해야 한다고 여겼다. 그 중에 부서 간 혁신은 기업이 본 산업영역에서 얻은 능력을 기타 영역 또는 완전 새로운 글로벌 가치망에 운용하는 것을 강조한다. 즉 기업능력의 횡방향 확장과 산업영역의 침투를 완성하는 것이다. 안금명(安金明)(2007)은 산업혁신은 그의 내적인 논리성분석에서 4개 단계로 나눌 수 있다고 밝혔다: 기술혁신, 상품혁신, 시장혁신 및 산업융합이다. 그는 시장혁신은 주요하게 두 가지 방면의 내용을 포함한다고 밝혔다: 하나는 산업의 경쟁규칙을 설정하는 것이다.

예를 들어 상품품질기준을 구축하고 상품의 시장이미지를 확립하며 판매채널을 구축하는 등; 두 번째는 새로운 고객자원을 개척하는 것이다.

더욱 높은 차원의 산업융합은 산업 간의 전환을 가리키며 주요하게 일부 산업의 혁신이 다른 산업의 혁신을 불러일으킬 수 있기 때문이다. 즉 연대 혁신형; 한 개의 산업혁신이 형성한 구조 또는 창조한 요소는 또 다른 산업의 요소공급이 될 수 있으며 더 나아가 수요로 표현된다. 이것이 바로 공급의 나선식 발전 효용이다.

학자들의 분석으로 볼 때 산업혁신은 가치를 낮은 데서 높은 데로 획득하는 과정이며 산업망의 한 개 단계의 혁신이 가져오는 가치는 한계가 있으므로 기업은 특정적인 혁신을 산업망전체로 확장할 것이고; 기술혁신과 상품혁신은 모두 한 개 기업이 자기의 시장에 대한 감지에 근거하여 진행하는 것이며 혁신의 핵심은 기업의 경쟁력을 향상시키는데 있다.

한 개 기업은 산업망의 일부 운영단계만 점유할 수 있으므로 기업을
위주로 하는 혁신은 그가 있는 단계에서의 가치창조 능력만 향상시킬 수
있다. 더욱 큰 혁신효율을 얻기 위하여 혁신기업은 혁신의 확장을 촉진하기
위하여 온 힘을 다할 것이며 마지막에 단선 가치망을 초월하여 광범위한
확장을 실현한다. 이것으로 볼 수 있듯이 산업혁신은 산업망의 분석이
필요하다.

산업망 이론

산업망은 각 산업부문 간에 일정한 기술경제연관에 기초하여 특정된 논리관계와 시공분포관계에 근거하여 객관적으로 형성된 사슬형 관련관계형태이다. 즉 기업이 자기의 상품생산흐름에 근거하여 형성한 사슬 또는 그물형 조직구조이기도 하다. Houlihan(1998)은 산업망은 공급업체, 생산업체 또는 유통업체, 최종소비자의 모든 물질 흐름의 사슬형 연결이라고 여겼다. Stevens는 이러한 기초 위에서 산업망에는 피드백한 물류와 정보류가 관통하고 있다고 강조하였다. 이는 산업망은 단지 상품유통의 사슬형 연결이 아니라 동시에 정보류와 기능이동이기도 하다는 것을 의미하며 이는 산업망의 유일 상품론을 깨뜨렸고 정보의 중요성을 돌출시켰다. 이심근(李心芹)과 이사명(李仕明)등은(2004) 산업망은 어떤 산업에서 경쟁우세를 가지고 있거나 또는 잠재력을 가진 핵심기업이 일정한 지리적 구역 내에서 관련된 산업의 기업과 자본, 상품, 기술 등을 연결고리로 하여 결성한 가치부가 기능이 있는 전략관계망이라고 여겼다.

Harrison (1993)은 가치네트워크의 개념에서 시작하여 산업망은 원자재구매이며 그들을 중간상품과 완성품으로 전환하고 또한 완성품을 고객에게 판매하는 기능네트워크라고 여겼다. 비록 Harrison은 네트워크의 개념을 언급했지만 그가 산업망에 대한 정의는 다만 단일적인 요약이며 네트워크의 범위 폭을 나타내지 못했다.

공근림(龔勤林)(2014)은 산업망은 종방향과 횡방향 두 가지 방면을 포함한다고 밝혔다. 그는 종 방향 산업망을 연장 산업망이라고 불렀고 산업망의 상하류가 확장되고 연장되는 것을 가리키며; 황 방향 산업망을 연결 산업망이라고 불렀고 일정한 지역공간범위 내에서 직접적으로 연결되지 않은 산업부문을 어떤 산업합작형식의 힘을 빌려 연결하는 것을 가리킨다. 유강(劉剛)은 산업망은 응당 서로 다른 산업의 기업이 구성된 하나의 공간조직형식이어야 하며 즉 서로 다른 산업에서 기업의 공급, 수요관계이며 이 분석은 푸드의 가치망 기초 위에서 구축되었다. 유귀복(劉貴富)과 조영재(趙英才)(2006)는 산업망은 서로 다른 산업의 기업 간의 교환관계를 바라볼 뿐만 아니라 또 일정한 지역범위 내에서 동일산업부문 또는 서로 다른 산업부문의 어떤 입종에서 경쟁력 있는 기업 및 관련기업이 상품을 연결고리로 하여 논리와 공간연결에 근거하여 연결된 부가가치기능이 있는 그물형 기업전략연맹을 포함한다고 밝혔다.

장철남(張鐵男)등 사람들은(2005) 산업망은 관련 산업을 한곳에 연결시켜 서로 다른 산업영역간의 일정한 관계를 나타낸다고 강조하였다. 그는 산업망에서 응당 정보류, 물류 및 자금흐름에 대한 통제를 강조해야 하며 따라서 공급업체, 제조업체, 도매업체, 소매업체, 최종고객을 포함한 기능망조직형식을 형성하며 이 기능망 구조형식은 아래 과정을 통하여 형성한 것이다: 서로 다른 가치창조의 직능을 담당하는 상호 연결된 산업이 핵심적인 산업을 에워싸고 판매망을 통하여 상품을 소비자에게 배송한다고 여겼다. 상기 학자들은 모두 산업망의 비단일성을 강조하였으며 산업망은 응당 하나의 공간개념이고 하나의 그물형 구조여야 하며 그리하여 가치창조과정에서 간단하게 종 방향의 상하류 사슬에만 초점을 맞추지 말고 응당 더욱 큰 범위 내에서 가치의 부가가치를 찾아야 한다고 밝혔다. 본문 작가는 산업망은 하나의 입체적인 공간네트워크구조이며 그는 산업망 내의 핵심기업이 사슬내의 상류, 정보류, 물류, 자금흐름에 대한 통제를 통하여 공급업체, 제조업체, 도매업체, 소매업체 및 최종고객을 연결하여 형성된 것이라고 여기는데 치우쳤다.

12.4

네트워크 산업망의 집성자

위에서 산업망의 내포된 의미에 대한 분석을 통하여 우리는 공간네트워크구조를 가진 산업망에서 산업혁신을 발견할 수 있으며 산업망의 정의의 범위로 인하여 산업혁신은 종 방향 가치 발굴, 횡 방향 범위확장 및 횡 방향과 종 방향의 중복연장을 통하여 실현될 수 있음을 볼 수 있다. 이중에서 가치증량의 최대수익자는 두말할 것 없이 산업망 내의 핵심기업이며 그들은 사슬중의 상류, 자금흐름, 물류 및 정보류를 통제할 수 있기 때문이다. 그리하여 기업의 전략선택은 응당 핵심기업을 향해야 하며 즉 더욱 큰 산업범위를 향하여 산업분포를 해야 한다.

현재 많은 학자들이 산업망의 비선형구조를 주시하고 있으며 이 기초 위에서 어떤 사람이 모듈화 그물형 산업망을 언급하였고 그리하여 모듈화는 점차적으로 연구의 중점이 되었다. 모듈화는 처음에 기술개념으로 기계제조영역에 사용하였다. Langlois and Robertson(1992)은 모듈화는 주요하게 제조업에 거냥하여 이야기하는 것이며 그는 어떤 복잡한 상품을 한 개 한 개의 부품으로 분해하여 각 부품을 독립적으로 제조할 수 있게 하고 경계구격의 표준화를 통하여 각 부품 간에 고도의 독립성 또는 '느슨한 결합'을 이루게 하며 따라서 상품성능과 품질에 영향을 끼치지 않는 전제하에 상품의 각자제조와 생산을 실현하는 것을 가리킨다고 밝혔다.

상품의 각 부품생산이 느슨한 결합성을 가지고 있기 때문에 각 부품의 독립적인 설계, 생산은 책임부서에서 전문적인 기능교육을 할 수 있게 하여 진일보 적으로 부품의 성능과 품질을 향상시켰고 그리하여 모듈화는 많은 복잡한 상품생산의 제조방식이 되었다. 후에 기업업무의 아웃소싱과 기업 간의 합작설계, 생산 등 활동의 유행에 따라 모듈화의 연구는 더욱 앞으로 나아갔다.

아오키 마사히코(靑木昌彦)(2003)는 모듈은 바로 '반 자율적인 서브시스템이며 기타 동일한 서브시스템과 일정한 규칙에 따른 상호연결을 통하여 구성된 더욱 복잡한 시스템 또는 과정이다'라고 여겼다. 어떤 시스템을 일정한 요구에 따라 분해를 진행하여 그것이 한 개 한 개의 독립 또는 반자주의 서버시스템으로 만드는 것을 '모듈의 분해'라고 하며 각각의 독립적으로 설계한 시스템을 일정한 논리에 따라 조합하는 것을 '모듈집중화'라고 한다. 모듈화의 구조는 3가지 특색이 있다: 첫 번째는 '보이는' 문제다. 이는 각 모듈 간에 보이는 설계계획이 있어야 함을 요구한다. 각 모듈의 접촉면에 통용하는 기준이 있어야 한다; 두 번째는 모듈의 '블랙박스'부분이다. 즉 각각의 모듈은 독립성이 있어 통용하는 설계계획을 따르기만 하고 구체적인 모듈내부의 설계조작은 자기가 진행하면 된다. 이는 모듈의 혁신에 편하다. 세 번째는 모듈의 '집합'시스템이며 각 모듈의 집합후의 협조, 통합 등 문제를 책임진다. 모듈구조의 특징으로 볼 때 규칙의 제정과 마지막 모듈의 집합은 전체 시스템의 통일된 계획이며 규칙은 참여자의 모듈수량을 결정하고 집합은 최종적으로 가치를 생산하는 곳이다. 만약 기업이 이 두 가지 방면에서 자기의 핵심능력을 키우면 전체 시스템의 핵심위치에 처할 수 있다. 노드의 관건적인 정보를 알면 바로 '구조적 구멍'의 위치를 차지할 수도 있다.

오늘날 고객수요는 변화무쌍하며 단일한 기업은 자기만의 역량으로는 고객의 수요를 만족시킬 수 없으므로 반드시 함께 합작해야 한다. 각 기업은 마치 한 개 한 개의 모듈이 산업망에서 합쳐지는 것과 같고 연결된 경계는 반드시 우성의 지식으로 붙여야 한다. 각각의 모듈의 지식은 묵시적이며 모듈기업의 내부특색을 형성하는데 사용된다. 모듈화의 개념의 도움을 빌려 작가는 기업의 전략은 응당 산업망 중의 집성자를 바라봐야 한다고 여겼으며 각 모듈(독립된 기업)이 제공하는 상품과 서비스의 집성자로서 기준을 조율하거나 제정하는 것을 통하여 모듈을 고객의 수요에 따라 조립을 하여 고객에게 더욱 좋은 상품과 서비스를 제공한다. 작가는 여기에서 강조하는 '합'은 집성자는 반드시 '서비스' 상품이 있어야 하며 심지어 주요하게 '서비스' 상품이어야 함을 의미한다. 여기의 서비스는 주요하게 고객에게 전면적인 해결방안 및 산업망 중의 각 모듈기업을 위하여 원활한 상호연결메커니즘을 제공하여 사슬중의 정보류, 자금흐름, 물류 및 상류가 제때에 흐르게 하는 것을 가리킨다. 본문은 주요하게 산서송풍기(陝西鼓风机)(그룹)유한공사(이하 산서송풍기라고 약칭)를 사례로 기업이 그물형 산업망의 집성자를 전략방향으로 한 성장과정을 설명한다.

12.5

산서송풍기 사례분석

　산서송풍기(그룹)유한공사는 1968년에 설립하였으며 2000년 이전에 산서송풍기는 중국의 전통적인 송풍기설비생산과 경영기업이지만 후에 기업의 전략에 변화가 발생하였고 더 나아가서 경쟁지위와 경영성과도 큰 변화가 나타났다. 현재 산서송풍기그룹은 산하에 산고동력, 산고부품, 산고서의, 산고서과와 산고실업 5개 자회사가 있으며 고객에게 다각도로 동력설비시스템문제의 해결방안을 제공하는 공급업체과 시스템 서비스업체이며 그들의 전통상품은 축류압축기, 에너지회수 빔 장치, 이심 압축기, 이심송풍기, 환풍기 및 지능관측제어기, 지능 전송기, 공업 보일러, 일이류 압력용기, 군용개조자동차 등이 있다. 2001년-2008년에 기업규모는 4억 위안에서 50억 위안으로 빠르게 성장하였다. 2002년부터 산서송풍기그룹은 국내 같은 산업에서 선구 자리를 차지하였으며; 2009년에 산서송풍기는 중국브랜드 500강에 선정되었고 브랜드가치는 185.77위안이었다. 21세기에 들어온 후 전통제조기업의 생존은 갈수록 어려워졌다. 산서송풍기의 발전난관에 부딪친 동사장 인건안(印建安)은 기업의 전략전형을 계획하기 시작하였으며 기업이 네트워크산업망의 집성자로서의 단조의 여행을 시작하였다.

　2001년 전략전형이래 산서송풍기의 발전과정은 3개 단계로 나눌 수 있다.

즉 산업망의 종향집합, 산업망의 횡향집합 및 산업망의 공간집합이다.

1. 첫 번째 단계: 산업망의 종향집합

산업망의 종향집합단계는 주요하게 산서송풍기가 고객에게 자체 생산한 주요설비를 제공하는 것 외에 또 전문적인 개조서비스를 제공하며 주요하게 고객에게 전문적인 A/S서비스를 제공하는 것을 가리킨다. 산서송풍기 상품의 기술수준이 비교적 높아 상품의 수리가 비교적 복잡하므로 산서송풍기는 자체적으로 전문적인 A/S팀을 설립하여 고객에게 전문적인 A/S서비스를 제공하고 동시에 고객의 낡은 설비에 대하여 업그레이드를 해주기로 결정하였다. 이는 고객이 장기적으로 A/S직원을 고용하는 원가에서 벗어날 수 있게 했을 뿐만 아니라 산서송풍기가 고객에게 더욱 친근하게 다가가게 했고 기존상품을 더욱 잘 업그레이드시켜 상품의 시장주문을 증가시켰다.

2. 두 번째 단계: 산업망의 횡향집합

산업망의 횡향집합단계는 산서송풍기가 애프터서비스에 침투했을 뿐만 아니라 고객의 설비운행상태에 내한 원거리감시 서비스를 추가하였으며 또 자기의 업무범위를 확장하였고 고객을 위하여 부품관리를 진행하였음을 가리킨다. 산서송풍기의 상품은 주요하게 대형송풍기이며 대형 송풍기는 일단 문제가 발생하면 기계를 멈추고 수리를 해야 하므로 고객에게 비교적 큰 경제손실을 초래한다. 인터넷기술의 발전을 감안하여 산서송풍기는 인터넷요소를 자기의 산업망에 가입시켜 인터넷에 기초한 과정검측 및 고장진단시스템을 연구 개발하였다. 이 시스템을 통하여 산서송풍기는 종합관리감독 정보플랫폼을 구축하여 고객의 설비에 대하여 실시간 원거리모니터링을 하고 설비의 운행상황을 알아내며 설비에 나타난 모든 비정상에 대하여 고객에게 제때에 경고를 주고 또한 문제가 발생하기 전에 해결방안을 주었다. 이와 동시에 산서송풍기는 또 고객을 도와 일부분 자금 묶임의 문제를 해결해주었다. 산서송풍기의 설비는 대부분 기업운영의 핵심설비이고 가치가 비교적 높으며 기업의 운영에 영향력이 비교적 크므로 정상적인 생산운행을 보장하기 위하여 기업은 일반적으로 관련설비의 부품을 구매하여 긴급한 상황이 발생하는 것을 방지했다. 이런 부품의 구매는 기업의 자금을 묶어둘 뿐만 아니라 또 기업이 재고에 대하여 관리해야 하므로 이는 기업의 원가를 증가시켰다. 그리하여 산서송풍기는 고객의 부품관리 영역에 들어가서 부품의 구매와 관리 원가를 책임졌다. 고객이 필요시에 산서송풍기에게 빌릴 수 있으며 산서송풍기는 일정한 임대비용을 받았다.

3. 세 번째 단계: 산업망의 공간집합

이 단계에서 산서송풍기는 주요하게 해결방안 공급업체와 시스템 서비스업체가 되어 전면적으로 산업망 내의 정보류, 자금흐름, 물류 및 상류를 통제하여 고객수요를 만족시키려고 온 힘을 다하였다. 산서송풍기는 고객에게 원스톱 서비스를 제공하려면 반드시 기타 공급업체의 힘을 빌려야 하는데 각각의 공급업체상품의 기준은 해결해야 하는 첫 번째 문제이다. 산서송풍기는 기업의 외부자원협동네트워크-공급업체 전략 협동망을 구축하여 경쟁력 있는 공급업체를 통합하였다. 산서송풍기는 정기적으로 공급업체연회를 열어 다방면의 소통을 진행하고 공급업체와 함께 기술연구개발을 진행하며 각 기업의 접속구의 통용기준을 구축하여 우성지식의 유통을 가속화하였고 따라서 고객을 위하여 해결방안을 설계하고 또한 다각도의 서비스를 더욱 잘 제공하였다.

산업망의 집성자로서 산서송풍기는 4류(四流, 4가지 흐름)를 통제하여 더욱 좋은 전체적인 결정을 해야 하는데 자금흐름은 의심할 바 없이 사슬중의 난관이었다. 그리하여 산서송풍기는 공급망의 융자관리에 발을 들여서 자금이 부족한 고객을 위하여 자금지원을 제공하였다. 2004년 이래 산서송풍기는 중국공상은행 등 여러 은행과 전략합작관계를 구축하여 자기의 은행에서 가지고 있는 높은 신용등급으로 고객에게 담보를 제공하였으며 그들의 자금문제를 해결해주었다. 다음, 산서송풍기는 전문적으로 계약관리센터와 재무센터를 설립하여 공급망 융자를 관리하고 융통창(融通倉) 업무를 전개하였으며 자기자본 및 은행의 여신을 이용하여 관건적인 고객에게 동산저당과 창고증권저당 또는 담보에 기초하는 자금융통을 전개하였다. 마지막으로 산서송풍기는 또 융자 임대 업무를 전개하였으며 고객은 매닌 수익의 일부분을 산서송풍기에 지불하여 임대료로 하면 된다.

산서송풍기의 집합은 이것으로 끝나지 않았다. 그는 서안(西安)에서

56개 협력회사를 조직하여 '산서송풍기 패키지기술 및 설비 협동망'을 설립하였다. 이 네트워크는 통용전기, 독일지멘스 등을 포함한 세계 유명회사들도 끌어당겨 가입하게 하였다. 이 네트워크를 통하여 각 참여기업간의 자원공유, 기술연합연구개발을 실현하여 산업의 지식혁신을 빠르게 하고 산업이 더욱 좋은 발전을 할 수 있게 하였다.

결론

　위에서 이야기한 발전단계로 볼 때 산서송풍기는 한걸음 한 걸음 자신의 경험 및 명확한 전략방향의 힘을 빌려 점차적으로 인터넷 산업망의 집성자가 된 것이며 이 과정은 단번에 도달할 수 없었다. 마치 앞 문장에서 예기한 것처럼 산업망의 집성자는 자금류, 상류, 정보류 및 물류를 더욱 잘 통제할 수 있고 따라서 '구조적 구멍'의 위치에 처하게 되며 이런 위치는 기업이 고객의 수요를 더욱 잘 만족시키게 하고 또한 더욱 큰 능력으로 산업의 혁신을 완성하게 한다.

　산서송풍기는 산업에 대하여 새롭게 컨셉을 진행하고 여러 가지 요소에 가입하여 산업의 지속적인 발전을 실현하였으며 기업이 산업주기의 속박을 벗어나 나선형 상승의 발전추세를 형성하게 하였다.

참고문헌

1) 푸드. 경쟁우세. 북경: 중신출판사, 2014.

2) 도객심, 로즈웰. 산업혁신수첩. 북경: 청화대학출판사, 2000

3) 영문

4) 영문

5) 안금명. 산업혁신의 단계성과 영향요소연구.
   기업기술진보, 2007(11): 23-24

6) 영문

7) 이심금, 이사명, 란영. 산업망구조유형연구. 전자과학기술대학
   학자보(사회과학판), 2004 (4): 60-63.

8) 영문

9) 공근림. 산업망연장과 종합준비구역의 발전을 논하다. 이론 탐구,
   2014, 3 (118): 62-63

10) 유강. 산업망에 기초한 지식과 혁신구조연구. 상업경제와 관리, 2005
    (11): 13-17

11) 유귀복, 조영재. 산업망: 내포된 의미, 특성 및 그들의 표현형식.
    재정이론과 실천, 2006 (3): 114-117

12) 장철남, 나효매. 산업망 분석 및 그 전략일환의 확정연구.

공업기술경제, 2005 (6): 77-78

13) 영문

14) 청목창연, 안등청연. 모듈시대: 새로운 산업구조의 본질. 상해:

원동출판사, 2003.

15) 양재군, 고걸, 손임암. 상품서비스 시스템의 분류 및 진화-

산서송풍시의 사례연구, 중국과학기술포럼, 2011 (2): 59-65.

16) 송화, 우亢亢. 서비스공급망의 구조혁신형식, 상업경제와 관리,

2008 (7):4-10.

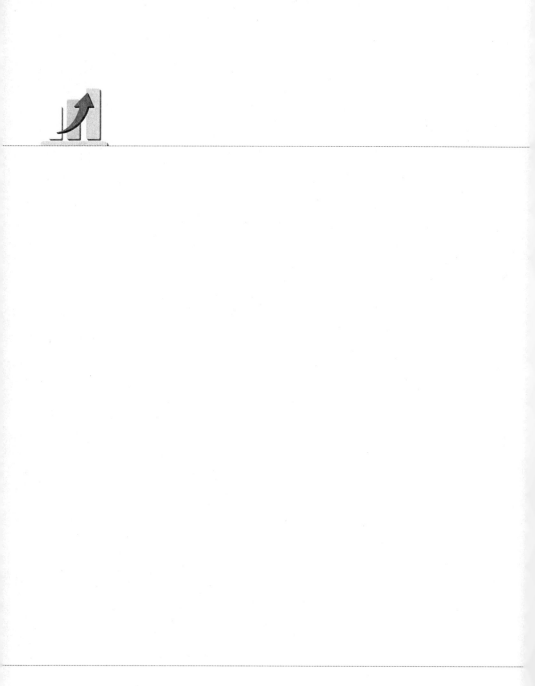

제13장

기업혁신의 새로운 길-조직 모듈화와 내부창업을 기초로 하는 통합형식 분석

13.1

머리말

〈포브스〉잡지가 2014년 전 세계 제일 혁신력이 있는 100강 기업순위를 발표하였는데 바이두, 애플, 텐센트, 구글, 마이크로소프트, 페이스북 등 세계 유명브랜드들이 모두 선정되었으며 이 기업들은 시장점유율과 기업의 영업수입에서 연속 좋은 성과를 냈을 뿐만 아니라 또한 모두 혁신과 돌파를 모색하여 업계추세를 리드하는 사명을 실현하려고 노력하였다.

이런 대형기업 외에 오늘날 치열한 경쟁의 환경에서 생존의 자리를 얻으려고 많은 중소기업도 잇달아 혁신을 모색하고 시대의 흐름을 바싹 뒤따랐다. 혁신은 기업발전의 영혼이며 오직 혁신을 전략지위로 향상시키고 또한 그것을 핵심으로 각 운영을 전개하여야 기업이 경쟁 속에서 수동에서 주동으로 바뀌게 된다. 하지만 혁신은 쉬운 일이 아니며 특히 일정한 역사가 있는 대기업에게 있어서 경로의존성, 관성행위가 존재함으로 효율적인 혁신은 더욱 어렵다.

하지만 혁신에 대한 연구는 줄곧 진행되었다. 최근 몇 년 동안 조직 모듈화와 내부창업의 연구는 학술계에서 사랑을 받는 새로운 방향이 되었으며 학자들은 각각 그것과 혁신의 관계에 대하여 깊은 탐구를 하였다. 모듈화는 '백투백'의 메커니즘에 의존하여 기업이 상품혁신을 할 수 있도록 불러일으킬 수 있지만 내부창업은 직원이 자기의 창업을 실질적인 행동으로 전환하도록 격려하는 회사정책이다. 하지만 예전의 연구는 다만 모듈화와 내부창업의 각각 기업혁신에 대한 영향에 관심을 기울였고 양자의 효율적인 결합이 기업혁신활동에 대한 작용을 탐구하지 않았다.

　본 문장은 통합의 시각에서 관련 모듈화와 내부창업과 혁신과의 관계를 연구한 것을 뒤돌아보는 기초 위에서 이 두 가지 영역연구의 부족한 부분을 지적하였으며 이 두 가지 이론시각의 서로 다른 특징에 근거하여 양자결합의 이론기초와 실천토대를 탐구하였고 또한 통합한 이론 모형프레임을 제시하였으며 약간의 구체적인 사례를 결합하여 이런 통합한 이론사상이 어떻게 기업혁신의 새로운 경로를 위하여 작용을 발휘하고 또한 실천을 지도할 것인가 설명하였으며 혁신이론의 연구에 새로운 지식을 증가하고 실천계에 일정한 공헌을 하는 것을 목적으로 하였다.

모듈화와 기업혁신

13.2.1 모듈과 모듈화

1. 모듈

　모듈의 개념은 처음에 제조업에서 운용되었고 그는 복잡한 상품을 각각의 부품으로 분해하여 각 부품을 독립적으로 제조할 수 있게 하며 경계규격의 표준화를 통하여 각 부품 간에 고도의 독립성 또는 '느슨한 결합'을 실현하고 따라서 상품성능과 품질이 영향을 받지 않는 전제하에 상품의 별도 제조와 생산을 하는 것을 가리킨다. 상품의 각 부품생산이 느슨한 결합성을 가지고 있고 각 부품의 독립적인 설계, 생산은 책임진 부서가 전문적인 기능교육을 받을 수 있게 하여 진일보 적으로 부품의 성능과 품질을 향상시킬 수 있으므로 모듈화는 많은 복잡한 상품의 제조방식이 되었다.

　Baldwin과 Clark는 1997년에 〈하버드상업평론〉에서 〈모듈시대의 관리〉라는 문장을 발표하였고 학술계의 모듈화 연구에 대한 사랑을 불러일으켰다. 뒤이어 Baldwin과 Clark는 모듈은 바로 대형 시스템의 부차적 단원이며 이런 단원은 비록 구조상 상호 독립적이지만 일정한 접속구를 통하여 일정한 논리에 따라 연결할 수 있으며 따라서 공동으로 작용을 발휘할 수 있다고 밝혔다. 모듈은 외부를 연결하는 접속구가 있고 그 자신은 하나의 '블랙박스'이며 모듈 연결자는 통상 모듈의 기능과 입력, 출력 접속구만 알면 시스템을 구축할 수 있으며 그 내부의 구체적인 조작과 구성을 깊게 탐구할 필요가 없다. 말하자면 모듈은 중용가능성, 중복구성가능성과 확장가능성 등 특성을 가지고 있다. 모듈은 하나의 독립 또는 반독립의 서버시스템이므로 그는 기타 모듈과 중복하여 연결할 수 있으며 즉 중복가능성을 나타내고; 모듈간에 조합방식의 서로 다름으로 인하여 서로 다른 복잡한 시스템을 형성할 수 있으므로 중복구성가능성이 있으며; 물론 모듈자체는 개량과 기능의 확장을 통하여 확장가능성을 얻을 수 있다. 후에 Baldwin과 Clark는 모듈화 조작은 6가지 방식이 있으며 분할, 대체, 확장, 배척, 귀납과 이식을 포함한다고 제기했다.

학술계는 모듈의 구체적인 내포된 의미에 대하여 비교적 일치한 견해를 가지고 있다. 하지만 모듈화에 대하여 서로 다른 이론시각과 연구목적에 따라 학자들의 정의는 서로 다르게 치중하는 부분이 있다.

2. 모듈화

Simon은 먼저 모듈화 이론에 대하여 연구를 진행했고 그는 모듈화는 복잡한 시스템의 균형 있는 발전을 촉진할 수 있는 구체적인 구조이며 모듈화를 강조하는 것은 복잡한 시스템문제를 해결하는 한 가지 방법이라고 밝혔다. 협의의 정의에서 예기하면 상품의 모듈화는 일정한 범위 내에서 어떤 생산과정이 복잡한 상품에 대하여 기능분석과 분해를 진행하고 이 기초에서 구분, 설계 및 일련의 통용모듈 또는 표준모듈을 생산하며 그리고 일정한 논리에 따라 서로 다른 상품을 구성하는 것을 가리킨다.

예를 들어 Baldwin and Clark(1997)은 모듈화의 핵심은 비교적 작은 또한 독립적으로 기능설계를 할 수 있는 서버시스템을 사용하여 복잡한 상품 또는 서비스를 만드는데 있다고 여겼다. Foss와 Link는 모듈화는 어떤 상품생산체계에 기초한 업무재설계라고 여겼다.

광의의 정의에서 예기하면 모듈화는 모든 전형적인 통용단원으로 구성된 사물을 가리킨다. 청목창연은 모듈화는 어떤 복잡한 시스템 또는 과정을 연결규칙에 근거하여 독립적으로 설계할 수 있는 반자율성 서버시스템으로 분해하는 과정이고 즉 모듈의 분해이며; 또는 어떤 연결규칙에 따라 독립적으로 설계할 수 있는 서버시스템(모듈)을 통일시켜 더욱 복잡한 시스템을 구성하는 과정이며 즉 모듈의 집중과 통합이라고 여겼다. 손효봉(孫曉峰)은 모듈화는 노동분공과 지식분공의 기초에서 복잡한 시스템을 상호독립적인 구성부분으로 분해하고 또 접속구를 통하여 분해한 부분들을 하나의 완전한 시스템으로 연결하는 것이라고 밝혔다.

이 각도에서 볼 때 모듈화의 구조는 3가지 특색이 있다: 첫 번째는 '보이는 것'의 문제이며 이는 각 모듈 간에 보이는 설계계획이 있어야 함을 요구하고 즉 각 모듈의 접속구 경계에 통용하는 기준이 있어야 하며; 두 번째는 모듈의 '블랙박스'부분이며 즉 각 모듈은 독립성이 있어 다만 통용하는 설계규칙만 지키고 구체적인 내부의 설계조작은 자기가 진행하면 된다. 이는 모듈의 혁신에 편리하다; 세 번째는 모듈의 '집합'시스템이며 각 모듈의 집합후의 협조, 통합 등 문제를 책임진다.

3. 모듈화조직

상품과 생산을 모듈화 이후 필연코 상응하는 조직이 이것과 대응할 것을 요구하며 이렇게 모듈화 조직이 형성되었다. Sanchez and Mahoney는 모듈화 조직은 모듈화 상품 생산과정의 느슨한 결합의 조직형식이라고 여겼다. 모든 모듈은 독립적이거나 또는 반자주의 구조이므로 조직중의 모든 모듈은 반드시 자치능력이 있어야 하며 이는 전통적인 요식구조의 속박을 깨뜨렸고 조직중의 각 모듈간의 소통이 더욱 원활하고 피차간의 영향이 점차적으로 작아지며 조직의 유연성이 더해지게 하였다.

Daftand Lewin(1993)은 모듈화 조직은 '내부의 상호 연결하는 협조와 자체조직의 과정을 통하여 조직의 유연성을 이루고 곡선효과를 배우는 한 가지 신형조직본보기'라고 생각했다. 모듈화 조직에서 생산은 한 개 기업에 국한되지 않으며 기업의 가치망에서 각 기업이 공동으로 완성하는 것이다. 이런 형식은 블록장난감과 비슷하다. 서로 다른 독립적인 블록을 선택하여 구축하는 것을 통하여 서로 다른 최종상품을 얻으므로 각 모듈간의 연결은 융통성이 있다. 위 문장에서 묘사한 모듈화구조의 3가지 특색에서 볼 수 있듯이 모듈화 조직에는 각 세분모듈부품 및 부품을 통합한 모듈통합기업이 있다. 전반적으로 예기하면 모듈화 조직은 아래 몇 가지 특징이 있다:

1) 모듈화 조직은 외부정보를 더욱 잘 받아들인다. 각각의 자치적인 독립시스템부품으로 구성되고 모든 부품은 독립적으로 외부정보를 접할 수 있으므로 전체 조식은 최대한도로 환경정보를 접할 수 있고 환경의 변화에 더욱 잘 대응할 수 있다.

2) 모듈화 조직은 개방성을 가지고 있다. 각 부품은 모두 에너지 입력과 출력의 접속구가 있으며 외부환경과 에너지 교환을 할 수 있다. 전체 조직의 중복구성가능성은 조직이 환경에 대하여 포용성을 가질 수 있게 하였으며 더욱 많은 구성원이 가입하는 것을 포용하고 조직의 최종산출을 변화시키며 또는 조직의 성과를 향상시킬 수 있다.

3) 모듈화 조직은 혁신을 더욱 잘 촉진할 수 있다. 각 부품의 '백투백'식의 경쟁메커니즘은 각 세분모듈이 끊임없이 자신의 완벽함과 혁신을 추구하고 전체 시스템에서 중요한 위치를 차지하여 더욱 큰 이익을 얻으려고 노력하게 하였다. 이 또한 전체 조직이 더욱 큰 손실을 감당하지 않는 상황에서 불합격의 세분모듈을 전체 시스템에서 제거하게 하였다.

4) 모듈화 조직은 구성원 간에 합작을 강조한다. 왜냐면 각 모듈의 연결은 각각의 세분모듈이 상호 협조할 것을 요구하며 합작하여 작용을 발휘해야만 모듈화 조직은 무질서한 상태에서 질서 있는 상태로 진화되기 때문이다.

5) 모듈화 구성원간의 지위는 불평등하다. 어떤 구성원들은 더욱 중요한 위치에 있으면서 자기의 핵심능력을 발휘하는 것을 통하여 자기가 점차적으로 시스템의 핵심위치에 처하도록 하며 다른 일부 구성원들은 세분모듈의 대체가능성 및 '블랙박스' 조작의 간이화로 인하여 비교적 낮은 단계에 처하게 된다.

위에 특징을 감안하여 모듈화 조직은 구성원간의 경쟁과 합작관계를 불러일으킬 수 있다. 왜냐면 핵심기업은 시스템의 수익을 더욱 많이 얻을 수 있기 때문이다.

4. 모듈화 조직의 혁신

각 참여자는 공동경계의 표준을 지키는 전제하에 독립적으로 내부의 활동을 전개하여 각 모듈이 '블랙박스'가 되게 하였고 각 참여자는 상대방의 '보이는 정보부분'과 마지막에 나타난 상품만 볼 수 있으며 생성된 메커니즘을 알 수 없다. 그리하여 '백투백'식의 경쟁은 격려효과가 있으며 세분모듈의 혁신능력을 불러일으킬 수 있다. 모듈화 조직이 형성한 인터넷시스템에서 각 세분모듈은 서로 간에 완벽하게 연결되려면 반드시 정보를 공유해야 한다. 시스템에서의 핵심기업도 즉 모듈통합자도 시스템의 운행을 더욱 잘 제어하기 위하여 필연코 자원과 정보의 공유와 상호보완을 촉진하며 자원의 불합리한 이용을 방지하고 자원의 배치효율을 향상시킬 것이다. 각 모듈은 정보채널증가, 자원공유 등을 통하여 혁신의 시행착오 원가를 낮추고 기업이 굽은 길을 적게 가도록 하고 혁신의 실행가능성을 향상시킨다. 만약 세분모듈의 혁신이 전체 시스템에 유리하면 핵심통합자는 필연코 그를 지원하여 혁신이 효율로 전환되게 한다.

각 세분모듈의 혁신은 자연적으로 전체 시스템의 혁신을 불러일으키며 따라서 촉진효과를 형성한다. 모듈화는 기업조직혁신의 가능성을 향상시킨다. 분공과 합작은 기업을 도와 혁신의 성공률을 향상시키며 더 나아가서 혁신성과의 효과적인 전환을 실현할 수 있다. 전체적인 혁신의 흐름에서 시작하여 기업의 혁신을 촉진하고 그를 도와 독특한 경쟁우세를 구축하고 유지하게 하며 시장지위를 얻게 할 수 있다. 학자들의 연구는 이점을 충분히 증명하였다. 현재 모듈화 조직 또는 조직모듈화의 연구는 주요하게 체계론, 모듈화사상 등 영역에 집중되어 있으며 학제적영역의 상호교류가 부족하고 모듈화사상과 기업의 창업사고방식, 내부창업활동을 연결시키지 못했다. 창업동기, 내부창업활동 등은 기업을 도와 더욱 좋은 모듈화 발전을 실현하고 기업혁신의 실현을 추진할 수 있다.

13.2.2 내부창업

1. 창업의 내포된 의미

창업은 현재 학술연구의 핫한 영역으로 창업의 개념자체가 포함한 자주성, 혁신성과 리스크 부담성 등은 혁신이 강조하는 현 상태 타파, 돌파모색, 상품과 흐름혁신 등과 밀접하게 연관되어 있다.

창업의 내포된 의미는 매우 풍부하며 기업은 창업의 사고방식이 있어야 하는 것 외에 또 내부에서 좋은 창업분위기를 조성해야 하고 또한 준법한 흐름도, 제도 등을 제공하여 창업활동을 보장하고 지지해야 한다. 우리는 여기에서 주요하게 내부창업과 모듈화의 관점을 토론하여 혁신연구의 이론범위를 확장하고 또한 이론구도를 제시하여 관리실천에 대하여 일정한 지도 작용을 발휘하기를 기대한다.

2. 내부창업의 내포된 의미

경제글로벌과 기술혁신속도가 빨라짐에 따라 기업생존과 발전의 문제는 진일보 적으로 뚜렷해졌고 기업대형화는 발전의 필연추세였다. 하지만 대기업은 보편적으로 효율저하, 반응지연, 직원의 적극성하락 등 문제들이 있다. 대기업이 자신들의 우세를 유지하는 동시에 어떻게 소형기업의 융통성과 창업능력을 계속 유지할 것인가는 학술계와 실천계에서 토론하는 과제중의 하나가 되었으며 이로부터 내부창업이라는 이론을 끌어냈다.

내부창업은 창업영역 연구의 중점이며 서로 다른 학자들이 내부창업에 대한 견해는 각자 달랐다. Pinchot는 내부창업은 회사내부의 창업정신을 가리킨다고 여겼다. Brugelman은 내부창업을 조직내부의 창업자원과 직원을 이용하여 새로운 업무를 구성하는 것이라고 확정하였다. Carrier은 내부창업은 주요하게 조직이 수익성과 경쟁력을 향상시키기 위하여 기업 내에서 새로운 업무를 만드는 과정이라고 여겼다. Morris는 내부창업은 개인 도는 단체가 현재조직내부에서 새로운 기관 또는 프로젝트를 구성하는 것을 통하여 형성된 창업 또는 혁신에 관련된 활동이라고 밝혔다.

우리나라 학자 이양(李洋)은 내부창업과 개인의 창업은 응당 구분이 되어야 한다고 밝혔다. 그는 내부창업은 기업내부 직원이 조직의 지지 하에 진행하는 창업활동이며 직원은 응당 기업과 함께 리스크를 부담하고 성과를 나누어야 한다고 여겼다. 이런 창업형식은 개인 창업과 기업창업의 유기적인 결합하며 창업자와 기업의 공동경제이익을 실현하는 제도배치이다. 내부창업의 목표는 회사에 더욱 많은 가치를 창조하는 것이다. 사실상 내부창업은 많은 대기업이 내부혁신활력의 부족 등 문제를 해결하기 위하여 취하는 조치이며 대부분은 내부직원을 격려하여 기업의 전체적인 발전전략을 중심으로 하여 창업활동을 전개하고 직원과 기업이 함께 창업리스크를 부담하고 창업성과를 나누는 것이다.

전반적으로 볼 때 내부창업은 대기업을 도와 반응이 느리고 제자리를 걸음 하는 등 문제를 해결하고 기업의 혁신능력을 불러일으킬 수 있고; 직원을 격려하여 기업의 핵심적인 업무를 중심으로 창업활동을 전개할 수 있으며; 기업이 비 핵심 업무에서 벗어나 자기의 핵심능력에 초점을 맞추어 시장경쟁에 참여하는데 유리하며 이것으로 더욱 높은 직책을 창조하여 우수한 인재를 잡을 수 있다. 만약 기업이 창업기업에 어느 정도 투자를 했다면 또 일정한 재무 효과도 얻을 수 있는 기회가 있다.

13.2.3 내부창업과 혁신

내부창업과 기업혁신의 실증연구에 관하여 학술계에서는 현재 비교적 부족하다. 이는 주요하게 내부창업이 수량화되기 어렵고 창업과 혁신의 내포된 의미가 비교적 가깝기 때문이다.

하지만 이 양자 간의 관계는 잘 보인다. 현 상태에 만족하지 않고 관례를 깨뜨리는 것을 강조하는 특징은 양자 간에 직접적인 순방향관계가 존재하게 하였으며 이는 내부창업과 모듈화 사상을 통합할 때의 실행가능성을 반영하였다.

13.2.4 내부창업, 모듈화와 혁신

모듈화는 하나의 사상이고 또 혁신을 실현하는 한 가지 수단이다. 어떻게 모듈화를 실현할 것인가에 대하여 학술계에서는 비교적 깊은 토론이 있지만 내부창업의 사상을 모듈화하고 더 나아가서 혁신과 연결시킨 연구는 아직 존재하지 않는다. 내부창업의 사상을 모듈화중에 응용하여 모듈화과정이 사람들의 자주정신과 능력을 더욱 중시하게 하고; 규정과 절차를 지키는 것을 강조하는 전제하에 엄격하게 규칙적으로 일을 하게 하였다. 도표13-1에서와 같이 우리의 이론모형은 주요하게 아래 몇 가지 특색이 있다.

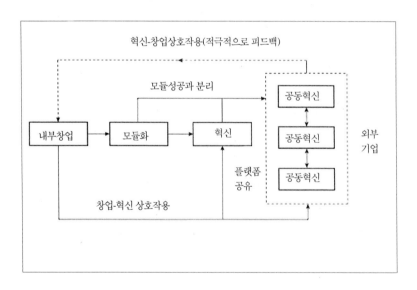

도표 13-1 기업혁신 새 경로. 통합된 내부창업과 모듈화 모형

먼저, 모듈화 근원 중의 내부창업사고방식을 발굴한다. 이런 사고방식 및 상응하는 행동방식은 한 방면으로 모듈화의 중개 작용을 통하여 혁신에 대하여 촉진작용을 발휘할 수 있으며 다른 한 방면으로는 창업-혁신의 선순환의 상호작용을 만들어 기업혁신의 실현을 촉진할 수 있다.

다음, 외부기업에 대한 세밀한 주시를 강조한다. 오늘날의 기업은 이미 자신의 발전 또는 산업망, 운영망 등에 있는 기업 간의 합작, 상호이익과 공영에 국한되어 있으면 안 되고 응당 인터넷 사고방식을 구비하여 전방위적이고 다각도와 입체화한 개방을 찾아야 하며 통일된 각 방면을 융합하는 플랫폼을 구축하고 주변의 외부기업을 유입하여 공동혁신을 실현하고 강하고 견고한 이익공동체를 형성해야 한다.

그 다음, 성공적인 혁신의 내부창업, 더 나아가 모듈화에 대한 적극적인 피드백작용을 강조하며 따라서 지속적인 상호작용과 선순환을 실현하고 기업의 발전이 나선형상승추세를 나타나게 한다. 성공적인 혁신성과, 성공적인 성과전환은 이런 행위와 정책의 기업에서의 영향력을 강화할 수 있으며 좋은 모범선두작용을 형성하여 기존의 구도를 깨뜨리고 더욱 개방되고 활발한 혁신환경을 만들 수 있다. 마지막으로 이런 통합된 이론시각이 나타낸 혁신성은 현재 관련 영역의 학술연구소에서 부족한 것이며 이런 이론모형의 내포된 의미는 깊고 풍부하며 그는 이론과 실천을 유기적으로 결합시켜 체계적인 사고를 통하여 상호작용, 교류와 다방면이 합작한 함께 나누는 플랫폼을 구축한다.

사례

우리는 몇 개의 성공한 사례를 간단히 소개하려고 한다. 모든 사례들이 비록 이 모형의 완전한 전시는 아니지만 일부 실천은 이미 이 모형의 가치존재를 초보적으로 드러냈다.

13.3.1 모듈화 해체분리

모듈화 해체분리는 주요하게 모듈화 운행을 취하는 조직을 겨냥하였다. 조직내부는 이미 여러 개의 모듈이 존재한다. 만약 어떤 직원이 새로운 창의력이 있어 기업을 도와 상품 또는 서비스의 효능을 향상시킬 수 있다면 기업은 운행모듈을 한 개 추가할 것이다. 이 세분모듈이 발전하여 성숙된 후 만약 이 세분모듈이 현재 기업에서 역할을 감당할 뿐만 아니라 또 더욱 큰 시장에서 효과를 발휘한다고 여겨지면 기업은 이 모듈을 독립시켜 그를 기업화시키고 또한 시장에 투입한다. 동시에 예전의 기업모체와 이익공유 플랫폼을 구축하여 함께 진보하고 발전함을 실현한다. 이런 상황에서 기업부문은 더욱 큰 시스템의 단독 모듈로 변하여 완전한 자치와 손익을 스스로 책임지며 시스템에서 기타 세분모듈과 자원을 경쟁하여 일정한 위치를 확보해야 했다. 이렇게 부문의 창조력과 경쟁정신 및 이로부터 불러일으킨 새로운 정신을 유지할 수 있을 뿐만 아니라 또 기업이 간단한 조직구조를 유지하고 필요 없는 조직을 줄이며 더욱 많은 이윤 중심을 창조하게 하였다. 이런 형식의 사례는 코닥의 단계적인 관리형식과 비슷하다. 코닥은 직원이 혁신적인 제의가 10%의 성공가능성만 있다면 설령 주된 경영업무와 맞지 않더라고 신규업무개발부문에서 2.5만 달러의 지원을 받을 수 있다. 코닥은 이 단계를 창업가상의 개발단계라 부르며 발기인은 이 단계에서 20%의 업무시간을 창업가상을 완벽하게 하는데 쓸 수 있다. 만약 가상이 실행가능해지면 프로젝트는 개발단계에 들어선다. 이때 발기인은 기존의 부서를 떠날 수 있으며 또한 7.5만 달러의 프로젝트 지원을 받을 수 있다. 그는 반드시 프로젝트팀을 구성해야 하고 프로젝트 계획서를 기안해야 하며 상품모형을 개발해야 한다. 이때 프로젝트팀은 신규업무개발부문의 자문서비스와 지원을 받을 수 있다. 만약 개발이 잘 진행되면 프로젝트는 운행가동 단계에 들어선다. 이 단계에서 프로젝트는 25만 달러의 자금지원을 받을 수 있으며 엄격한 평가심사를 통하여 더욱 많은 자금을 받을 수 있다. 하지만 이때 프로젝트는 여전히 코닥에 속한다. 만약 프로젝트 가 운행이 잘 진행되면 몇 년 후 창업프로젝트는 공개적인 상장과 양도를 통하여 자본의 가치증식을 실현한다. 코닥회사의 방법은 모듈화발전의 혁신의 길에서의 성공과 분리를 나타냈다: 모듈화의 조직단원은 성공한 후 일정한 제도안배 하에 점차적으로 모체와 분리할 수 있다. 이런 분리는 완전한 의미에서의 분리가 아니라 여전히 정보교류와 업무왕래를 유지하고 고효율적인 공유 플랫폼을 형성하여 따라서 함께 진보하는 것을 실현하는 것이다.

13.3.2 회사위험투자형식

　회사위험투자는 주요하게 기업이 내부직원을 격려하여 자체적으로 창업하게 하고 회사에 전문적인 투자자금을 준비하여 직원의 혁신프로젝트에 지원을 하는 것을 가리킨다. 이런 형식 하에 기업은 자기의 독립적인 부서가 아니라 직원이 기업을 떠나 자기의 기업을 창업하고 또한 기업의 필요를 중심으로 서비스를 제공한다. 직원이 만든 조직은 일반적으로 기존기업에 대하여 보충 또는 서비스를 진행하기 때문에 기존기업은 새로 만든 모듈과 자원과 정보를 공유할 수 있으며 새로 만든 모듈을 키울 수 있다. 새로운 모듈이 날개가 풍성해지거나 또는 어느 정도 성과가 있으면 기존기업은 시장상황에 근거하여 새로운 모듈 전체를 기업의 운영구도에 유입시키거나 또는 새로운 모듈의 생산경영에서 완전히 물러나 초기투자를 회수한다.

　하이얼회사는 직원이 좋은 생각을 실천에 옮기는 것을 지지하고 프로젝트팀의 형식으로 새로운 지능화상품을 개발하였다. 이런 프로젝트는 '내무창업'팀에서 독립적으로 운영하며 하이얼은 프로젝트초기에 '천사투자'와 브랜드, 자재, 제조, 물류 등 방면의 지지를 제공하며 프로젝트팀의 구성원은 일정한 지분을 받을 수 있다. 이런 형식을 통하여 이미 공기박스, 오븐기 등 상품을 개발하였다. 하이얼의 이런 행동은 기업이 자기의 혁신능력을 발산하는데 유리하다.

　파나소닉도 이런 방식을 취했으며 기업내부에 '파나소닉창업기금'을 설립하여 직원창업을 지지하였다. 파나소닉은 창업자의 초기출자비율은 30%이하일 수 있고 이후 다시 회사에서 지분을 회수할 수 있으며 하지만 파나소닉은 직원창업기업 중의 지분이 반드시 51%이상에 달해야 한다고 규정하였다. 창업한 직원은 계약을 체결하여 파나소닉의 계약직원이 될 수 있으며 만약 창업이 실패하면 5년 이내에 다시 회사로 돌아와 근무할 수 있다. 내부창업을 추진하기 위하여 후지스도 전문적인 기금을 설립하였으며 회사에서 3년 이상 근무한 직원은 회사에서 그들을 격려하여 창업기금을 신청하게 하였다.

직원은 창업계획서를 제출하는 형식을 취할 수 있고 회사는 반년마다 대회를 조직하며 대회는 주요하게 두 가지 항목을 평가 심사한다: 하나는 직원개인이 창업소질이 있는지; 두 번째는 계획서의 실행가능성이 어떠하며 창업이 리스크가 비교적 적고 수입이 안정한지 여부다. 회사는 이를 위하여 전문적인 창업평가기관을 설립하였고 선발된 직원에 대하여 회사는 창업기금을 주었다. 회사는 자금으로 주식을 사고 지분은 통상 50%를 초과하지 않는다. 뒤이어 바로 회사는 창업한 직원과 채용관계를 해제한다. 하지만 자원, 업무, 기술 등 방면을 지원할 수 있다.

이는 내부창업의 관점과 모듈화의 이념을 초보적인 통합을 진행한 표현이며 기업이 격려하고 지지하며 또한 강력한 내부창업문화를 만들고 또한 실질적인 행동을 통하여 창업행위의 실시를 추진하며 따라서 기업의 진보를 촉진하였다.

13.3.3 산업망 가입

산업망의 가입은 기업이 먼저 일정한 범위를 확정하고 이 범위 내에서 직원을 격려하여 기업을 떠나 회사서비스를 중심으로 한 창업을 하게 하고 또한 직원직책을 일정한 시간 동안 보류하며 직원을 격려하여 혁신적인 형식으로 회사를 위하여 상응한 맞춤서비스를 제공하게 하는 것을 가리킨다.

이런 형식 하에 기존기업은 새로운 모듈에 어떠한 자금도 투자하지 않고 새로운 모듈의 상품 또는 서비스에 우선권을 주는 것을 약속한다. 하지만 혜택정책은 일정한 기한이 있다. 이런 형식은 기업이 조직구성원이 필요 없이 많은 문제를 해결하고 조직의 비 핵심적인 업무를 새로운 모듈에 아웃소싱하며 따라서 자기의 핵심적인 업무에 초점을 맞추는데 유리하다.

화웨이는 이런 형식을 자기의 기업에 운용하였다. 2000년 화웨이는 내부창업을 격려하는 정책을 실행하였으며 직원을 격려하여 나가서 기업을 창업하게 하고 회사는 일부 상품을 무료로 직원이 창업한 회사에 제공하여 판매하게 하였으며 또한 일정한 시간의 지원을 하였다(최소 1년). 이 정책의 격려범위는 주요하게 시장판매 및 성치 또는 외부기술의 아웃소싱이며 회사의 핵심 업무에 관련된 것은 격려범위에 있지 않고 주요하게 회사에 비교적 큰 공헌을 한 오래된 직원들에게 초점을 맞추었다. 이는 화웨이가 '쇼크물고기'현상에 (주요하게 오래된 직원을 겨냥)직면했을 때와 내부기술혁신이 부족한 상황에서 제시한 정책이다.

내부직원을 격려하여 창업하는 정책을 통하여 화웨이는 한 방면으로 능력 있는 직원의 출로문제를 해결하였고; 다른 한 방면으로 관계가 밀접한 전략협작파트너를 구축하였으며 또한 이익공동체를 형성하였다. 예를 들어 광주시정흥통신기술유한공사(广州市鼎興通訊技術有限公司)는 화웨이의 내부창업회사이며 그는 화웨이회사 호남(湖南), 강서(江西) 및 광동(广东)시장의 1/3의 공정설치시운전의 업무를 담당하였다. 이러한 회사의 존재는 화웨이의 많은 뒷걱정을 해결하였고 시장운행원가를 줄였으며 여러 방면에서 이익을 얻게 되었다.

위에 이런 사례들은 내부창업과 모듈화발전의 사상통합의 운영을 나타 냈고 후속의 이론연구와 실천발전에 일정한 지도를 제공하였다.

13.4

결론

혁신은 기업발전의 혼이며 또 학술계와 실천계에서 탐구하는 영원한 화제이다. 본문은 기업의 내부창업과 모듈화 사상을 통합하는 것을 통하여 기업혁신과 순 선환 발전을 촉진하는 새로운 경로를 구축하였고 또한 몇 개의 사례를 통하여 설명을 하였다. 이론 모형은 이론과 실천에서 일정한 가치가 있지만 또 결함도 있으며 주요하게 아래 몇 가지 방면에서 나타난다: 먼저, 이런 모형의 전체적인 응용성은 검증이 필요하다. 예전의 연구는 이 모형에 대하여 완전하게 체계적으로 분석과 검증을 하지 못했다.

다음, 본 문장이 관심을 가지고 중점적으로 연구한 것은 대형기업이고 이런 모형이 주시하는 것도 대부분 대형 기업 중의 혁신이며 중소기업의 혁신에 대하여 편차가 있을 수 있다. 마지막으로 모형자체는 간이화와 보편화의 결합을 실현하지 못하였으며 이런 단점은 후속의 연구에서 보완할 것이다. 우리가 구축한 이런 이론들이 이론계와 실천계에 공헌을 하고 기업의 혁신과 발전을 촉진할 수 있기를 희망한다.

참고문헌

1) 영문

2) 영문

3) 청목창연, 안도청연. 모듈시대 : 신 산업구조의 본질. 상해 :
   원동출판사, 2003

4) 손효봉, 모듈화 기술과 모듈화 생산방식. 중국공업경제,
   2005(6) : 60 - 66

5) 영문

6) 영문

7) 영문

8) 영문

9) 영문

10) 이양. 직원의 내부창업연구 논술. 쇼핑몰현대화(학술판), 2005(1): 65.